Feuer + Wasser

- wasserführende Kamine

Rolf Nemus

Feuer + Wasser

- wasserführende Kamine

Kamin-Ratgeber

Heizen mit dem Kamin!

Informationen, Technik und Vorschriften für den energiebewussten Verbraucher mit umfangreicher Herstellerübersicht

www.ratio-center.com

Bibliographische Information der Deutschen Bibliothek:

Die Deutsche Bibliothek verzeichnet diese Publikation in der Deutschen Nationalbibliographie; detaillierte bibliographische Daten sind im Internet über http://dnb.dbb.de abrufbar.

Wiesmoor 2006, Deutschland
1. Auflage 12/2006
2. aktualisierte Auflage 11/2007

Rolf.Nemus@ratio-center.com

ISBN: 978-3-00-022278-8

Ungeachtet der Sorgfalt, die bei der Erstellung von Texten und Abbildungen verwendet wurde, kann für mögliche Fehler und deren Folgen keine juristische Verantwortung oder irgendeine Haftung übernommen werden. Die Informationen stellen keinen Ersatz für eine qualifizierte Betreuung und Beratung durch entsprechende Fachkräfte dar (Schornsteinfeger, Heizungsbauer, Hersteller usw.).

Lektorat: Hannelore Zimmermann (Hannelore.Zimmermann@t-online.de)
Druck und Herstellung: Sun-Fly International Business Development Limited (www.sun-fly-printing.com)
Illustrationen: information design (www.adamsmith.de)
Buchcover: Grafik-Art-Store (www.grafik-art-store.de)

Besuchen Sie uns im Internet: **www.ratio-center.com**

Auf einen Blick

Inhalt

Vorwort

Die faszinierende Wirkung des Feuers auf den Menschen ist ein Phänomen. Seiner Anziehungskraft erliegen wir bereits seit Jahrhunderten. Niemals würde jemand ein Kaminfeuer gedanklich mit Begriffen wie Stress, Lärm oder sonstigen Unruhezuständen in Verbindung bringen. Fast ausnahmslos denken wir bei einem Kaminfeuer an romantische und gemütliche Situationen. Der zumeist intuitiv genannte Begriff, der einem zum Kamin einfällt, ist „Kaminabend". Wobei dieser synonym für einen gemütlichen Abend vor dem Kamin verwendet wird. Nicht etwa eine Party vor dem Kamin, sondern ein gemütlicher Feierabend nach getaner Arbeit in der äußerst privaten Umgebung. Dies sind die prägenden Gedanken, die der Begriff Kamin bei uns hervorruft.

Das behagliche Gefühl, an einem kalten Wintertag vor dem Kamin zu sitzen, spiegelt unser unbewusstes Bedürfnis nach Sicherheit und Wärme wider. Man fühlt sich geborgen, trotz des kalten Wintertages. Unser Haus, dem die Wärme ebenfalls gut bekommt, scheint dabei hervorragend gegen die Kälte geschützt zu sein und damit natürlich auch wir. Anders als eine Ölheizung im Keller spüren, sehen und erleben wir das wärmende Feuer direkt und unmittelbar.

Wie gut, dass es Kamine gibt.

Dezember 2006

Rolf Nemus

Für Anregungen und Kritik:

eMail: **Rolf.Nemus@ratio-center.com**

Einführung

„Wasserführende Kamine – Kamine, die Ihr ganzes Haus beheizen", so werben fast alle Hersteller dieser Kamine. Was ist so anders an wasserführenden Kaminen als bei den „anderen" Kaminen? Was ist das Besondere daran? Sie unterstützen oder ersetzen gar die Zentralheizung in Ihrem Haus. Wie geht das?

Wenn Ihr Interesse wasserführenden Kaminen gilt, reicht eine einfache Besichtigungstour zum Finden des für Sie schönsten und preislich günstigsten Kamins leider nicht aus. Da tauchen plötzlich unzählige Fragen auf.

- Ich habe eine Gastherme der Firma xyz. Funktioniert der wasserführende Kamin auch damit?
- Was muss alles beachtet werden? Welche Vorschriften muss ich einhalten?
- Wer baut mir diesen Kamin ein?
- Ich möchte den wasserführenden Kamin in die zweite Etage stellen. Geht das?
- Welche Leitungen müssen wohin gelegt werden? Wie umfangreich sind die Einbauarbeiten?
- Ich möchte den wasserführenden Kamin gerne in einer bestimmten Ecke stehen haben. Dort ist bereits ein Heizkörper in der Nähe. Kann man die Vorlaufleitung des Heizkörpers für den Anschluss des wasserführenden Kamins benutzen?
- Was ist ein Pufferspeicher? Muss ich unbedingt einen Pufferspeicher kaufen, wenn ich einen wasserführenden Kamin einbauen will?
- ...
- Und zum Schluss natürlich die Frage: Wie teuer kommt mich das alles?

Sicherlich finden Sie sich mit diesen Fragen an der einen oder anderen Stelle wieder. Die immer weiter steigenden Energiekosten lassen Sie trotz der schwer verständlichen technischen Hürden im Internet nach geeigneten wasserführenden Kaminen recherchieren. Sie fragen Freunde und Nachbarn, besuchen Kaminstudios und befragen diverse Heizungsbauer. Aber wirklich weiter kommen Sie damit nicht. Zu viele Begriffe, zu wenig Anschauungsmaterial, zu viele Fragen ohne wirkliche Antworten. Sie fühlen sich hilflos dem Händler ausgeliefert. Können Sie seinen Ausführungen blind vertrauen? Die Zeit vergeht. Zum Winter hin soll der wasserführende Kamin fertig eingebaut sein. Aber immer noch fragen Sie sich, welcher soll es denn nun sein.

Abb. 1 Gerco

Fehler auf diesem Gebiet sind so verdammt kostspielig. Da ist guter Rat teuer. Genau hier soll Ihnen mein Buch weiterhelfen. Es richtet sich nicht so sehr an Fachleute. Die kennen das alles bereits. Es sollen auch Laien angesprochen werden und Hilfe finden. Sie sollen nicht zum Fachmann gemacht werden. Deshalb wird bewusst auf eine allzu technische Behandlung der Thematik verzichtet. So viel wie nötig, aber so wenig wie möglich. Wenn Sie beispielsweise wissen, dass es kein Problem ist, einen wasserführenden Kamin mit einer Fußbodenheizung zu betreiben, brauchen Sie nicht auch noch zu wissen, wie das technisch genau umgesetzt wird. Das macht der Heizungsbauer. Der ist dafür ausgebildet und wird es schon richtig machen. Vielleicht ein paar Hinweise und Begriffe dazu, damit Sie den Heizungsbauer verstehen, wenn er Ihnen zum Beispiel einen Drei-Wege-Mischer verkaufen will.

Einen Überblick, um die wirklich wichtigen und notwendigen Fragen stellen zu können, soll Ihnen dieses Buch geben. Eine Hilfe, um die wichtigsten Punkte zu klären, bevor Sie Ihr gutes und immer knapper werdendes Geld ausgeben – dazu soll das Buch dienen.

Zu guter Letzt soll Ihnen die Herstellerübersicht dieses Buches helfen, die mühsame und zeitraubende Internetrecherche zu verkürzen. Es gibt im deutschsprachigen Raum etwa 50 Hersteller von wasserführenden Kaminen. Sie stellen natürlich nicht nur wasserführende Kamine her. Das macht es nicht leicht, die richtigen herauszufinden. Die Herstellerübersicht soll Ihnen die Recherche ein Stück weit erleichtern und die Auswahl der für Sie zur Verfügung stehenden wasserführenden Kamine erweitern.

Mit der Novellierung der 1. BImSchV zum Zwecke der Verringerung der Emissionsbelastungen gehen kostenintensive Vorschriften einher, die detaillierte Betrachtungen im Einzelnen erforderlich machen. Die entsprechenden Auswirkungen sind im jeweiligen Kontext des Buches integriert und geben dem Leser die notwendigen Informationen. Falls genauere Einblicke in die 1. BImSchv gewünscht werden, so gibt es die Möglichkeit, sich die 1. BImSchV auf den Internetseiten **www.ratio-center.com** herunter zu laden.

Mit dem vorliegenden Kamin-Ratgeber möchte ich Ihnen einen Einblick und ersten Überblick zu wasserführenden Kaminen geben und hoffe, Ihnen damit eine wirkliche Hilfe zu dem Themenkomplex wasserführende Kamine an die Hand zu geben. Ich wünsche Ihnen viel Erfolg bei Ihrem Vorhaben.

Noch ein Hinweis in eigener Sache:

Ein Buchautor ist auch nur ein Mensch. Als solcher kann ich mich nicht freisprechen von Fehlern und Irrtümern. Ich war beim Schreiben und Recherchieren zu diesem Buch stets bemüht, die gebotene Neutralität zu wahren. So war es immer mein Bestreben, nicht einzelne Kamine, Hersteller oder sonstige Zubehörprodukte in den Vordergrund zu stellen und besonders zu präferieren.

Wenn es unter den Fachleuten unterschiedliche Ansichten beispielsweise über die Notwendigkeit der Nutzung eines Pufferspeichers gibt, so ist es nur natürlich, wenn der eine oder andere Fachmann hier anderer Meinung ist als ich. Deshalb habe ich versucht, die einzelnen Aspekte, die Vor- und Nachteile gleichermaßen darzustellen.

Auch wenn vielleicht der eine oder andere Hinweis als unnötig angesehen wird, ich habe zu viel erlebt und so ist es mir zur Gewissheit geworden, dass es leider auch auf dem Gebiet der wasserführenden Kamine schwarze Schafe gibt. An manchen Stellen ist mein Sprachgebrauch daher vielleicht mit auffälliger Deutlichkeit gewählt. Ich bitte hierfür um Verständnis, da es mein Ziel ist, den Leser dadurch zu sensibilisieren.

Rolf Nemus

1. Ihre Erwartungen an dieses Buch

Der Titel meines Buches **„Feuer + Wasser – wasserführende Kamine"** soll die funktionelle Verbindung zwischen Feuer und Wasser hervorheben. Es soll also bereits im Titel erkennbar sein, dass es in dem Buch um wasserführende Kamine geht, deren Zusatznutzen im Vergleich zu anderen Kaminen die Unterstützung der Zentralheizung ist. Da das Interesse an wasserführenden Kaminen in dem Maße wächst, wie die Energiekosten steigen, nimmt auch das Informationsbedürfnis an wasserführenden Kaminen zu. Diesem Umstand soll das Buch Rechnung tragen.

Es gibt bei wasserführenden Kaminen viele Besonderheiten, die ein „normaler Standardkamin" – sofern es ihn überhaupt gibt – nicht aufweist. Immerhin soll der wasserführende Kamin mit „Ihrer" Zentralheizung zusammen arbeiten. Da fallen technische Begriffe wie Nennwärmeleistung, Wasserwärmeleistung, Pumpe, Pufferspeicher, Vorlauf usw. Leitungen müssen verlegt werden, die Feuerstätte muss zum Schluss auch noch vom Schornsteinfeger abgenommen werden. Teurer als „normale Kamine" sind wasserführende Kamine allemal.

Da muss man sich schon gut informieren, um sein Geld nicht „in den Sand zu setzen". Genau das Informationsbedürfnis will dieses Buch stillen. Es richtet sich also nicht an den Heizungsbaufachmann. Der kennt sich mit der Materie aus. Aber Sie als Nicht-Experte auf diesem Gebiet, als kaufinteressierter Kaminsuchender, der wissen möchte, was er so alles beachten muss, Sie sol-

Abb. 2 TEKON

len hier ohne komplizierte technisch ausufernde Beschreibungen möglichst einfach erklärt bekommen, was die Thematik „wasserführende Kamine" ausmacht.

Natürlich gibt es für jeden einzelnen Leser Bereiche, die er – mehr oder weniger – bereits kennt. Durch die umfangreiche Gliederung des Themas wird es Ihnen dann ermöglicht, das eine oder andere Kapitel zu überspringen, falls Sie sich hier schon auskennen.

Interessenten eines wasserführenden Kamins sehen sich im Allgemeinen immer mit ähnlichen Fragestellungen und Problemen konfrontiert. Etwa: Wo bekommt man einen wasserführenden Kamin und wo kann man ihn anschauen? Welchen Umfang nehmen die Einbauarbeiten an? Was muss alles beachtet werden? Bis hin zu der Frage, wie teuer kommt das alles zusammen.

Wenn es nur bei diesen allgemeinen Problemen bleiben würde ..., aber da sind ja noch die Unmengen an speziellen Aspekten, für die jeder individuell eine Antwort sucht. Besonders schwer zu beantworten sind Fragen, die sich um die hauseigenen Rahmen- und Randbedingungen beim nachträglichen Einbau eines wasserführenden Kamins drehen. Hier möchte man natürlich vorher so genau wie möglich alle Parameter geklärt haben.

Da stellt sich zunächst die Frage, ob der ins Auge gefasste wasserführende Kamin auch mit der vorhandenen Zentralheizung der Firma xyz zusammen arbeitet. Dann kommen die Detailfragen nach den Räumlichkeiten. Was bedeutet es für den Kamineinbau, wenn die Gastherme im Dachgeschoss untergebracht ist? Funktioniert es beispielsweise, wenn der Standort des Kamins vier Meter vom Schornstein entfernt sein soll? Was ist zu tun, wenn da, wo der Kamin stehen soll, die Leitungen einer Fußbodenheizung unter dem Estrich liegen? Oder wie sieht es bei einem Passivhaus aus, eignet sich hierfür dieser Kamin? Dann wäre da noch die Frage nach der richtigen Leistungsgröße des Kamins. Ich könnte an dieser Stelle ohne Probleme noch einige Seiten mit solchen Fragen füllen. Die zentralen Fragen, die sich hier stellen, sind jedoch angesprochen. Egal, ob Sie einen Neubau realisieren möchten, in den der wasserführende Kamin gleich von Anfang an mit eingeplant wird, oder ob Sie einen nachträglichen Einbau in Erwägung ziehen, es geht immer um die gleichen Fragen.

Abb. 3 Gerco

Aber das Wichtigste überhaupt: Nichts ist für die Ewigkeit. Deshalb versuchen Sie, die Einbauparameter so allgemeingültig wie möglich zu halten. Denn auch ein Kamin hält nicht ewig, auch Ihr Geschmack oder Bedarf kann sich verändern, dann wollen Sie vielleicht irgendwann einen anderen Kamin einbauen. Und das sollten Sie dann nach Möglichkeit mit den vorhandenen Leitungen realisieren können. Sie sollten sich Veränderungsmöglichkeiten offen halten und die Installationen so auslegen, dass sie nicht gleich wieder erneuert werden müssen.

Fragen dieser Art müssen und werden Sie an den Hersteller eines wasserführenden Kamins stellen. Natürlich sollen Sie mit diesem Buch in die Lage versetzt werden, auch die richtigen Fragen stellen zu können und einige Aspekte des Für und Wider, mit denen der Händler Sie konfrontieren wird, bereits vorab kennen lernen. Für diese Grundlage soll Ihnen das vorliegende Buch als Basis dienen.

Lohnt sich die Anschaffung eines wasserführenden Kamins? Unter welchen Randbedingungen sollte diese Frage betrachtet werden?

Sind alleine finanzielle Aspekte ausschlaggebend? Oder ist Ihnen die Unabhängigkeit von Gas und Öl wichtig?

Wie wird oder wie kann ein wasserführender Kamin angeschlossen werden? Welche Vorgaben müssen hierbei beachtet werden? Welche Sicherheitsaspekte gilt es zu kennen?

Welche Hersteller gibt es? Wo findet man diese? Nach welchen Kriterien sucht man sich einen wasserführenden Kamin am besten aus?

Um diese Themen soll es in dem Buch gehen. Nicht mehr und nicht weniger. Nicht für den Fachmann und nicht zu theoretisch. Für den Normalverbraucher und möglichst leicht verständlich gehalten. In der Hoffnung, diesen Erwartungen gerecht zu werden, wünsche ich mir, dass Ihnen mein Buch eine wirkliche Hilfe ist. Für das Vertrauen, dass Sie mir durch den Kauf des Buches entgegen bringen, bedanke ich mich recht herzlich bei Ihnen. Über faire Kritik und Anregungen würde ich mich sehr freuen.

2. Der Kamin im Allgemeinen – Eine Übersicht

Abb. 4 Brunner

Wenn man von einem Kamin spricht, wird oft klar, dass der Begriff missverstanden wird. Der Kamin ist nicht mit dem Schornstein zu verwechseln. Der Schornstein, in manchen Gegenden auch Rauchfang genannt, ist eine mehr oder weniger senkrechte Säulenkonstruktion zum Abführen der Rauchgase ins Freie. Der Kamin hingegen ist die Feuerstelle im Haus, in der ein Brennstoff verbrannt wird. Grundsätzlich richtig spricht man von einer Feuerungsanlage bzw. **Feuerstätte**. Wobei die Feuerstätte genau genommen die beiden Objekte „Schornstein“ und „Kamin“ und deren Verbindungsteile meint. Aber auch die Begriffe Ofen, Heizkamin, Heizofen oder Kaminofen werden synonym zu dem Begriff Kamin verwendet. Die Feuerstätte begleitet uns bereits seit vielen Jahrhunderten in den verschiedensten Ausführungen. Ihr Zweck ist immer, aber nicht ausschließlich, uns mit Wärme zu versorgen.

Eine interessante Zahl in diesem Zusammenhang ist der Gesamtenergieverbrauch aller Feuerungsanlagen (hier ohne die Industrie, also nur die Kleinfeuerungsanlagen) innerhalb Deutschlands von über 6 Mio. MWh/Jahr. Erzeugt wird diese Energiemenge von ca. 3 Mio. m^3 Brennstoff (Holz) und von

- **ca. 15 Mio. Kleinfeuerungsanlagen**
- **davon ca. 14 Mio. Kleinfeuerungsanlagen unter 15 kW**
- **und 300.000 größeren Stückholzfeuerungsanlagen.**

2.1 Arten und Einteilung von Kaminen

Pro Jahr werden in Deutschland ca. 300.000 Kamine aller Art verkauft!

Die Vielseitigkeit der Kamine bzw. Feuerstätten lässt zahlreiche Möglichkeiten der Unterscheidung zu. Einige dieser Einteilungen führen zu fachlichen und gesetzlichen Konsequenzen, was sich in Form von Genehmigungen, Zulassungen und Ausführungsbestimmungen widerspiegelt. Einige Klassifizierungen sind eher weniger streng und führen zu weniger formalen Konsequenzen. Die folgenden Einteilungen stellen nur einzelne Klassifizierungen dar. Es kann allerdings durchaus Kamine geben, die mehrere der Einteilungskomponenten in sich vereinen.

2.1.1 Offene und geschlossene Kamine

Formal ist ein **offener Kamin** eine Feuerstätte, die bestimmungsgemäß mit offenem Feuerraum betrieben wird, salopp formuliert: ein Kamin ohne Glastür bzw. mit geöffneter Glastür.

Geschlossene Kamine als Gegenstück zu offenen Kaminen gibt es im Prinzip nicht, da ja jeder Kamin zum Befüllen mit Brennmaterial geöffnet werden können muss. Aber im Sinne des Gesetzes sind dieses Kamine, die mit selbstschließenden Türen ausgestattet sind. Das heißt, sie erlauben keinen Betrieb mit geöffneter Tür. Kamine mit selbstschließenden Türen kann man daran erkennen, dass die Türen beim Einlegen von Brennmaterial festgehalten werden müssen.

Hier gibt es zumindest in Deutschland die formalen Unterscheidungen:

- **Bauart 1** (selbstschließende Tür)
- **Bauart 2** (nicht selbstschließende Tür; d.h., die Tür verbleibt in geöffneter Stellung!)

2.1.2 Beschaffenheit der Brennstoffe

Es gibt eine Vielzahl verschiedener Brennstoffe, die für einen Kamin in Frage kommen.

- Scheitholz (verschiedene Holzsorten wie Eiche, Buche, Fichte, Birke usw.)
- Holzbrikett
- Pellets (Röllchen aus gepressten Holzspänen und Sägemehl)
- Brikett/Kohle
- *Torfbrikett und Brenntorf**
- Gas
- Gel (Brennpaste z.B. in Flaschen; Bio-Alkohol; brennt mehr oder weniger rauch- und geruchlos)
- Stroh und ähnliche pflanzliche Stoffe, Getreidepflanzen, Getreidekörner und -bruchkörner, Pellets aus Getreideganzpflanzen oder Getreidekörnern, Getreideausputz, Getreidespelzen und -halmreste**
- ...

* Diese Brennstoffe sind mit der Novellierung der 1. BImSchV (siehe Kapitel 11) nach einer Übergangszeit von 3 Jahren nach Inkrafttreten der neuen 1. BImSchV nicht mehr erlaubt.

** Diese Brennstoffe werden nach der Novellierung der 1. BImSchV mit Inkrafttreten dieser Verordnung neu mit in die Liste der erlaubten Brennstoffe aufgenommen.

Anmerkung

In Deutschland eher unbekannt, so gibt es in anderen Ländern (z.B. Großbritannien) häufig auch gasbetriebene Kamine.

Während man den Standardkamin aus historischem Blickwinkel betrachtet intuitiv mit Stück- bzw. Scheitholz in Verbindung bringt, so gibt es doch offensichtlich viele Alternativen mit anderen Brennstoffen. Und jeder Brennstoff hat dabei seine Berechtigung. Wohnen Sie beispielsweise in einer Gegend, wo Wälder eher selten sind, so kann Gas eine sinnvolle Alternative sein. Oder Sie wohnen in einem Moorgebiet und können günstig an Torf kommen, so kann das Heizen mit Torf eben wirtschaftlich sein.

Interessant können auch Gel-Kamine sein. Diese benötigen keinen Schornstein und auch nur wenig Platz für die Lagerung des Brennstoffes. Aber dafür geben sie auch keine nennenswerte Wärme ab. Sie können zum Beispiel leicht in einem Hochhaus in der fünften Etage installiert werden, so dass man auch hier nicht auf ein romantisches Kaminfeuer verzichten muss.

Ideal ist ein Kamin, der **„für alle festen Brennstoffe zugelassen"** ist. Fragen Sie bei Interesse an alternativen Brennstoffen den Hersteller nach den Bedingungen der Zulassung für den gewünschten Brennstoff.

2.1.3 Automatisierungsgrad der Brennstoffzufuhr

Hier geht es um die Einteilung der Kamine nach:

- manuell beschickten Kaminen
- oder automatisch beschickten Kaminen.

Manuell beschickte Kamine sind Kamine, bei denen Sie den Brennstoff manuell, sprich händisch zuführen müssen.

Automatisch beschickte Kamine verfügen über einen konstruktiven maschinellen Automatismus zur Beschickung des Kamins mit Brennstoff. Hierunter fällt also definitiv nicht mehr der ursprüngliche Kamin, bei dem Sie die Holzscheite von Hand zuführen müssen. Zu den automatisch beschickten Kaminen zählen demnach typischerweise zum Beispiel Pelletöfen, Pelletheizkessel, aber auch Holzvergaserkessel können zu dieser Kategorie gehören. Wobei sowohl Pelletheizkessel als auch Holzvergaserkessel je nach Ausführung eher die Funktion eines Heizkessels im Keller übernehmen, zumindest dann, wenn ihnen eine Glastür

Abb. 5 Gerco

zur Beobachtung des Feuers fehlt. Hier kann von einem Kamin im klassischen Sinn wohl nicht mehr die Rede sein.

2.1.4 Herstellerkamine und selbstgebaute Kamine

Viele Leute sind handwerklich geschickt, sie möchten ihrer Individualität auch beim Kamin Ausdruck verleihen. Man kann einen Kamin natürlich selbst bauen, in der Regel handelt es sich dabei dann eher um Kachelöfen oder gemauerte Kamine. Der Reiz, seiner Fantasie hier freien Lauf zu lassen, ist für viele Leute der Motor für ihre Mühe. Aber – wie gesagt – handwerkliches Geschick und entsprechendes Fachwissen sind dabei schon von Nöten.

Alle anderen Leute müssen mit den käuflich zu erwerbenden Herstellerkaminen vorlieb nehmen. Jedoch gibt es auch hier Möglichkeiten, einen Kamin nach Ihren Wünschen zu gestalten, denn Kamineinsätze lassen Ihnen hierzu ebenso viel Spielraum.

2.1.5 Möglichkeiten der Verbrennungsluftzufuhr

Hierbei geht es um die Einteilung der Kamine in:

- raumluftabhängige Kamine
- und raumluft**un**abhängige Kamine.

Jedes Feuer braucht Luft zum Atmen, sonst erstickt es. Sie müssen Ihren häuslichen Kamin also mit Sauerstoff versorgen und dazu gibt es eigentlich nur zwei Möglichkeiten:

- Die Zuluft für das Feuer wird von außen über Zuluftleitungen dem Kamin zugeführt, die Sauerstoffzufuhr ist also unabhängig vom Raum, in dem der Kamin aufgestellt ist (= raumluft**un**abhängig).
- Die Zuluft wird aus dem Aufstellraum des Kamins genommen (= raumluftabhängig).

In den heutigen Zeiten, in denen die Häuser mit immer besser werdender Isolierung gebaut werden (Niedrigenergiehäuser, Passivhäuser), ist die Verwendung eines raumluftabhängigen Kamins eher fehl am Platz, da der Kamin Ihnen den Sauerstoff zum Atmen entzieht. Der vom Kamin verbrauchte Sauerstoff strömt wegen der dichteren Bauweise der Häuser nicht in ausreichendem Maße von außen nach – dies kann verheerende Folgen haben. Falls Sie aber ein älteres und nicht so dicht isoliertes Haus besitzen und nur einen Kamin niedriger Leistung möchten, so kann die Verwendung eines raumluftabhängigen Kamins noch sinnvoll sein. Sprechen Sie diese Thematik aber unbedingt mit dem Installateur bzw. dem für Sie zuständigen Schornsteinfeger durch. Grundsätzlich ist die Verwendung eines raumluft**un**abhängigen Kamins die sinnvollere Variante. Fragen Sie den Hersteller nach der Möglichkeit, eine Zuluftleitung anzuschließen.

2.1.6 Verkleidung der Kamine

Bezüglich der Verkleidung der Kamine unterscheidet man in neueren Normen nach:

- Kamineinsätzen (nicht verkleidete Kamine)
- und Raumheizern (verkleidete Kamine).

Normen-Hinweis

Diese Einteilung spiegelt sich auch in den EN-Normen wieder.
EN 13229: Kamineinsätze
EN 13240: Raumheizer

Nicht verkleidete Kamine geben zunächst optisch nicht sehr viel her. Sie sind „nur" ein Stück dunkles Metall mit mehr oder weniger sichtbarer Technik. Aber sie dienen ja auch nur als Einsatz zum Beispiel in einer gemauerten Nische. Die Verkleidung des Kamineinsatzes obliegt dann den Käufern, die ihrer Fantasie freien Lauf lassen können. Allerdings muss der Kamin auch unbedingt verkleidet werden, da er sonst dem Auge keinen ansehnlichen Reiz bietet. Welche Einschränkungen bei der Verkleidung dieser Kamine beachtet werden müssen, sollten Sie bitte unbedingt mit Ihrem Hersteller bzw. dem für Sie zuständigen Schornsteinfeger besprechen.

Fertig verkleidete Kamine – Raumheizer – werden in der Regel wie gekauft im Haus platziert. Natürlich müssen noch diverse Anschlüsse vom Fachmann realisiert werden, etwa die Zuluftleitung. Für viele Menschen ist es leichter, einen fertig verkleideten Kamin zu kaufen. Hier sieht man, was man bekommt und kann sich leichter vorstellen, ob er in eine bestimmte Ecke des Wohnzimmers passt. Sie sind allerdings in der Regel auf die „mitgekaufte" Verkleidung festgelegt und Änderungen sind nur bedingt noch möglich. Fragen Sie in diesem Fall bitte unbedingt den Hersteller bzw. den für Sie zuständigen Schornsteinfeger. Da die Vielseitigkeit der angebotenen Verkleidungen recht groß ist, findet sich eigentlich für jeden ein optisch ansprechender Kamin.

2.1.7 Nutzungsmöglichkeit der Kamine als Zentralheizung

Hierbei geht es primär um die Differenzierung der Kamine nach

- wasserführenden Kaminen
- und nicht wasserführenden Kaminen.

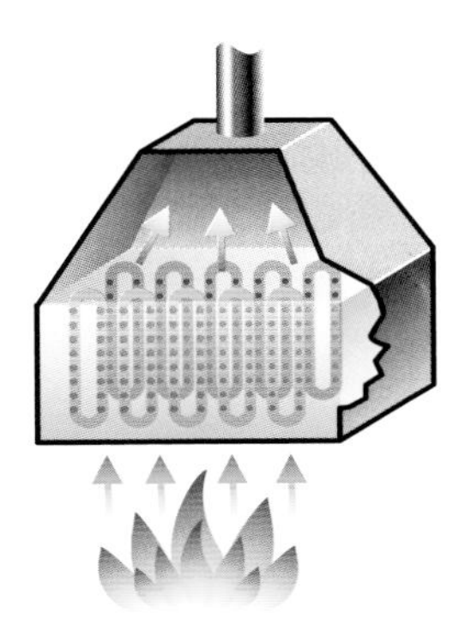

Skizze 1:
Aufgesetztes Wasserteil

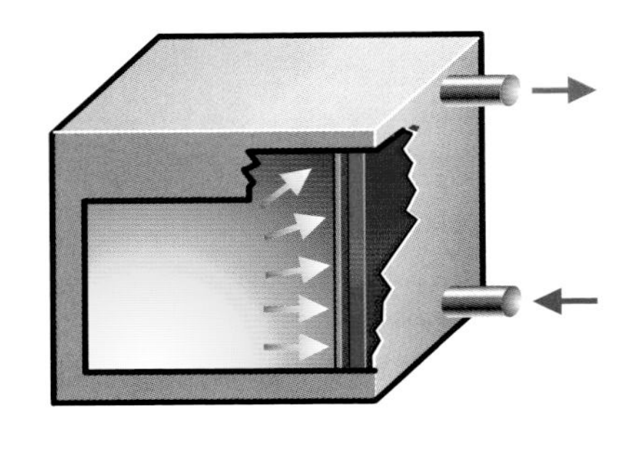

Skizze 2:
Überwiegend doppelwandige Struktur

Nur ein in irgendeiner Art und Weise wasserführend gebauter Kamin kann eine Zentralheizung ersetzen oder unterstützen. Ein wasserführender Kamin unterscheidet sich von den anderen – nennen wir sie herkömmliche Kamine – dadurch, dass alle oder einzelne Bauteile wasserführend sind. Diese wasserführenden Kamine sind also zumindest teilweise doppelwandig ausgestattet. In deren doppelwandigem Zwischenraum befindet sich Wasser. Es gibt bei wasserführenden Kaminen viele Varianten zur Wassererwärmung. Während „ältere" wasserführende Kaminmodelle noch fast überwiegend doppelwandig hergestellt wurden, haben neuere oftmals ein aufgesetztes Wasserteil. Ob dieses Wasserteil dann Wasserregister, Wassertasche oder Wärmetauscher genannt wird, ist dabei eher eine sprachliche Nuance.

Dieses Wasser wird im Kamin vom Feuer erwärmt und dann der Zentralheizung bzw. dem Heizungsnetz zur Verfügung gestellt. So fungiert der wasserführende Kamin grundsätzlich wie eine Zentralheizung. Das Wasser im Heizungsnetz wird damit also dann nicht mehr alleine von einer eventuell noch vorhandenen Heizungsanlage aufgewärmt. Das heißt, das für die Aufheizung des Wassers benötigte Öl oder Gas wird eingespart. Dazu dient der Brennstoff des Kamins.

2.1.8 Kamine mit Zusatzfunktionen

Manche Kamine sind mit Zusatzfunktionen versehen. So gibt es beispielsweise Kamine, die mit einer Kochplatte ausgestattet sind. Sie können also auch als Kochherd eingesetzt werden. Wieder andere nutzen die direkt abgegebene Wärme und leiten sie in ein extra dafür konstruiertes kleines Backfach. Dieses Backfach kann dann als Backofen genutzt werden – und Sie können Ihr eigenes Brot darin backen.

Sicherlich ließen sich noch andere denkbare Unterscheidungsmöglichkeiten für Kamine (z.B. Kachelöfen) finden, aber das sind wohl die markantesten Merkmale.

2.2 Der individuelle Kamin

Trotz der existierenden Vielfalt von Kaminen sind viele Menschen immer auf der Suche nach **dem ganz besonderen Kamin.** Für die einen muss er besonders viel Leistung bringen, wieder andere möchten ein ganz spezielles optisches Wunder im Wohnzimmer stehen haben. Manche wiederum möchten einen Grundofen mit Biomaterial und viel Strahlungswärme. Einige lassen sich Kamine als Sonderanfertigung bauen, etwa einen Kamin mit Glastüren an der Vorderfront und Rückseite, damit er von zwei Zimmern aus bestaunt und beschickt werden kann.

Abb. 6 Firetube

Ursächlich ist der menschlich natürliche Drang, der eigenen Individualität Ausdruck zu verleihen. Je individueller und fantasievoller jedoch die Wünsche ausfallen, desto schwieriger wird die Suche nach einem solchen Kamin bzw. nach einem Hersteller, der einem diesen Kamin auch anbietet. Vom Preis möchte ich dabei gar nicht erst reden. Allerdings steht am Ende eines solchen Findungsprozesses ein wirklich herrliches Gefühl, den eigenen Wunschkamin genießen zu können. Aber auch die Entdeckungsreise durch die große Vielfalt der auf dem Markt verfügbaren Kamine fördert oft den Wunschkamin bereits zutage. Bevor also viel Geld für Spezialkamine ausgegeben werden muss, kann sich eine Recherche auf dem Markt der Kamine lohnen.

3. Wasserführende Kamine

Abb. 7 Merkury

Sie haben sich dieses Buch gekauft, um etwas über wasserführende Kamine zu erfahren. Eine Abgrenzung der wasserführenden Kamine zu anderen Kaminen haben wir schon vorgenommen, so dass Sie bereits erfahren haben, wie der wasserführende Kamin einzuordnen ist. Der wasserführende Kamin hat in einer Zeit massiver Energiepreissteigerungen enorm an Bedeutung gewonnen. Und viele haben in diesem Kontext überhaupt erst von der Existenz solcher Kamine erfahren. Wurden die wasserführenden Kamine doch früher eher belächelt und oftmals schlecht geredet, vor allem wegen des Aufwands und der relativ hohen Kosten des Einbaus, so sind sie heute häufig die erste Wahl.

Man muss aber auch so ehrlich sein und zugeben, dass wasserführende Kamine von eher weniger bekannten „Erfindern" ins Leben gerufen wurden. Hätten große traditionelle Kaminhersteller den wasserführenden Kamin erfunden, so hätte er wohl sehr viel früher einen hohen Bekanntheitsgrad erlangt. Auf diese Weise aber wurde er von der starken Konkurrenz „klein und unbedeutend" geredet. Denn schließlich ist es so, dass jeder verkaufte wasserführende Kamin die Verkaufsrate der herkömmlichen Kamine schmälert. So ist die zunehmende Verbreitung der wasserführenden Kamine eher dem Umstand der Energiekostensteigerung zu verdanken.

3.1 Historie von wasserführenden Kaminen

Viele Leute glauben, den wasserführenden Kamin gibt es erst seit einigen Jahren, da sie bisher nichts von ihm gehört haben. Weit gefehlt, der wasserführende Kamin wurde in den 70er-Jahren „erfunden" und war funktionell eine Art Festbrennstoffkessel mit einer Öffnung für den Einwurf des Festbrennstoffes. Da man damals in den 70er-Jahren noch kein feuerfestes Glas (Keramikglas) in der heute bekannten Qualität und Größe kannte, wurde der wasserführende Kamin

- meistens ohne Tür, als offener Kamin eingebaut
- oder mit einer undurchsichtigen Stahltür
- oder mit einer Stahltür mit einem eher kleinen Keramikglas als „Guckfenster" zur Beobachtung des Feuers.

Der Name **„wasserführender Kamin"** hat sich jedoch erst in den letzten Jahren durchgesetzt. In den Anfangsjahren hieß er – wie er eigentlich heute auch noch heißen müsste – **„Kaminheizkessel"**. Genau das ist er auch:

- ein Kamin
- und ein Heizkessel.

Aber aufgrund der vielen Differenzierungsmöglichkeiten von Kaminen ist ein beschreibender Begriff zur Abgrenzung schon vonnöten, so dass man zu Recht von einem **„wasserführenden Kamin"** reden darf. Manche sprechen auch von einem wassergekühlten Kamin. Dies ist natürlich vollkommen falsch und irreführend, da das Wasser nicht zur Kühlung dient und beim Befeuern des Kamins keine kühlende Funktion hat.

3.2 Die Funktionsweise von wasserführenden Kaminen

Das Grundprinzip von wasserführenden Kaminen ist, dass das Feuer dieser Kamine für die Erwärmung von Wasser genutzt wird, das dann dem Heizungsnetz zugeführt wird und damit der Beheizung des Hauses dient. Bei genauerer Betrachtung aller am Markt befindlichen wasserführenden Kamine fällt auf, dass es

a) wasserführende Kamine „aus einem Guss" gibt
b) und solche, die mit einem oftmals aufgesetzten „Wasserteil" ausgestattet sind.

Die Kamine aus einem Guss (a) erkennt man daran, dass eine einheitlich funktionelle „Kessel-Konstruktion" vorhanden ist. Sie sind weitgehend doppelwandig ausgestaltet, das heißt, sie sind von Grund auf als wasserführender Kamin konstruiert worden.

Die mit einem häufig aufgesetzten „Wasserteil" ausgestatteten wasserführenden Kamine (b) erkennt man daran, dass sie grundsätzlich auch ohne Wasserteil als Kamin nutzbar wären. Bei diesen Kaminen wird ein

- Wärmetauscher
- Wasserregister oder
- Heizregister

verwendet, was jeweils mehr oder weniger dasselbe bedeuten soll. Fachlich gesehen handelt es sich dabei um einen **Wärmeübertrager**.

Definition laut WIKIPEDIA, die freie Enzyklopädie (**http://de.wikipedia.org**):

*Durch einen **Wärmeübertrager** kann ein Medium an ein anderes Wärme übertragen, ohne dass die Medien in direkten Kontakt miteinander kommen. Von Wärmeübertragern spricht man vor allem dann, wenn die Medien flüssig oder gasförmig sind.*

Die umgangssprachliche Bezeichnung „Wärmetauscher" oder „Wärmeaustauscher" ist falsch, weil zwei Medien nicht Wärme austauschen, sondern Energie von dem einen auf das andere übertragen wird. Trotzdem wird vor allem in der Heizungs- und Installationstechnik meistens diese Bezeichnung verwendet.

Wobei eigentlich alle wasserführenden Kamine die Wärmeerzeugung des Wassers durch Wärmeübertragung realisieren. In der Regel werden das Feuer bzw. die Rauchgase an wasserführenden Stahlteilen vorbeigeleitet, so dass die Rauchgase eine gewisse Menge ihres Wärmepotenzials an die kühleren Stahlwände abgeben. Dieses Wärmepotenzial heizt wiederum das hinter den Stahlwänden befindliche Wasser auf.

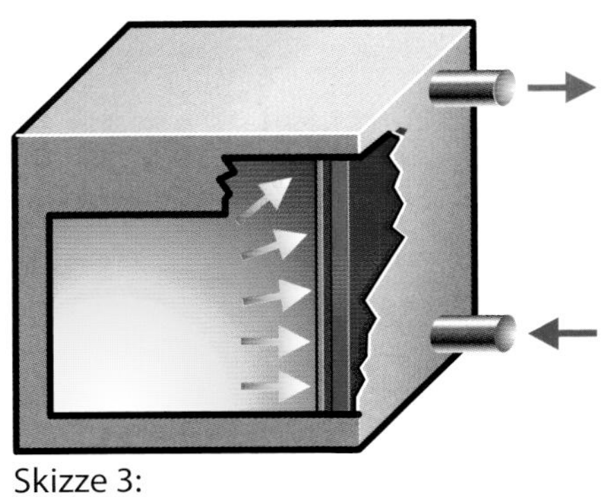

Skizze 3:
Wärmeübertrager

In der Praxis ist es dabei so, dass die Hersteller der unter (b) bezeichneten Kamine, also Kamine mit einem aufgesetzten Wasserteil, den Wärmetauscher als solchen explizit angeben. Im Gegensatz dazu sind die unter (a) genannten wasserführenden Kamine, aus einem Guss eigentlich ein einziger Wärmeübertrager.

Die unter (b) bezeichneten Kamine - also Kamine mit aufgesetztem Wasserteil - haben auch meistens im Feuerungsraum (unten, seitlich und hinten) keine doppelwandigen wasserführenden Wände. Deshalb sind sie auch oftmals mit Schamottsteinen ausgekleidet. Das wäre bei den unter (a) genannten Kaminen nicht sinnvoll, da die wasserführenden Wände hinter diesen Schamottsteinen „schwitzen" würden, das heißt, es würde sich dort Kondenswasser bilden und der Stahl würde langsam aber sicher durchrosten.

Es soll hier keinesfalls eine Wertung dieser Kamine vorgenommen werden. Dies wäre auch nicht gerechtfertigt, da beide Arten gut funktionieren und damit ihre Berechtigung haben.

Lediglich eine Unterscheidung sei hier erlaubt. So kann man durchaus sagen, dass die unter (a) genannten wasserführenden Kamine (aus einem Guss) durchweg mit **höheren wasserseitigen Leistungswerten** aufwarten können. Sie ermöglichen damit auch oftmals **einen größeren Feuerungsraum** mit einem entsprechend **größerem Sichtfenster** und eben auch die Möglichkeit, **größeres Stückholz** zu verfeuern. Das ist der Vorteil dieser Kamine, da sie speziell für diesen Zweck konstruiert wurden. Andererseits gehören die unter (a) genannten Kamine nicht zu der neueren Bauart unter den wasserführenden Kaminen. Sie sind ohne Frage robust und leistungsstark. Aber bedingt durch die aufwändige Schweißkonstruktion und die überwiegende Ausstattung mit doppelwandigen Stahlwänden sind sie oftmals auch recht teuer und sehr schwer.

Die unter (b) genannten Kamine strömen seit Jahren verstärkt auf den Markt und stellen demnach die Weiterentwicklung und Anpassung an den Stand der Technik dar. Wer hier das Rennen macht, bestimmt letztlich der Kunde. Vieles spricht für einen bereits errungenen großen Sieg der unter (b) genannten Kamine, zumindest was die Anzahl der Hersteller angeht.

Abb. 8 wodtke

Im Folgenden wird, wenn nicht explizit auf nähere Unterscheidungsmerkmale eingegangen wird, immer von einem **„Wasserteil"** gesprochen, ohne die Art bzw. die geometrische Form der wasserführenden Teile näher zu benennen.

Wasserführende Kamine haben grundsätzlich alle die gleiche Funktionsweise, auf ihre Besonderheiten soll im Moment nicht weiter eingegangen werden. In jedem Fall wird das Medium Wasser zur Wärmeerzeugung für das Heizungsnetz genutzt. Das bedeutet, dass wasserführende Kamine mit ihrem Feuer und dessen Rauchgase Wasser erwärmen, aber eben nicht nur. Natürlich geben wasserführende Kamine auch Wärme durch Wärmestrahlung an den Raum ab, in dem der Kamin aufgestellt ist. Deshalb besteht hier ein gravierender Unterschied zu anderen Kaminen, nämlich die Aussage über die Größe der

wasserseitigen Wärmeleistung, sprich die Wasserwärmeleistung in kW.

3.2.1 Funktionsprinzip von wasserführenden Kaminen – Theorie

Das Wasser im Wasserteil der wasserführenden Kamine wird vom Feuer erwärmt. Nun gibt es aber grundsätzlich zwei verschiedene Möglichkeiten, wie das Wasser **im Heizungsnetz** darüber wiederum erwärmt wird:

1) Das Wasser im Wasserteil des wasserführenden Kamins wird **direkt** mit dem Wasser des Heizungsnetzes ausgetauscht oder
2) das Wasser im Wasserteil des wasserführenden Kamins wird nicht ausgetauscht, die Wärmeübertragung in das Zentralheizungsnetz findet vielmehr **indirekt** über Heizschlangen statt, die sich im doppelwandigen Innenleben des wasserführenden Kamins befinden.

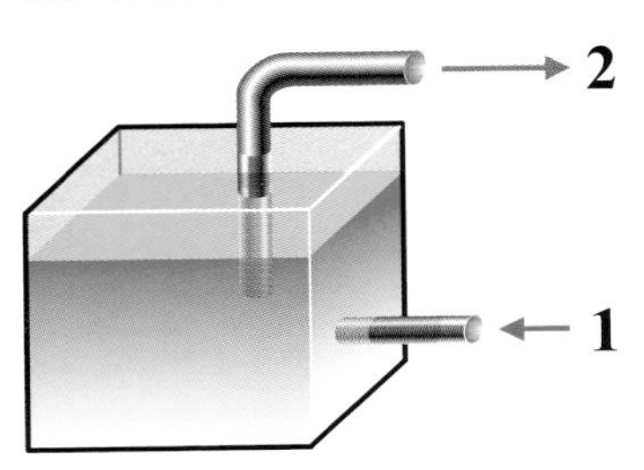

Skizze 4:
Direkter Wärmeaustausch

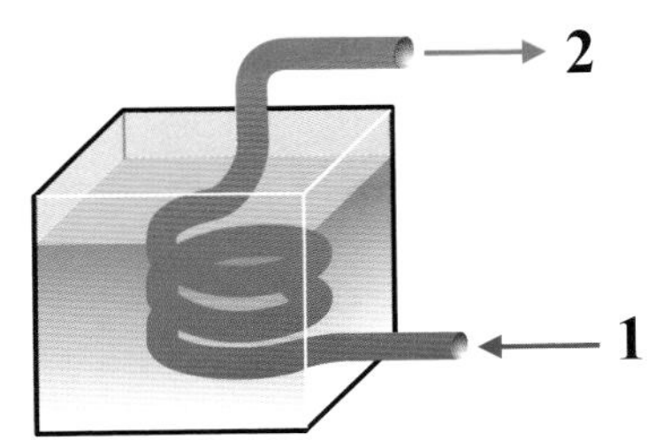

Skizze 5:
Indirekter Wärmeaustausch

Beim direkten Wärmeaustausch wird (siehe Skizze 4) über die Leitung **1** dem Behälter mit kaltem Wasser warmes Wasser zugeführt. Dabei erwärmt sich der Behälter. Aus der Leitung **2** kann nun Wasser mit einer Mischtemperatur entnommen werden.

Beim indirekten Wärmeaustausch (siehe Skizze 5) ist im Wasserbehälter eine Leitung (z.B. Kupferspirale) enthalten. Durch sie strömt über die Leitung **1** kaltes Wasser. Das kalte Wasser wärmt sich im Verlauf der Leitung durch das warme Wasser im Wasserbehälter auf. An der Leitungsstelle **2** kommt nun erwärmtes Wasser an. Das Wasser im Wasserbehälter kühlt sich dabei ab.

Der indirekte Wärmeaustausch (2) ist so selten, dass er hier nur der Vollständigkeit halber erwähnt werden soll. In der Praxis ist es sehr schwierig, diese Technik ausreichend zu beherrschen, denn solange eine gewisse Menge Wasser immer im Wasserteil des Kamins verbleibt, also nie ausgetauscht wird, muss das Wasser auf jeden Fall ausreichend gekühlt werden können, um bei starker Befeuerung nicht in den Aggregatzustand Dampf überzugehen. Dieses Kühlen soll natürlich durch das kalte Wasser aus dem Rücklauf des Heizungsnetzes erreicht werden. Dazu muss aber das Wasser an jeder Stelle im Wasserteil des Kamins abgekühlt werden. Ein Problem stellen die dort fast immer vorhandenen „toten Ecken" dar, die von der Sogwirkung des kalten Rücklaufwassers nicht erreicht

Hinweis

Falls Sie sich für einen wasserführenden Kamin dieser Bauart (drucklos) interessieren, so lassen Sie sich möglichst den Betrieb des Kamins vorführen. Scheuen Sie nicht die Mühe einer eventuell weiten Anreise zu einem Vorführtermin.

werden. Die Folge ist, dass in den „toten Ecken" das Wasser zu sieden beginnen kann. Die Siedegeräusche werden hörbar. Das Sieden führt zu gefährlichen Dampfschlägen und erhöht den Druck innerhalb des Kamins enorm.

Funktionsprinzip von wasserführenden Kaminen:

Wasserführende Kamine tauschen ihr Wasser bzw. ihre Wärme regelmäßig mit dem Heizungsnetz aus. Das Prinzip ist simpel und praktisch. Das Wasser im Kamin wird vom Feuer erwärmt. Hat es seine gewünschte Temperatur erreicht, so wird dieses erwärmte Wasser bzw. dessen Wärme dem Heizungsnetz zugeführt. Gleichzeitig wird neues Wasser (kaltes Wasser aus dem Heizungsnetz) dem Kamin zugeführt. Danach wird dieses Wasser wieder vom Feuer erwärmt und so weiter. Das ist das Prinzip eines jeden klassischen Heizkessels und eben auch das der wasserführenden Kamine.

Bevor hier noch näher auf die Funktionsweise eingegangen wird, soll der Vollständigkeit halber ein weiterer Unterscheidungspunkt wasserführender Kamine erwähnt werden. So gibt es grundsätzlich die Möglichkeit, den wasserführenden Kamin

- mit Druck
- oder drucklos

zu betreiben.

Während der Standardbetrieb eines wasserführenden Kamins identisch ist mit dem Betrieb einer normalen Heizungsanlage, das Wasser also unter Druck steht (1-3 bar), so bedeutet „drucklos", dass das Wasser im Wasserteil des wasserführenden Kamins nicht unter Druck steht, also nur den statischen Atmosphärendruck aufweist.

Da wasserführende Kamine das Wasser für das Heizungsnetz erwärmen sollen und dieses Wasser aus dem Heizungsnetz unter Druck steht, wird ein druckloser wasserführender Kamin die Wärme an das Heizungsnetz immer nur indirekt abgeben. Ein druckloser Kamin wird also immer ein Kamin sein, der sein Wasser im Wasserteil des Kamins ständig behält, ohne es mit dem Wasser des Heizungsnetzes auszutauschen.

Jetzt ist es aber auch genug der Unterscheidung, und Sie sollen hier etwas mehr über die Funktionsweise und den Betrieb der wasserführenden Kamine erfahren.

3.2.2 Funktionsprinzip von wasserführenden Kaminen – Praxis

Abb. 9 SHT

Da der Markt in der Praxis fast nur druckbetriebene wasserführende Kamine offeriert, die ihr Wasser also direkt mit dem Wasser des Heizungsnetzes austauschen, soll auch primär nur auf dieses Funktionsprinzip „druckbetriebene" Kamine eingegangen werden. Es ist auch so, dass ein druckloser Betrieb eines wasserführenden Kamins in der Praxis keine neuen, andersartigen Lösungen bedeutet, weshalb hierzu keinerlei weitere Unterscheidungen im Detail mehr berücksichtigt werden sollen.

Um das Grundprinzip des Wasseraustausches realisieren zu können, sind Zubehörkomponenten erforderlich, ohne die diese Kamine nicht funktionieren. Ich möchte Sie hier nun nicht mit komplizierten Schemazeichnungen (Hydraulikzeichnungen) konfrontieren. Wer daran Interesse hat und fachlich ausreichend mit den Symbolen einer solchen Darstellung vertraut ist, der kann bei jedem Hersteller sicherlich aussagefähige Unterlagen bekommen. Hier soll es darum gehen, auch einem Laien die Funktionsweise klar zu machen.

Der wasserführende Kamin an sich, ohne weiteres Zubehör, ist letztlich nichts mehr als eine Menge Stahl, der von sich aus keine Dynamik und keine Regelprozesse ermöglicht. Dazu sind weitere Regelkomponenten notwendig. Natürlich funktionieren die meisten erforderlichen Komponenten nur mit Strom. Wichtigste Zubehörkomponenten zur Realisierung des Funktionsprinzips des wasserführenden Kamins sind:

- die Umwälzpumpe
- und der Temperaturregelthermostat.

Die Umwälzpumpe:

Abb. 10 Grundfos Heizungs-Umwälzpumpe UPS 25-40

Abb. 11 Grundfos Heizungs-Umwälzpumpe ALPHA Pro

Die Umwälzpumpe ist Ihnen vielleicht von Ihrer Heizungsanlage her bekannt. Sie pumpt das vom Feuer erwärmte Wasser aus dem Kamin und das kältere Wasser vom Heizungsnetz wieder in den Kamin.

Funktion:

Die Pumpe pumpt Wasser vom Pumpeneingang zum Pumpenausgang. Das bedeutet bei einem Heizungsnetz, dass ein Kreislauf entsteht, bei dem die Pumpe vom Feuer erwärmtes Wasser in das Heizungsnetz befördert und aufgrund des Kreislaufes gleichzeitig kühleres Wasser wieder nachfließt.

Bitte achten Sie bei der für Ihren Kamin gewählten Pumpe auf einen niedrigen Stromverbrauch. So ist zum Beispiel die Heizungs-Umwälzpumpe **ALPHA Pro** der Firma Grundfos drehzahlgeregelt und gehört der Energieklasse A an. Dabei wird volumenabhängig eine Leistungsaufnahme von nur fünf Watt realisiert.

Weiter hinten im Buch (Kapitel 9.7 – Stromführende Komponenten – Stromausfall) erfahren Sie noch etwas über die Problematik im Falle eines längeren Stromausfalles. Falls Sie es ermöglichen wollen, wichtige Stromverbraucher zum Beispiel über eine Photovoltaikanlage, eventuell in Verbindung mit Batterien, einige Tage zu überbrücken, ist ein niedriger Stromverbrauch besonders von Bedeutung.

Der Temperatur-Regelthermostat bzw. Tauchthermostat:

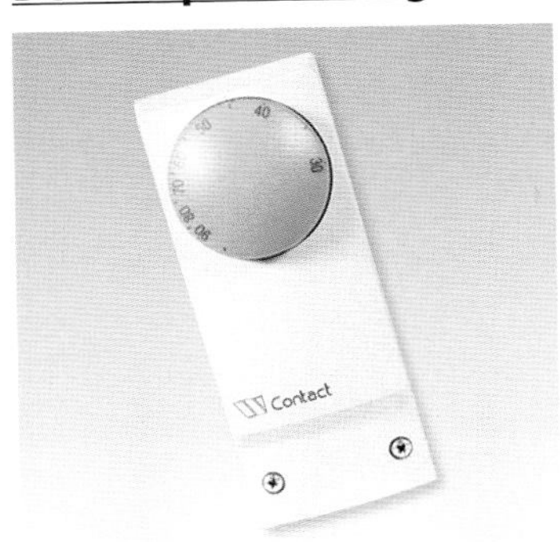

Abb. 12
WATTS INDUSTRIES
Regel-/Tauchthermostat

Funktion:

Der Regelthermostat meldet bei der eingestellten Temperatur ein Spannungssignal. Dieses Signal kann benutzt werden, um andere Geräte wie beispielsweise eine Pumpe ein- oder auszuschalten.

Der Regelthermostat ist ein Temperaturfühler, der mittels einer Tauchhülse so an dem Kamin angebracht wird, dass der Fühler die Temperatur im Wasserteil ermitteln kann. Zusätzlich verfügt der Regelthermostat über eine Einstellskala, mit der die Wassertemperatur im wasserführenden Kamin eingestellt werden kann, bei der die Pumpe also anspringen soll und das Wasser aus dem Kamin pumpt.

Neben der Möglichkeit den Regelthermostat mittels Tauchhülse in das Wasserteil einzuschrauben, gibt es auch Regelthermostate als Anlegethermostate, die mittels Bimetallfühler die Temperatur an dem angeschraubten Teil fühlen. Ein analoger Regelthermostat muss in der Regel fest an seinem eingeschraubten Ort am wasserführenden Kamin verbleiben oder ist an einer maximal circa 80 cm langen Fühlerleitung von seinem Einschraubort aus zu verlegen. Dies ist zu beachten, falls beispielsweise der Regelthermostat nicht sichtbar und schlecht zugänglich im hinteren Bereich des Kamins eingeschraubt wird. Wenn Sie die Temperatur einmal verstellen müssen, kann das schnell zu einem wirklichen Problem werden, da der wasserführende Kamin normalerweise nicht verrückt werden kann.

Hinweis

Bitte erkundigen Sie sich unbedingt vorher, welche Regelung bzw. welches Regelthermostat für Ihren Kamin vorgesehen ist. Oftmals können diese aus konstruktiven Gegebenheiten nicht beliebig ausgetauscht werden.

Deshalb sollten Sie die Anschaffung eines etwas teureren digitalen Regelthermostats in Erwägung ziehen. Sie sind meist mit einem Fühlerkabel von bis zu 5 m Länge zu erhalten, so dass Sie den Regelthermostat auch in einem benachbarten Schrank oder Ähnlichem unterbringen können. Außerdem sind die digitalen Regelthermostate oftmals mit einer Temperaturanzeige erhältlich. Die aktuelle Wassertemperatur ist immer eine interessante Größe, um das Verhalten des Kamins zu studieren.

Die Funktion des wasserführenden Kamins lässt sich mit diesen Komponenten nun wie folgt realisieren:

Man stellt am Regelthermostat zum Beispiel 60 °C ein. Das führt dazu, dass beim Erreichen einer Wassertemperatur von 60 °C im wasserführenden Kamin der Regelthermostat ein elektronisches Steuersignal abgibt. Dieses Signal wird genutzt, um die Pumpe einzuschalten. Die Pumpe befördert nun das vom Feuer auf 60 °C erwärmte Wasser im Wasserteil in den Heizungsvorlauf. Gleichzeitig zieht dieselbe Pumpe kälteres Wasser aus dem Rücklauf des Heizungsnetzes in das Wasserteil des Kamins. Wenn nun das Wasser im Kamin genügend abgekühlt ist und der Temperaturfühler des Regelthermostats eine niedrigere Temperatur als 60 °C meldet, gibt der Regelthermostat wieder ein Steuersignal ab. Dieses Signal schaltet die Pumpe aus. Nun kann sich das kältere Rücklaufwasser aus dem Heizungsnetz durch das Feuer wieder auf 60 °C erwärmen, und das Spiel geht von vorne los.

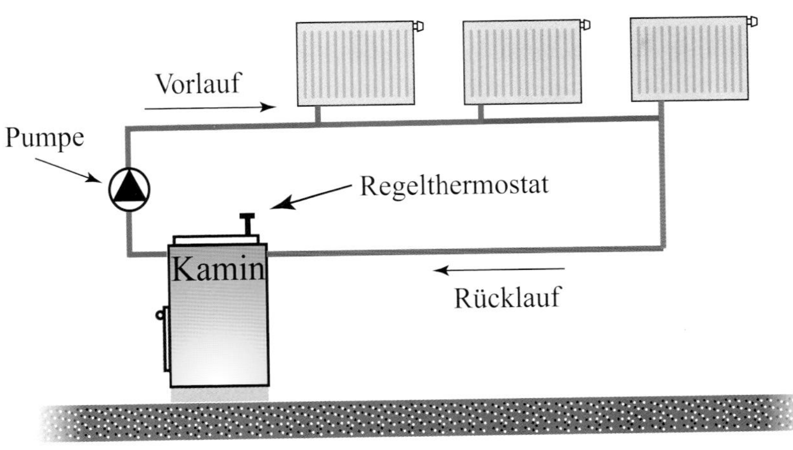

Skizze 6:
Wasserkreislauf eines wasserführenden Kamins

Allerdings kann dieser Kreislauf auch ein permanenter Kreislauf sein, so dass die Pumpe praktisch dauerhaft läuft und der Kamin quasi als Durchlauferhitzer wirkt. Die relevante Größe hierbei ist das Leistungsverhältnis im Vergleich zur Wassermenge im Wärmetauscher.

3.3 Zubehör bzw. Regelkomponenten von wasserführenden Kaminen

3.3.1 Zufuhr der Verbrennungsluft (Zuluft)

Unverzichtbar bei allen Kaminen, nicht nur bei wasserführenden, ist die Zufuhr der für die Verbrennung notwendigen Luft. Ohne Sauerstoff brennt kein Feuer. Wie dieser Sauerstoff dem Feuer zugeführt wird, ist unterschiedlich geregelt, es gibt fast so viele Varianten wie es verschiedenartige Kamine gibt. So wird die Zuluft

- als Primär- bzw. Sekundärluft durch Öffnungen ober- oder unterhalb der Keramikglasscheiben
- oder über spezielle Luftkanäle
- oder über einen Zuluftstutzen
- oder eben andere besondere Zuluftwege

dem Feuer zugeführt. In manchen Kaminen sind hierfür automatische Regelungen vorgesehen. Viele Kamine verfügen über Schiebestellungen ober- oder unterhalb der Keramikglasscheiben zum vollständigen Öffnen oder Schließen der Zuluftwege.

Oftmals befindet sich – meistens im hinteren Bereich – ein Zuluftstutzen mit einer Zuluftklappe. An dem Zuluftstutzen kann ein Rohr angeschlossen werden, das die Zuluft zum Beispiel von außen an das Feuer heranführt. Ohne einen derartigen Anschluss wird die Zuluft über diesen Stutzen aus dem Aufstellraum gezogen. Wegen der unterschiedlichen Zuführungsarten der Luft zum Feuer gibt es verschiedene Arten, wie das Feuer abbrennt. So ist feuerungstechnisch zu unterscheiden, ob die Zuluft dem Feuer beispielsweise überwiegend von oben zugeführt wird oder komplett von unten. In diesem Kontext sollen einige Begriffe kurz erläutert werden. Man unterscheidet die folgenden Systeme des Abbrandes:

Oberer Abbrand:

Skizze 7: Oberer Abbrand

Die Verbrennungsluft gelangt seitlich zum Feuer. Die Glutzone befindet sich oben. Der Brennstoffvorrat erhitzt sich langsam von oben nach unten. Die Gasfreisetzung erfolgt relativ langsam.

Durchbrand:

Skizze 8: Durchbrand

Ursprünglich wurde diese Art des Abbrandes für die Verbrennung von Kohle konzipiert. Die Verbrennungsluft strömt von unten durch das Brennholz hindurch. In kürzester Zeit werden etwa 60 % des Brennstoffes als Gas freigesetzt. Das Gas strömt unverbrannt mit den Abgasen durch den Schornstein. Das ist auch genau der Nachteil des Durchbrands.

Unterer Abbrand (Unterbrand):

Die Flammen breiten sich zur Seite hin oder unterhalb des Feuerraumbodens aus. Es verbrennt daher jeweils die untere Schicht des Brennstoffes. Damit kann eine entsprechend große Holzmenge oberhalb der unteren Glutzonen liegen, ohne direkt zu verbrennen. Man kann mit dieser Abbrandtechnik lange Verbrennungszeiten erreichen, ohne Holz nachlegen zu müssen. Vorteil: Guter Ausbrand mit hoher Verbrennungsqualität.

Beim Unterbrand kann man die folgenden Arten unterscheiden:

- vertikaler Abbrand
- seitlicher Abbrand
- Kanalbrand.

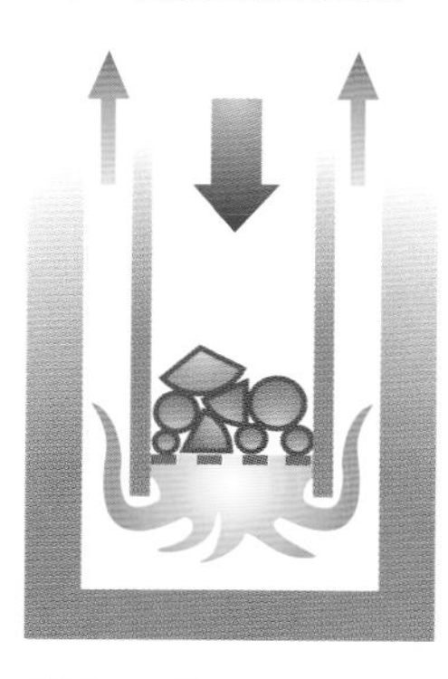

Skizze 9:
Unterbrand
- vertikal

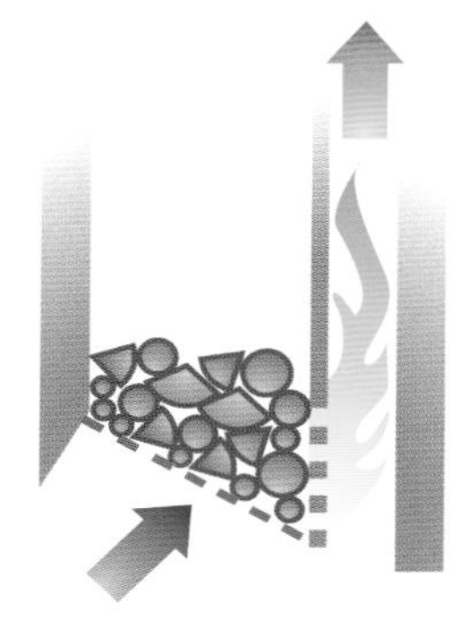

Skizze 10:
Unterbrand
- seitlich

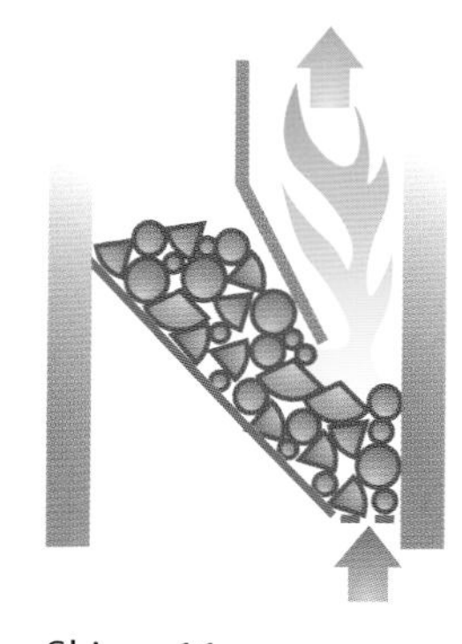

Skizze 11:
Unterbrand
- Kanalbrand

Entscheidend für die jeweilige Form des Abbrandes ist also die Art und Weise, in der das Stückholz nach und nach abbrennt. Als beste Form des Abbrandes hat sich in den letzten Jahren der untere Abbrand herauskristallisiert. Dieses System des Abbrandes ist steuerungstechnisch am leichtesten zu regeln und ermöglicht die besten Verbrennungsergebnisse. Deshalb wird das System des Abbrandes auch in den neueren Holzvergaserkesseln angewendet.

Eine weitere Unterscheidung im Kontext der Zuluftrealisierung muss hier auch zwingend angesprochen werden. So unterscheidet man

- eine raumluftabhängige
- und eine raumluft**un**abhängige

Zuführung der Zuluft.

Als **raumluftabhängig** bezeichnet man eine Feuerstätte, bei der die Versorgung mit Zuluft direkt aus dem Aufstellraum des Kamins erfolgt. Folglich ist bei dieser Betriebsweise auf das Nachströmen frischer Verbrennungsluft zu achten. Dies wird über einen ausreichend großen Raumluftverbund bzw. entsprechend dimensionierte Zuluftöffnungen (z.B. in der Kelleraußenwand) sichergestellt. Die ausreichende Verbrennungsluftversorgung ist zumindest in Deutschland Bestandteil der Kontrollpflichten des Schornsteinfegers.

Demgegenüber bezeichnet man mit raumluft**un**abhängig die Betriebsweise einer Feuerstätte, bei der die Versorgung mit Zuluft (Verbrennungsluft) von außerhalb des Aufstellraumes der Feuerstätte erfolgt, zum Beispiel über einen Zuluftkanal oder ein Luft-Abgassystem.

3.3.2 Ofenrohranschluss

Die Abgase einer Feuerstätte müssen nach draußen geleitet werden. Dafür ist ein Schornstein erforderlich. Dazu muss die Feuerstätte an den Schornstein angeschlossen werden. Das geschieht mit Ofenrohren (bzw. Abgas- oder Rauchgasrohren). Je nach Kamin und in Abhängigkeit der Leistung dieses Kamins müssen die Ofenrohre einen bestimmten Durchmesser aufweisen. Konstruktiv bedingt ist deshalb je nach Kamin ein bestimmter Mindestdurchmesser für die Rauchgasrohre vorgegeben.

Abb. 13 Ofenrohr gerade

Abb. 14 Ofenrohr Knie stufenlos verstellbar

Um sich das besser vorstellen zu können, folgen hier einige Bilder von typischen Ofenrohren. Sie wurden freundlicherweise zur Veröffentlichung in diesem Buch von der Fa. Ofen Mosmann, Töpferweg 3, 55595 Bockenau (**www.ofenmosmann.de**) freigegeben.

Abb. 15
Ofenrohr Knie mit Revisionsklappe

Abb. 16
Ofenrohr Reduzierstück

Ofenrohre gibt es genormt in verschiedenen Durchmessern (z.B. 120 mm, 130 mm, 150 mm, 160 mm, 180 mm, 200 mm, ...). Sie werden meist aus Stücken zusammengesetzt und sollen möglichst steigend verlegt werden, auf keinen Fall mit negativer Steigung. Im zugänglichen Bereich sollte irgendwo ein Ofenrohr mit Revisionsschacht angebracht werden, damit die Ofenrohre bis zum Schornstein leicht mit einer Bürste gereinigt werden können. Ideal hierfür ist, wenn das Knie direkt mit einer Revisionsklappe versehen wird. Speziell dazu gibt es stufenlos verstellbare Knie-Ofenrohre, die auch die Anschlussarbeit erheblich erleichtern. Außerdem kann man zwischen dünneren und dickeren Ofenrohren wählen. Verwenden Sie nach Möglichkeit mindestens 2 mm dicke Ofenrohre, damit Sie sich auch langfristig darüber freuen können.

Da Ofenrohre oftmals noch sichtbar sind, bevor sie in der Wand bzw. im Schornstein verschwinden, sollte man dem Aussehen dieses Bereichs ein besonderes Augenmerk widmen. Es gibt Ofenrohre mit verschiedenen farblichen Abstufungen, meist matt schwarz, dunkelgrau oder hellgrau. Aber es gibt auch Ofenrohre in Edelstahl, in Messing oder über Emaille eingefärbt. Da der Kamin normalerweise ein besonderer Blickfang ist, sollten Sie sich überlegen, wie die Ofenrohre aussehen sollen und auf welche Qualität Sie Wert legen.

3.3.3 Aschekasten

Die Möglichkeit, Asche bzw. Verbrennungsrückstände aufzufangen, ist bei verschiedenen Kaminen ebenso vielfältig wie die Anzahl der Kamintypen selbst. Selbstverständlich muss für jede Feuerstätte die Möglichkeit vorgesehen sein, die Verbrennungsrückstände zu entfernen. Wenn ein Aschekasten vorhanden ist, muss (nach neuerer EN-Norm) dessen Fassungsvermögen so bemessen sein, dass mindestens zwei Füllungen Asche je Brenndurchgang bei Nennwärmeleistung aufgenommen werden können.

3.3.4 Entlüftung

Abb. 17 Fa. CALEFFI Hydronic Solutions Automatischer Schnellentlüfter

Da sich in wasserführenden Kaminen Wasser befindet, muss das Wasser natürlich aufgefüllt werden. Das muss derart geschehen, dass keine Luft eingeschlossen wird. Normalerweise dient dazu ein Entlüfter, in der Regel ein Schnellentlüfter, der die Luft automatisch entweichen lässt.

Automatische Schnellentlüfter haben einen 3/8" Anschluss und sind im Allgemeinen selbstdichtend ausgeführt.

3.3.5 Drei–Wege-Ventil/Mischer

Abb. 18 Fa. CALEFFI
Hydronic Solutions
Drei-Wege-Umlenkventil mit Stellmotor

Als Zubehör im Zusammenhang mit wasserführenden Kaminen werden Sie, zumindest wenn es um die Kombination mit Ihrer Zentralheizung geht, immer wieder auch von einem Drei- oder Vier-Wege-Ventil bzw. Drei- oder Vier-Wege-Mischer hören. Sie ermöglichen im Zusammenspiel mit Stellmotoren oder thermischen Elementen eine Steuermöglichkeit für die Flussrichtung des Wassers in die eine oder andere Richtung. Damit kann dieselbe Leitung einmal zum Beispiel für das durch die Gasheizung erwärmte Wasser und bei Bedarf ein andermal für das vom wasserführenden Kamin erwärmte Wasser verwendet werden.

Dreiwege-Zonenkugelventil Serie 6443

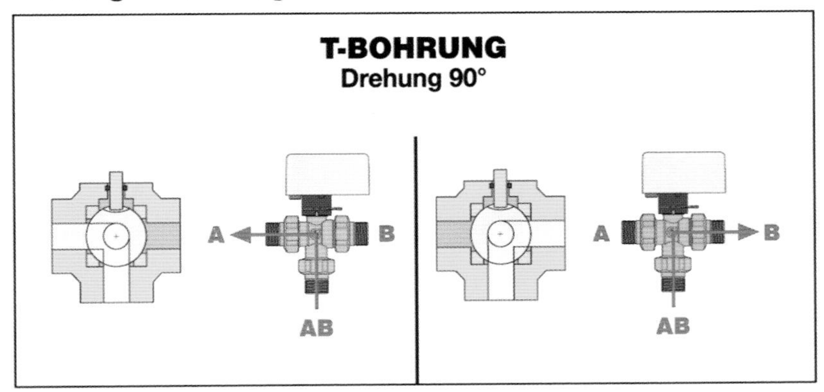

Abb. 19 Fa. CALEFFI
Hydronic Solutions
Funktionsskizze zur Flussrichtung

In der linken Ansicht der Skizze wird der Weg in Richtung **B** gesperrt und das Wasser fließt von **A/B** nach **A**.

In der rechten Ansicht der Skizze wird der Weg in Richtung **A** gesperrt und das Wasser fließt von **A/B** nach **B**.

Realisiert werden diese unterschiedlichen Wege durch einen elektrischen Stellmotor, der an dem Drei-Wege-Ventil angebracht ist. Alternativ können auch thermisch gesteuerte Drei-Wege-Ventile genutzt werden, die zum Beispiel beim eingestellten Wert von 60 ° C den einen Weg öffnen, sobald dieser Wert aber unterschritten wird, den vorherigen Weg wieder öffnen.

Abb. 20 Fa. Honeywell Drei-Wege-Mischer Centra

Anders als bei einem Drei-Wege-Umlenkventil können bei einem Mischer die drei Wege so genutzt werden, dass die Wege nicht nur komplett geschlossen oder geöffnet sind. Sie können auch alle möglichen Zwischenstellungen einnehmen, so dass das Wasser je nach Stellung und Öffnungsgrad der Wege entsprechend gemischt wird.

3.4 Gegenüberstellung: wasserführende Kamine und andere Kamine

Da Sie nun die grundlegende Funktionsweise von wasserführenden Kaminen kennen, können wir spezifische Besonderheiten aufgreifen und so wichtige Unterschiede zu anderen Kaminen gegenüberstellend vergleichend betrachten. Die folgenden Vergleichskriterien sollen hier näher erläutert werden:

- Konstruktion
- Umfang der Beheizung
- Leistungswerte
- Lebensdauer

Entscheidungskriterien

Falls die Entscheidung für einen wasserführenden Kamin bei Ihnen noch nicht endgültig gefallen ist, sollten Sie sich diese Kriterien genau durchlesen.

Abb. 21 Perhofer

3.4.1 Vergleichskriterium: Konstruktion

wasserführende Kamine	nicht wasserführende Kamine
– Wasserregister, Wärmetauscher, doppelwandige Stahlkonstruktion, wasserführend – Verwendung von hochwertigem Stahl mit Prüfzeugnis. Dadurch bleibt der Stahl auch „plastisch" verformbar. – Einschränkung: Dort wo der Stahl nicht wasserführend ist, gilt dasselbe wie für nicht wasserführende Kamine (sofern keine Schamottsteine schützend wirken).	– Einwandige Konstruktion – Betriebsbedingte thermische Spannungen im Material führen bei manchen Produkten zu einer geringeren Lebensdauer. Insbesondere das „Ausglühen" des Stahls führt zu einer schnellen Zerstörung.

Die wasserführenden Stahlwände von wasserführenden Kaminen sind insbesondere wegen der notwendigen guten Schweißbarkeitseigenschaften von besonderer Qualität. Das ist bei nicht wasserführenden Kaminen nicht erforderlich. Das „Ausglühen" des Stahls kommt bei wasserführenden Teilen nicht in Betracht, da die Temperaturen hier die 100 °C Marke nicht überschreiten können. Allerdings kommt dieser Vorteil nur für den mit Wasser in Berührung kommenden Stahl zum Tragen.

3.4.2 Vergleichskriterium: Umfang der Beheizung

wasserführende Kamine	nicht wasserführende Kamine
Beheizung des ganzen Hauses durch Zuführung des vom Feuer erwärmten Wassers zu den Wärmeabnehmern (Heizkörper, Fußbodenheizung etc.)	Nur der Aufstellungsraum des Kamins wird beheizt

Dieses Vergleichskriterium wird mittlerweile für sehr viele potenzielle Kunden als das

absolute k.o.-Kriterium

gegen nicht wasserführende Kamine schlechthin genannt. Warum ist das so?

Nun, da Sie sich dieses Buch gekauft haben, interessieren Sie sich für Kamine und haben vielleicht schon einmal bei Bekannten am eigenen Leib einen nicht wasserführenden Kamin erleben dürfen. Da sitzt man an einem kalten Wintertag in gemütlicher Runde vor dem Kamin. Der stolze Kaminbesitzer will wieder einmal etwas Holz nachlegen und der Besuch bittet ihn verlegen, das doch nicht zu machen, weil es schon so warm ist. Das resultiert daraus, dass die gesamte Heizleistung des nicht wasserführenden Kamins im Aufstellraum verbleibt und für ein normales Zimmer sind bis zu 5 kW Heizleistung einfach ausreichend. Hat der Kamin mehr Heizleistung, so wirkt dies eher unangenehm störend (Saunaeffekt).

Aber was noch viel schlimmer ist:

- Andere Räume (z.B. Kinderzimmer) haben nichts von der tollen Kaminwärme. Nun ja, viele Häuser haben eine offene Bauart, die die Heizleistung über die Flure in viele Zimmer strömen lässt. Aber sagen Sie einmal Ihrem 16-jährigen Sohn oder Ihrer Tochter, er oder sie soll die Zimmertür geöffnet lassen, damit es im

Kinderzimmer nicht so kalt ist. Ihr Kind wird eher einen dicken Pullover anziehen und erfrieren wollen.

- Häufig sind Raumthermostate für die Öl- oder Gasheizung im Wohnzimmer angebracht, in dem oftmals auch der Kamin steht. Wenn Sie den Kamin beheizen, haben Sie dort eine tolle Wärmeentwicklung. Der Raumthermostat meldet der Öl- oder Gasheizung „bitte nicht heizen", da es überall warm genug ist. Ihre Kinder in ihren Kinderzimmern mit geschlossener Tür werden sich erkälten, da die Heizkörper ja nicht beheizt werden.
- Aufgrund dieser „Stopp-Meldung" des Raumthermostates bleiben die anderen Räume zu kalt und es kann sich im Laufe der Zeit Schimmel bilden.
- Wenn Sie das Kaminzimmer verlassen, kommen Ihnen andere Räume, auch wenn sie gar nicht so kühl sind, sehr kalt vor. Wenn, wie so oft die Hausfrau in der Küche zu tun hat, wird sie dort frieren, sofern sie des Öfteren vom Kaminzimmer in die Küche wechselt.

Alles in allem sind das so gravierende Nachteile eines nicht wasserführenden Kamins, weshalb immer mehr Leute sich letztlich für einen wasserführenden Kamin entscheiden. Gerade diese Nachteile, aber natürlich auch der Energieeinspareffekt, führten besonders in den letzten Jahren zu einer sehr starken Nachfrage nach wasserführenden Kaminen.

Der wasserführende Kamin ist also in der Lage, im Rahmen seiner Leistungswerte das ganze Haus zu beheizen. Der wasserführende Kamin beheizt nicht nur einen Raum, sondern erwärmt gleichzeitig Wasser, das dem Heizungsnetz zugeführt wird. Dadurch gelangt ein Großteil seiner Nennwärmeleistung in das Heizungsnetz, während nur ein relativ kleiner Anteil, in der Regel die direkte Strahlungs- und Konvektionsleistung des Scheibenbereichs und der Bereich der Rauchgasrohre, dem Aufstellraum zugeführt wird.

Allerdings muss man doch etwas genauer hinschauen, wie sich die Leistungswerte bei einem wasserführenden Kamin verteilen.

Für den potenziellen Käufer eines wasserführenden Kamins sind immer die Aussagen der Hersteller über:

- **die Gesamtwärmeleistung bzw. Nennwärmeleistung [in kW]**
- **die Wasserwärmeleistung [in kW]**
- **und die Strahlungswärmeleistung [in kW]**

interessant. Einhergehend damit natürlich auch die entsprechenden Wirkungsgrade, insbesondere die Wirkungsgrade η

- der Wasserwärmeleistung [in %]
- und der Strahlungswärmeleistung [in %].

Auf keinen Fall reicht die Angabe eines Gesamtwirkungsgrades aus, da dieser keine Aussage über die Effizienz der wasserseitigen Wärmeerzeugung macht. Fragen Sie den Hersteller bitte unbedingt danach. Er kennt die Werte, da sie im Rahmen der Produktprüfungen ermittelt wurden.

Oftmals ist die Wasserwärmeleistung nämlich doch eher mager. Das wäre grundsätzlich zwar nicht so schlimm, denn jedes Kilowatt Heizleistung, das dem Heizungsnetz zugeführt wird, hilft ja Energie einzusparen. Aber der verbleibende Anteil der Nennwärmeleistung ist die Strahlungsleistung, die dem Aufstellraum zugeführt wird, und wenn sie annähernd der von <u>nicht</u> wasserführenden Kaminen entspricht, dann treffen auch die genannten Nachteile bei diesen wasserführenden Kaminen mehr oder weniger zu.

Wenn Sie wirklich Freude an Ihrem Kamin haben wollen, achten Sie darauf, dass die Heizleistung, die den Aufstellraum zugute kommt, sich eher im

Bereich von maximal 4-5 kW befindet.

3.4.3 Vergleichskriterium: Leistungswerte

wasserführende Kamine	nicht wasserführende Kamine
Leistungsbereich: 5 bis 30 kW und mehr	Leistungsbereiche: enden oftmals weit unter 15 kW

Nicht wasserführende Kamine haben oftmals eine weit unter 15 kW liegende Nennwärmeleistung. Natürlich könnte man sie problemlos mit einer größeren Nennwärmeleistung ausstatten. Dazu müsste man sie lediglich mit einem größeren Feuerungsraum konstruieren. Dann kann man wesentlich mehr Holz einlegen und schon steigt die Leistung. Aber die Leistung, die dem Aufstellraum in diesem Fall zugeführt wird, ist so hoch, dass Sie selbst im tiefsten Winter diesen Raum nicht mehr ohne kühlende Klimaanlage betreten könnten. Die nicht wasserführenden Kamine benötigen also keine größere Nennwärmeleistung.

Abb. 22 CTM

Wasserführende Kamine sind oftmals genau für ihren Einsatz konstruiert. Ihre Heizleistung kann damit auch sehr groß sein. Es gibt durchaus wasserführende Kamine mit über 30 kW Nennwärmeleistung. Jetzt höre ich Sie schon fragen: „Wer braucht denn bei den heutigen Häusern eine so große Heizleistung?“ Nun, dazu muss etwas weiter ausgeholt werden. Mehr zu diesem speziellen und wichtigen Thema erfahren Sie in Kapitel 6 (Kriterien für die richtige Wahl eines wasserführenden Kamins).

3.4.4 Vergleichskriterium: Lebensdauer

wasserführende Kamine	nicht wasserführende Kamine
Sehr lange Lebensdauer möglich	Eher begrenzte Lebensdauer durch hohe Einbrandtemperaturen

Wie so oft im Leben ist auch bei den Kaminen die Welt nicht absolut, sondern relativ, so dass aufgrund der großen Vielfalt eine Aussage zur Lebensdauer auf einen bestimmten Kamin bezogen wohl nicht möglich ist. Aber einige grundsätzliche Aussagen können schon gemacht werden. So haben die nicht wasserführenden Kamine aufgrund der doch sehr hohen Einbrenntemperatur des Stahls und der Gefahr des Ausglühens eine eher geringere Lebensdauer – vor allem im Vergleich zu wasserführenden Kaminen. Hier wird die Beurteilung hinsichtlich des Kriteriums Lebensdauer natürlich umso besser ausfallen, je mehr doppelwandige, mit Wasser in Berührung kommende Stahlwände der wasserführende Kamin besitzt.

Es gibt sicherlich noch weitere Vergleichskriterien, die es lohnen würden, näher betrachtet zu werden. Allerdings sollen die hier erwähnten Kriterien ausreichen, da sie die auffälligsten Unterschiede behandeln.

3.5 Wasserführende Kamine als Pelletöfen

Scheitholz oder Pellets? Diese Frage stellen sich immer mehr potenzielle Kamininteressenten. Im Grunde geht es bei dieser Frage um eine Abwägung der Vor- und Nachteile. Neben Pelletheizkesseln (für den Keller) haben sich mittlerweile auch zahlreiche Pelletöfen für den Wohnbereich am Markt einen Namen gemacht.

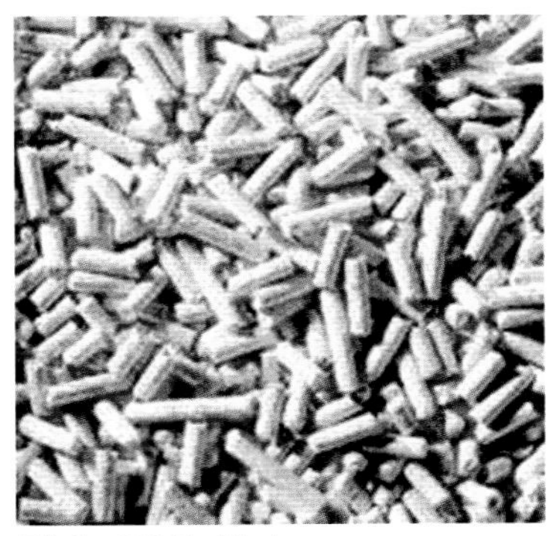

Abb. 23 Pellets

Je nach Hersteller variieren die Pelletöfen in ihrer Ausstattung und Qualität. Moderne Pelletöfen lassen auch Kombinationen für die wahlweise Nutzung von Pellets oder Scheitholz zu. Da die Pelletnutzung zusätzliche Elemente wie Pelletbehälter und Steuerung der Pelletzuführung erfordern, können diese Elemente mitunter auch bei Bedarf nachgerüstet werden. Das spart natürlich vorerst einige Anschaffungskosten. Die wichtigsten Markenzeichen von modernen Pelletöfen aber sind:

- eine ausgefeilte fortschrittliche Technik
- ein Vorratsbehälter für Pellets
- die elektronischen Steuerungen, die das Anzünden, das Löschen und die Programmierung von Verbrauchseinstellungen ermöglichen
- die optimale Verbrennung bei hohem Wirkungsgrad.

Ich möchte als Buchautor hier natürlich keinen Kamintyp präferieren, dazu sind die Geschmäcker, die Geldbeutel und die individuellen Bedürfnisse einfach zu verschieden. Hier muss jeder selbst seine Entscheidung treffen. Aber ich möchte bei Pelletöfen etwas zum Nachdenken anregen, da es sich lohnt, diese herausragenden Eigenschaften moderner Pelletöfen in deren Konsequenz etwas genauer zu betrachten. Die sich bietenden Vorteile muss man sich erst einmal auf der Zunge zergehen lassen. Am besten natürlich im direkten Vergleich zu anderen „normalen" Standardkaminen.

Da ist zunächst die **optimale Verbrennung bei hohem Wirkungsgrad**. Ein Wärmewirkungsgrad von über 90 % garantiert neben den Vorteilen für die Umweltbelastung auch eine optimale Ausnutzung des Brennstoffes. Das kommt dem Geldbeutel direkt zugute.

Dann wäre da der **Vorratsbehälter** für Pellets. Einen „normalen" Standardkamin müssen Sie immer im Auge behalten, damit Sie rechtzeitig, bevor das Feuer ausgeht, wieder Holz nachlegen. Mit einem Vorratsbehälter ist das nicht erforderlich. Natürlich kommt es dann auch auf die Kapazität des Vorratsbehälters an, aber meistens sind sie so konzipiert, dass Sie diesen Vorteil deutlich spüren werden.

Sehr wichtig ist die ausgefeilte **fortschrittliche Technik** und in diesem Kontext auch die **komfortable Steuerung**. Sie können Pelletöfen wie einen TV-Recorder programmieren und zum Beispiel den Zeitpunkt des Anzündens genau einstellen. Je nach Komfort der Steuerungen lassen sich auch das Löschen, die Leistung und der Verbrauch einstellen. Alles Punkte, die es bei anderen Kaminen einfach gar nicht gibt.

Wenn dann sogar ein Pelletofen als wasserführender Kamin in Frage kommt, dann holt man sich den neuesten Stand der Technik ins Haus.

Abb. 24 HWAM

Aber der wirklich große Vorteil liegt – meiner Meinung nach – im Brennstoff selbst: den **Pellets**. Wer schon einmal wochenlang im Wald war, um Scheitholznachschub für seinen Kamin zu „erarbeiten", der weiß, wovon hier die Rede ist. Ich sage hier bewusst „erarbeitet" und nicht etwa „geholt". Abgesehen von den Gefahren des Fällens und Zerkleinerns der Bäume, können Pellets dem Menschen einige Last ersparen. Wer macht nicht lieber vier Wochen Urlaub anstatt im Wald zu „malochen". Oder wie ist es im Alter, wenn man trotzdem noch gerne seinen Kamin beheizen möchte. Irgendwann kommt für jeden Menschen die Grenze, an der er die Verwendung von Scheitholz in Frage stellt. Auch schon in jungen Jahren, wenn man nach dem Job abends oder am Wochenende noch in den Wald soll. Da wäre es doch schöner, wenn der Kamin bereits vor sich hin feuert, das Haus schon warm ist und man die Zeit mit der Familie nutzen kann.

Aber es sollen hier auch die Nachteile erwähnt werden, die es zweifelsfrei gibt. Wo Licht ist, gibt es auch Schatten. Obwohl manche angebliche Nachteile der Pelletöfen stark übertrieben sind, sollte man sich diese trotzdem bewusst machen.

Ein sofort beim Kauf ins Auge fallender Nachteil resultiert direkt aus den vielen Vorteilen:

Pelletöfen mit ihrer ausgefeilten Technik kosten mehr Geld.

Aber damit nicht genug, die ausgefeilte Technik erfordert natürlich auch eine Wartung der Technikkomponenten. Dafür werden oftmals Wartungsverträge angeboten, die natürlich auch wieder Geld kosten. Das mit dem „mehr Geld" ist meiner Meinung nach auch der einzige wirkliche Nachteil, da es häufig darum geht, mit einem wasserführenden Kamin die steigenden Energiekosten zu kompensieren. Unter diesem Vorzeichen ist ein Pelletofen wegen der entstehenden Mehrkosten ohne Wenn und Aber kontraproduktiv.

Weitere Nachteile von Pelletöfen, die immer wieder genannt werden, sind:

- Pellets brennen mit einem anderen Flammenbild als Scheitholz.
- Die Mechanik zur automatischen Zuführung der Pellets zum Feuer erzeugt störende Laufgeräusche.
- Pellets erzeugen hohe Feinstaubemissionen.
- Abhängigkeit von Pelletlieferanten.
- Preisentwicklung der Pellets.

Ob die genannten Nachteile wirkliche Nachteile sind, muss jeder für sich selbst entscheiden. So gilt beispielsweise der Hinweis auf die Preisentwicklung natürlich genauso für Scheitholz. Und auch die Abhängigkeit vom Pelletlieferanten ist nicht anders zu werten als die Abhängigkeit vom Wald in der Nähe. Die als Nachteil genannten störenden Laufgeräusche der Pellets-Förderschnecke stammen wohl noch aus der Kinderzeit der Pelletöfen. Die Hersteller haben sich intensiv um diesen Punkt gekümmert und inzwischen erhebliche Verbesserungen realisiert. Aber auch hier ist man letztlich abhängig von den jeweiligen Herstellern und ihren unterschiedlichen Bauarten.

Wie immer im Leben, ist es an Ihnen, hier eine Entscheidung zu treffen. Mit den Informationen dieses Kapitels haben Sie nun hoffentlich eine Grundlage, die Vor- und Nachteile der verschiedenen Varianten beurteilen zu können.

3.6 Musterhäuser live mit Energiedaten im Internet

Abb. 25 BRUNNER: 180° Kompaktkamin

Weitere sinnvolle Informationen liefert Ihnen das Internet unter

www.david-online.org.

Unter dem Motto „Live dabei sein, wenn es darum geht ein Niedrigenergiehaus mit Holz und Sonne zu beheizen" können Sie hier tatsächlich live die Energiedaten von Musterhäusern studieren. Jeder Interessierte kann sich im Internet unter www.david-online.org überzeugen, dass ein Heizkonzept auf der Basis von Holz und Sonne nicht nur auf dem Papier, sondern auch in der Praxis funktioniert.

Als Kamin wurde hier ein wasserführender Kachelofen der Firma BRUNNER (Typ HWM) eingesetzt, der in seinen Leistungsdaten überzeugt. Zunächst ging es nur darum, über ein Jahr hinweg sämtliche erzeugten und verbrauchten Wärmemengen zu Schulungszwecken dem Hause Brunner zur Verfügung zu stellen. Recht schnell wurde allen Beteiligten jedoch klar, dass die Daten am besten jedem und zwar sofort angeboten werden sollten: **DAVID-Online** war damit geboren! Seither stehen die Häuser sozusagen als „Musterhäuser" im Internet. Zu jeder Tageszeit lässt sich das Verhalten der DAVID-Anlage beobachten: Wann wird mit welcher Holzmenge geheizt? Wie hoch sind gerade die solaren Erträge? Wie heiß ist es im Pufferspeicher? Wie viel Öl wurde zusätzlich verbraucht? ... Alles Fragen, die sich sofort beantworten lassen!

4. Energieeinsparung mit einem wasserführenden Kamin – Wirtschaftlichkeit

Wenn es um Energieeinsparung mit Hilfe eines Kamins geht, kommt man nicht umhin, den Brennstoff Holz mit den bei uns üblichen Heizenergiequellen Öl und Gas zu vergleichen. Während das „billige" Heizöl nach dem Zweiten Weltkrieg den Brennstoff Holz fast vollständig verdrängt hat, so gewinnt Holz heute wieder stark an Bedeutung. Dies liegt in erster Linie an den enorm gestiegenen Heizkosten für Gas und Öl. Dementsprechend ist die Suche nach alternativen Möglichkeiten der Heizkosteneinsparung logisch.

Die Beurteilung, ob sich die Anschaffung eines wasserführenden Kamins rechnet, ist stark von den Heizgewohnheiten der Bewohner und der Beschaffenheit ihres Hauses (Alter, Qualität, Größe und Isolierung) abhängig. Ich möchte dennoch versuchen, Ihnen einen einfachen Weg einer Wirtschaftlichkeitsbetrachtung aufzuzeigen.

Die einfachsten Kenngrößen, die Ihnen zur Verfügung stehen, sind dabei sicherlich:

- Wie viel Quadratmeter Fläche sind zu beheizen?
- Wie hoch ist der Öl- oder Gasverbrauch?

4.1 Berechnungshilfen

Der Heizwert des jeweiligen Brennstoffes ist sodann die wichtigste Größe.

Heizwerte:

Heizöl: 10,0 kWh/l **Erdgas:** 10,0 kWh/m^3

Abb. 26 Gast

Um nun einen schnellen und einfachen Wirtschaftlichkeitsvergleich zum Beispiel zwischen Öl und Holz zu ermöglichen, kann Ihnen die folgende Tabelle helfen. Hier sind einige Holzarten mit dem zugehörigen Heizwert aufgelistet. Dem gegenüber gestellt wurde die für einen Raummeter [RM] benötigte theoretische Ölmenge. Theoretisch deshalb, weil Kamine oftmals einen erheblich schlechteren Wirkungsgrad haben als Ölheizungen. Hier können Sie je nachdem selbst schätzen, und bei einem Kamin mit hohem Wirkungsgrad auch einen zehnprozentigen Abschlag vornehmen.

Brennstoff	Heizwert kWh/kg	Gewicht je Raummeter [RM]	Theoretische äquivalente Heizölmenge [Liter/RM]
Ahorn	4,1	520	ca. 215
Birke	4,3	450	ca. 195
Buche	4,0	500	ca. 200
Eiche	**4,2**	**550**	**ca. 230**
Esche	4,2	460	ca. 195
Pappel	4,1	380	ca. 155
Fichte	4,5	350	ca. 155
Kiefer	4,4	450	ca. 200
Lärche	4,3	490	ca. 210

So können Sie aus dieser Tabelle herauslesen, dass zum Beispiel 1 Raummeter (RM) Eiche 230 Liter Öl ersetzen kann. Falls Sie nun einen Ölverbrauch von beispielsweise 2.000 Liter pro Jahr zu Grunde legen, dann bedeutet das, dass Sie, wenn Sie nur mit Eichenholz heizen wollen, eine Menge von

2.000 Liter / 230 Liter/RM = 8,69 RM Eichenholz benötigen.

Berücksichtigt man, dass die Restfeuchtigkeit des Holzes nicht immer ideal ist, also nicht immer bei etwa 15 % liegt und der Wirkungsgrad der Kamine oftmals eben nicht so gut ist wie der Wirkungsgrad von Ölheizungen, dann kann man grob sagen, dass man für

2.000 Liter Öl etwa 10 RM Eichenholz benötigt.

4.2 Amortisation

Welche Faktoren einbezogen werden müssen, wenn es darum geht, ob der Einbau eines wasserführenden Kamins sich lohnt, hängt maßgeblich vom Gesamt-Heizungskonzept des jeweiligen Hauses ab. Haben Sie beispielsweise bereits eine Ölheizung und wollen einen Kamin nur zusätzlich, dann interessiert Sie wahrscheinlich lediglich, wie viel Öl durch das Brennholz einzusparen ist. Dann kann die Installation der bestehenden Zentralheizung auch nicht mit den Anschaffungs- und Einbaukosten des Kamins gegengerechnet werden. Soll der wasserführende Kamin aber die zentrale Heizquelle des Hauses werden, müssen unter Umständen auch noch die Installationen für die Wärmeverteilung im Haus berücksichtigt werden. Ich will hier nur Ansätze darstellen, wie Sie selbst die Amortisation für sich berechnen könnten.

Ob sich nun die Anschaffung eines wasserführenden Kamins wirtschaftlich rechnet, kann wie folgt abgeschätzt werden. Wobei eine wichtige Größe der Kostenfaktor für Holz darstellt.

Es gibt beim Holz nämlich verschiedene Möglichkeiten der Beschaffung (Preise für Eiche):

- Sammelholz aus dem Wald ca. 6-8 EUR/RM
  (aufsammeln, was dort so herumliegt, natürlich mit Genehmigung)
- Sie gehören zu den starken Handanlegertypen und fällen die Bäume selbst ca. 15 EUR/RM

- Sie kaufen das Holz fertig getrocknet und kamingerecht geschnitten ein ca. 45 EUR/**SRM**

Bitte beachten Sie hierbei, dass Sie das fertige Holz in der Regel nur als **SRM = Schüttraummeter** bekommen.

Betrachten wir einmal einen Investitionszeitraum von fünf Jahren und nehmen an, dass Sie das Brennholz ofenfertig einkaufen. Dann ergeben sich die Brennstoffkosten (10 RM Eiche pro Jahr) wie folgt:

Brennstoffkosten $K_{Brennstoff}$ (Betriebskosten für 5 Jahre)

5 Jahre x 10 RM = 50 RM (1 SRM = ca. 1,25 RM) ➔ 62,5 SRM
Also müssen Sie bei diesen Zahlen mit:
62,5 SRM x 45 EUR/SRM = **2.812,50 EUR** rechnen.

Egal wie hoch der Ölpreis noch steigt, der reine Brennstoffverbrauch ist auf jeden Fall günstiger als der Ölverbrauch (5 Jahre x 2.000 Liter/Jahr).

Allerdings gehören zu einer Amortisationsrechnung noch mehr Faktoren (einmalige Investitionskosten):

- Anschaffungskosten des wasserführenden Kamins $K_{Anschaff}$
- Einbaukosten des wasserführenden Kamins K_{Einbau}

Somit sind die Gesamtkosten zu berechnen mit:

$$\mathbf{K}_{gesamt} = \mathbf{K}_{Anschaff} + \mathbf{K}_{Einbau} + \mathbf{K}_{Brennstoff}$$

Während man die reinen Anschaffungskosten für den wasserführenden Kamin leicht ermitteln kann (Händleranfrage), so ist dies mit den Einbaukosten nicht so einfach. Deshalb sollen hier Erfahrungswerte genommen werden.

Erfahrungswert:

Für den Einbau eines Kamins in einen Neubau (Einfamilienhaus) muss man ca. 1 Tag mit 2 Handwerkern (1 Facharbeiter, 1 Lehrling) veranschlagen. Diese Werte sind allerdings absolute Minimalwerte ohne irgendwelche Extras wie den Einbau eines Pufferspeichers etc.

Bei einem Stundensatz von 45 EUR/Std. für den Facharbeiter und ca. 20 EUR für den Lehrling berechnen sich die Einbaukosten wie folgt:

(8 Std. x 45 EUR/Std.) + (8 Std. x 20 EUR/Std.) = 520 EUR= $\mathbf{K}_{Einbau}$

Nehmen wir für die Anschaffungskosten des wasserführenden Kamins einmal ca. 3.000,– EUR an, so ergeben sich über 5 Jahre hinweg die Gesamtkosten $\mathbf{K}_{gesamt}$ von:

$\mathbf{K}_{gesamt}$ = 3.000 EUR + 520 EUR + ca. 2.800 EUR = **6.320 EUR**

Dem gegenübergestellt ergibt sich das Einsparungspotential (eingespartes Heizöl) wie folgt:

5 Jahre x 2.000 Liter/Jahr = 10.000 Liter

Bei einem Preis von ca. 0,65 EUR/Liter ergeben sich (10.000 Liter x 0,65 EUR/Liter) also 6.500 EUR.

Gesamtkosten für den wasserführenden Kamin (über 5 Jahre)	Eingesparte Heizölkosten (über 5 Jahre)
6.320 EUR	**6.500 EUR**

Resümee: Nach ca. 5 Jahren hat sich der wasserführende Kamin alleine über die Einsparung der Ölkosten selbst finanziert.

Abb. 27 Firetube

Hinweis:

Bei einem wasserführenden Kamin kann man die Lebensdauer auf mindestens zehn Jahre ansetzen. Da ein wasserführender Kamin bei fachgerechtem Einbau aber nicht korrodiert (durch das sauerstoffarme Wasser im Heizungsnetz), spricht einiges eher für eine Verdoppelung dieser angesetzten Lebensdauer.

Dennoch:

Diese Amortisationsrechnung könnte allerdings auch ganz anders aussehen, denn nicht eingerechnet wurden bisher:

- die Anschaffungskosten der Öl- bzw. Gasheizung
- ein Pufferspeicher (Ist nach der neuen 1. BImSchV erforderlich!)
- ein Unterstand zum Trocken für Ihr Holz
- die Materialkosten (Kupferrohre, Zubehör) für den Einbau
- es wurden nur sehr geringe Montagekosten für den Einbau des wasserführenden Kamins angenommen
- Preissteigerungen sind möglich

Eine etwas andere Wirtschaftlichkeitsberechnung kann sich auch ergeben, wenn Sie mit ca. 15 EUR/Raummeter Holz rechnen und die folgenden Punkte entsprechend berücksichtigen:

- eine eventuell benötigte Kettensäge sowie Schutzkleidung, falls Sie das Holz selbst fällen bzw. zerkleinern wollen
- ein Anhänger, falls Sie das Holz selbst aus dem Wald zu Ihnen nach Hause transportieren müssen
- die Zeit für den Holzeinschlag im Wald, während der Sie anderweitig Geld verdienen könnten.

Vielen dieser zusätzlichen Kosten stehen allerdings auch wieder Einsparungen bei den in der Beispielrechnung einbezogenen Kosten gegenüber. Da hilft nur, dass Sie Ihr Vorhaben in der Art wie Sie es planen, selbst durchrechnen.

Eine abschließende Bemerkung zur Amortisationsberechnung:

Diese vereinfachte Wirtschaftlichkeitsberechnung dient dazu, eine möglichst nachvollziehbare Aussage über die Amortisation zu geben. Es wurden natürlich längst nicht alle Faktoren des Betriebes dabei berücksichtigt.

Aber ob Sie nun zum Beispiel die Anschaffungskosten der Öl- bzw. Gasheizung mit in die Amortisationsrechnung einbeziehen oder nicht, hängt ja mehr von Ihren Absichten ab, als von grundsätzlichen Rechenvorgaben. Für den Fall, dass Sie bereits eine andere Heizung in Ihrem Haus installiert haben, ist eben nur die Einsparung an Öl und Gas interessant, und so geht es vielen Interessenten an wasserführenden Kaminen. **Deshalb reicht den meisten Leuten in der Regel der Vergleich der Brennstoffkosten.**

4.3 Fazit

Eine reine Amortisationsrechnung unter Einbeziehung der Anschaffungskosten einer Öl- bzw. Gasheizung und sämtlicher außerdem zu berücksichtigenden Parameter ist da eher selten vonnöten. Es stellt sich dagegen fast immer die Frage:

Was bringt mir ein wasserführender Kamin im Vergleich zu einem nicht wasserführenden Kamin?

Hier kommen wir, was die Anschaffungsfrage eines Kamins anbelangt zur eigentlichen Kernfrage. Wie sieht das eigene Heizverhalten aus? Wie oft mache ich den Kamin an? Um dieses Thema geht es in Kapitel 6, es sollte als ein wirklich zentrales Auswahlkriterium besonders betrachtet werden. Sie können jedoch die Frage der Amortisation in dieser Hinsicht schon viel besser einschätzen, wenn Sie sich selbst einer der drei folgenden Kategorien zuordnen:

1) Ich betreibe den Kamin - egal ob wasserführend oder nicht - nur gelegentlich.
   (1-2 pro Woche am Feierabend, am Wochenende, eventuell nur, wenn Besuch kommt)
2) Ich betreibe den Kamin häufig.
   (4-5 mal pro Woche, aber überwiegend am Feierabend und am Wochenende)
3) Ich versuche, den Kamin so oft wie möglich zu betreiben.
   (oftmals den ganzen Tag, möglichst immer am Wochenende)

Nun ist es so, dass falls Sie sich selbst der Kategorie 1 zugeordnet haben, sparen Sie natürlich mit jeder Stunde Kaminbetrieb definitiv Öl- bzw. Gaskosten ein, sofern Sie einen wasserführenden Kamin beheizen. Aber die Einsparung ist doch eher sehr gering und auch ein nicht wasserführender Kamin spart ja Öl oder Gas ein. Das heißt, ob sich die Anschaffung eines wasserführenden Kamins für Sie persönlich lohnt, hängt massiv von Ihren individuellen Heiz- oder Lebensgewohnheiten ab. Aus diesem Grund können nur Sie selbst diese Frage beantworten. Fangen Sie also nicht an, langwierig Daten zu sammeln und die Amortisation rechnerisch nachzuweisen. Sie sparen bei einem wasserführenden Kamin definitiv Öl bzw. Gas ein. Aber die genaue Höhe, das können eben nur Sie selbst wissen.

Schlussfolgerung:

Die Amortisation nimmt von 1 → 3 extrem zu!

Deshalb sind eher die Anschaffungskosten der für Sie in Frage kommenden Kamine relevant. Wie viel ist Ihnen eine Einsparung von Öl bzw. Gas wert? Wie viel Zeit haben Sie, um Holz aus dem Wald zu holen? Müssen Sie dafür extra einen Anhänger kaufen? Kaufen Sie das Holz teuer ein oder befindet sich ein Wald vor Ihrer Haustür? ...

Als primäres Fazit kann man also sagen, dass sich die Frage, ob sich die Anschaffung eines wasserführenden Kamins lohnt, am ehesten mit dem Herzen und dem Gefühl, als mit dem Geldbeutel beantworten lässt.

5. Formeln, Kenngrößen und Begriffe von wasserführenden Kaminen

Abb. 28 Ecoforest

Nach welchen Größen sollten Sie fragen bei der Suche nach einem wasserführenden Kamin? Welche Begriffe muss man kennen, welche Daten sind wichtig?

Es gibt doch recht viele Händler, die einen oder mehrere wasserführende Kamine anbieten. Aber wie soll man diese nun vergleichen? Kann man das überhaupt? Wovon redet der Verkäufer da? Was sind das für Begriffe, welche Teile oder Geräte meint der Verkäufer?

Hier sollen Sie etwas mehr darüber erfahren. Vielleicht zur Orientierung oder eben nur als Hintergrundwissen. Zwei physikalische Formeln sind wichtig, die zur Berechnung immer wieder verwendet werden:

5.1 Formeln

Zur Berechnung von physikalischen Daten zu wasserführenden Kaminen werden im Wesentlichen zwei Formeln benötigt.

Formel zur Leistungsermittlung:

Um Angaben wie die Nennwärmeleistung zu ermitteln, wird die folgende Formel verwendet:

$$P = \frac{B \times H \times \eta}{t}$$

P = Leistung [in kW]
B = Brennstoffaufgabemasse [in kg]
H = Heizwert [in kWh/kg]
η = Wirkungsgrad [in %]
t = Brenndauer [in h]

Beispiel:

Welche Leistung P ergeben 5 kg Holz, wenn es innerhalb einer Stunde verbrennt?

$$P = \frac{5\ \text{kg} \times 4{,}2\ \text{kWh/kg} \times 0{,}7}{1\ \text{h}} = 14{,}7\ \text{kW}$$

5 kg Holz ergeben also 14,7 kW Heizleistung.

Formel zur Ermittlung der Wärmeleistung:

Um die Wärmeleistung von Wasser zu ermitteln, wird die folgende Formel benötigt:

$$Q = m \times c \times \Delta\vartheta$$

Q = Wärmeleistung [in kW]
m = Wasserstrom in [in kg]
c = spezifische Wärmekapazität,
wobei c_{Wasser} = 1,163 Wh/kgK
bzw. c_{Wasser} = 4190 J/kgK
$\Delta\vartheta$ = Temperaturdifferenz [in K] [in %]

Beispiel:

Welche Wärmeleistung Q ist erforderlich, um 100 Liter Wasser von 15 °C auf 60 °C zu erwärmen?

$$Q = 100\ \text{kg} \times 1{,}163\ \text{Wh/kgK} \times (60 - 15)\ \text{K} = 5.233{,}5\ \text{W}$$

Um 100 Liter Wasser von 15° C auf 60° C zu erwärmen, wird also eine Wärmeleistung von ca. 5,2 kW benötigt.

Mit diesen beiden Formeln haben Sie auch bereits die wichtigsten physikalischen Kenngrößen kennen gelernt.

5.2 Kenngrößen und Begriffe

Die Hersteller von wasserführenden Kaminen nennen Ihnen oftmals die folgenden technischen Daten:

- **Gesamtwärmeleistung [in kW]**
- **Wasserwärmeleistung [in kW]**
- **Wirkungsgrad [in %]**
- **Gewicht des Kamins [in kg].**

Abb. 29 Gerco

In diesem Kontext ist bzw. sollte die Gesamtwärmeleistung immer auch die Nennwärmeleistung sein. Es kann nicht schaden, näher nachzufragen. Aber um sich einen Überblick zu verschaffen und tatsächlich wichtige Kriterien zu haben, mit denen man einen Kamin mit anderen vergleichen kann, sollten Sie auch andere Parameter hinterfragen. Als da wären:

- wasserseitiger Wirkungsgrad [in %]

Er ist oftmals kein Aushängeschild, da er doch meistens recht niedrig ist. Er ist aber nicht niedrig, weil die Kamine schlecht sind. Mehr ist technisch nicht möglich. Allerdings ist der Gesamtwirkungsgrad eben höher und deshalb wird er viel lieber genannt. Lassen Sie sich bitte nicht mit irgendwelchen Ausreden abspeisen, die Hersteller kennen den wasserseitigen Wirkungsgrad, da er (zumindest bei neueren Prüfungen) prüfungsrelevant ist. Gerade dieser Wirkungsgrad erlaubt einen Vergleich der Bauformen anderer Hersteller und deren Effektivität. Und genau danach halten Sie doch Ausschau, wenn Sie sich die verschiedenen wasserführenden Kamine näher ansehen. In diesem Zusammenhang fragen Sie unbedingt nach

- der Art des Abbrandes (oberer Abbrand, Durchbrand, unterer Abbrand).

Denn die Art des Abbrandes ist konstruktiv vorgegeben und erlaubt es, Kamine nach diesem Kriterium zu vergleichen. Nähere Erläuterungen zu dieser Thematik können Sie in Kapitel 3.3.1 (Zufuhr der Verbrennungsluft) nachlesen. Dort werden die einzelnen Abbrandarten ausführlich erläutert. Als Fazit lässt sich festhalten, dass ein unterer Abbrand aufgrund des besseren Wirkungsgrades zu bevorzugen ist.

Ebenfalls wichtig und interessant ist

- die Strahlungsleistung [in kW].

Liegt sie weit über 4 kW, heizen Sie den Aufstellraum ordentlich auf. Wenn Sie keinen Ritter- oder Ballsaal haben, beheizen Sie diesen Raum unangemessen hoch. Im Vergleich zu den anderen Räumen werden Sie ein erhebliches Missempfinden zwischen kalt und warm spüren.

Sonstige interessante Größen sind:

- die Wassermenge [in Liter] im Wasserteil des wasserführenden Kamins
- die Wandstärke des Stahlblechs im doppelwandigen Teil des wasserführenden Kamins
- die Größe des Aschekastens, sofern vorhanden meist in dm^3 oder Liter ausgedrückt
- die Größe des Rauchgasanschlusses, meist der Durchmesser in mm angegeben.

6. Kriterien für die richtige Wahl eines wasserführenden Kamins

Abb. 30 Merkury

Feuer übte immer schon eine starke Anziehungskraft auf Menschen aus. Die behagliche Wärme eines Kaminfeuers zieht uns gerade dann an, wenn es draußen dunkel und kalt ist. Der Kamin wird zum gemütlichen Mittelpunkt eines Hauses, um den sich viele Menschen versammeln, aufwärmen, Geschichten erzählen oder auch romantische Stunden bei einem schönen Glas Wein miteinander erleben. Das knisternde Feuer, die lodernden Flammen, ... wenn Sie sich davon inspiriert fühlen, dann ist bei Ihnen die Entscheidung für einen Kamin wohl bereits gefallen. Wenn Sie sich für einen Kamin interessieren, oder der Kauf eines Kamins vielleicht schon definitiv fest steht, stellt sich immer noch die Frage:

Welcher Kamin soll es denn nun sein?

In den letzten Jahren mit massiven Energiekostensteigerungen stoßen wasserführende Kamine immer mehr auf Interesse. Häufig hört man davon, dass **wasserführende Kamine** helfen, Energiekosten einzusparen. Ein Gang zu einem Händler in Ihrer Nähe zeigt wunderschön gestaltete Kamine in den verschiedensten technischen Ausführungen. Der Händler wird Ihnen zeigen, was er im Bereich wasserführender Kamine anzubieten hat. Der angebotene Kamin ist natürlich der Beste und Tollste und kostet auch gar nicht so viel. Nur leider erzählt Ihnen der Händler im Nachbarort das Gleiche über einen ganz anderen Kamin.

Dieses Buch kann Ihnen die Entscheidung zwar nicht abnehmen, dazu ist das Gebiet zu vielschichtig und komplex. Außerdem hat jeder Mensch andere Vorlieben, einen anderen Geschmack, einen anderen Geldbeutel, ein anderes Haus, so dass jeder seine ganz persönliche Lösung selbst suchen muss.

Aber die Möglichkeit, die richtigen Fragen zu stellen, mögliche Auswahlkriterien zu kennen und schließlich doch einige Kamine in die engere Auswahl nehmen zu können, dazu soll Ihnen dieses Buch verhelfen. Die engere Auswahl vor allem nicht aufgrund von verführerischen Werbeaussagen eines Händlers zu treffen, sondern aufgrund von Tatsachen und Ihren individuellen Gegebenheiten, dazu soll Ihnen eine Hilfestellung gegeben werden.

Nach zahlreichen Kundengesprächen konnte ich ein Gespür dafür entwickeln, was die Leute eigentlich wissen wollen. Welche Probleme sie bei der Auswahl Ihres Kamins haben. Augenfällig ist vor allem immer wieder, dass die Menschen oftmals nicht genügend über ihre eigene Situation nachgedacht haben. Das macht ein grundlegendes Nachfragen zur persönlichen Situation seitens eines Händlers erforderlich. Ein Beispiel soll dies verdeutlichen.

Ein Kunde kommt in den Laden und möchte einen wasserführenden Kamin, um Energie einzusparen. Er sei in der glücklichen Lage, an einem großen Waldgebiet zu wohnen. Außerdem habe er ein Sägewerk und Holz quasi kostenlos herumliegen. Soweit ist die Sache auch erfreulich und die Auswahl eines wasserführenden Kamins auf jeden Fall die erste Wahl.

Der Kunde hatte allerdings noch weiter reichende Pläne und dachte daran, den wasserführenden Kamin als autarke Zentralheizung zu betreiben. Der Kunde wollte also keine weitere Heizung (Öl oder Gas etc.) in seinem Haus.

Erst eine kurze Diskussion über das Für und Wider, die Konsequenzen einer solchen Entscheidung ließen den Kunden nachdenklich werden.

- Wenn keine andere Heizung im Haus vorhanden ist, springt auch keine andere Heizung an, wenn es im Haus zu kalt wird. Da nützt der beste Raumthermostat nichts. Vor allem im Winter bei Minustemperaturen sollte mindestens einmal die Stunde ordentlich Holz nachgelegt werden, natürlich auch nachts. Ein großer Pufferspeicher kann allerdings dafür sorgen, dass zumindest in der Nacht nicht nachgelegt werden muss, sofern er tagsüber ordentlich mit Wärmeenergie gefüttert wurde.
- Zu überlegen ist auch, was passiert, wenn man längere Zeit krank und bettlägerig wird und nicht stündlich den Kamin befeuern kann.
- Auch warmes Leitungswasser gibt es nur, wenn der Pufferspeicher aufgeheizt ist und ein Warmwasserboiler vorhanden ist.
- Alt und schwach sollte man auch nicht werden, da das Besorgen und Aufbereiten von Kaminholz schon anstrengend sein kann.

Diese Überlegungen weckten Bedenken und brachten die Entscheidung ins Wanken. Musste der Kunde selbst und auch seine Frau doch tagsüber arbeiten, so dass beide kaum Zeit haben, andauernd Holz nachzulegen.

Um die richtige Entscheidung zu treffen, sollten Sie sich bzw. der Händler Ihnen die richtigen Fragen stellen, Sie sollten Ihre Situation einmal durchspielen oder vielleicht mit Freunden und Fachleuten darüber sprechen.

6.1 Kriterium Leistungsgröße

Wasserführende Kamine sind oftmals genau für ihren Einsatz konstruiert, also um Wasser zur Verteilung und Speicherung von Wärme zu erhitzen. Ihre Heizleistung kann damit auch sehr groß sein. Es gibt durchaus wasserführende Kamine mit über 30 kW Nennwärmeleistung. Aber wer braucht denn bei unseren heutigen gut isolierten Häusern eine so hohe Heizleistung? Nun dazu muss etwas weiter ausgeholt werden. Dieses Kapitel ist aber enorm wichtig, da hier die meisten, später oft bitter bereuten Fehler gemacht werden. Zunächst werden wir uns die Leistungsbegriffe genauer anschauen, die einen wasserführenden Kamin beschreiben:

- **Gesamtwärmeleistung P [in kW]:** die von der Feuerstätte freigesetzte nutzbare Wärmemenge.
- **Nennwärmeleistung P [in kW]:** die vom Hersteller genannte Gesamtwärmeleistung der Feuerstätte, die bei der Verbrennung des festgelegten Prüfbrennstoffes unter definierten Prüfbedingungen erreicht wird.
- **Wasserwärmeleistung P_W [in kW]:** die Wasserwärmeleistung entspricht einem Mittelwert der Wärmeleistung für Wasser während einer vorgegebenen Prüfdauer.
- **Raumwärmeleistung P_{SH} [in kW]:** die dem Raum durch Konvektion und Strahlung zugeführte Wärmemenge.

Wobei die Leistungswerte wie folgt in Zusammenhang stehen:

$$P = P_W + P_{SH}$$

Ein wichtiger Hinweis:

Abb. 31 CLAM

Bei genauer Betrachtung der Definition der Leistungswerte fällt auf, dass die Nennwärmeleistung eigentlich nur ein vom Hersteller genannter Wert ist, der die Leistung benennt, mit der der Kamin geprüft wurde. Das heißt, der Hersteller gibt diese Leistung als zu prüfende Größe an. Die Prüfstelle ermittelt dann die dafür notwendige Brennstoffmenge und stellt fest, ob der Kamin die verlangten Vorgaben erfüllt. Als potenzieller Käufer wissen Sie aber nicht, welche Leistungen der gewünschte Kamin wirklich erreichen kann.

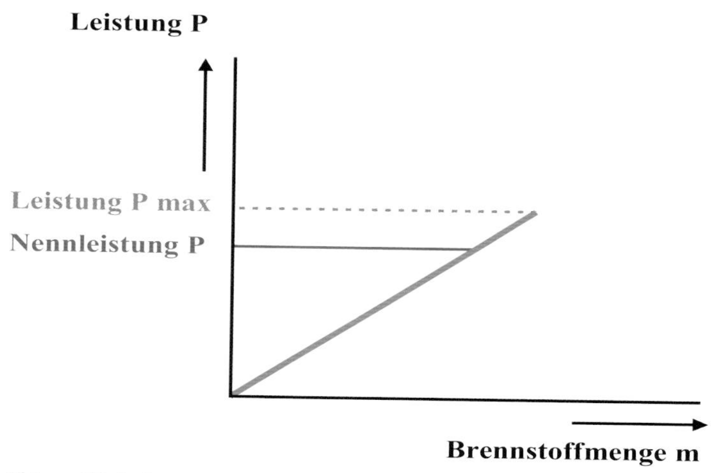

Skizze 12: Leistungswerte

Das heißt, wenn man die sich aus diesen Brennstoffmengen ergebenden Leistungen des Kamins betrachtet, kann die Nennwärmeleistung irgendeinen Wert auf der Leistungsskala von **0 bis Pmax** einnehmen. Welchen Grund kann es aber geben, dass ein Hersteller hier eventuell nicht die Maximalleistung **Pmax** als Nennwärmeleistung prüfen lässt? Nun ja, er hat sicherlich seine Gründe dafür und diese können in der Tat sehr vielschichtig sein.

- Es könnte zum Beispiel sein, dass der Hersteller bei der angegebenen Nennwärmeleistung den besten Wirkungsgrad vermutet.
- Es könnte sein, dass der Hersteller Bedenken hat, dass die Außentemperatur einiger Bauteile bei größerer Leistung zu hoch wird und damit eventuell nicht mehr den Prüfkriterien entsprechen.
- Es könnte auch simple verkaufstaktische Gründe haben.
- ...

6.1.1 Überschreiten der Nennwärmeleistung

Da Sie normalerweise nicht wissen, ob die Nennwärmeleistung auch die Maximalleistung ist, stellt dies in der Praxis natürlich eine Unsicherheit dar. Mit der vom Hersteller angegebenen Holzmenge zum Erreichen der Nennwärmeleistung, haben Sie zumindest einen Anhaltswert, wann Sie die Nennwärmeleistung erreichen. Das Beobachten der Wassertemperatur sollte Ihnen einen weiteren Hinweis geben. Eine Wassertemperatur deutlich oberhalb von 80 °C ist zwar nicht (noch nicht) gefährlich, aber ein mulmiges Gefühl läßt eine solch hohe Wassertemperatur schon aufkommen.

Achtung:

Gefährlich wird es, wenn Ihnen ein Verkäufer zum Beispiel Folgendes sagt:

Dieser Kamin hat 15 kW Nennwärmeleistung. Er bringt aber auch viel mehr, wenn Sie entsprechend mehr Holz hineinlegen. Dann bringt er ohne Probleme 35 kW.

Gründe, weshalb Sie die Nennwärmeleistung nicht überschreiten sollten:

- Der Kamin wurde zwar mit einem kleinen Sicherheitsaufschlag noch etwas oberhalb der Nennwärmeleistung geprüft, aber das sollte Sie nicht in trügerischer Sicherheit wiegen. Wasserführende Kamine verfügen über einen Sicherheitswärmetauscher, der über die thermische Ablaufsicherung geschaltet wird. Dass dieser Sicherheitswärmetauscher die Wärme in Höhe der Nennwärmeleistung abführen kann, das wurde von der Prüfstelle überprüft. Aber ob der Sicherheitswärmetauscher darüber hinaus auch noch eine größere Wärmemenge abführen kann, das wurde **definitiv nicht geprüft.**

- Der Querschnitt der Anschlussleitungen Ihres Kamins wird anhand der Nennwärmeleistung des Kamins und der notwendigen Länge der Leitungen bemessen. Fahren Sie mit Ihrem Kamin eine höhere Leistung als die Nennwärmeleistung, besteht die Gefahr, dass die Wärmemenge nicht hinreichend abgeführt werden kann. Auf den Sicherheitswärmetauscher ist aus dem oben genannten Grund leider kein Verlass.
- Die Leistung der Umwälzpumpe, die das vom Feuer erwärmte Wasser abtransportieren soll, wird ebenfalls anhand der Nennwärmeleistung bemessen. Fahren Sie mit Ihrem Kamin eine höherer Leistung, besteht die Gefahr, dass die erzeugte Wärmemenge nicht hinreichend abgeführt werden kann. Auf den Sicherheitswärmetauscher ist aus dem oben genannten Grund wie gesagt kein Verlass.
- Der Querschnitt der Rauchgasrohre des Kamins zum Abzug der Verbrennungsgase ist oftmals konstruktiv fest vom Hersteller vorgegeben oder wird anhand der Nennwärmeleistung ermittelt. Ebenfalls anhand der Nennwärmeleistung werden die erforderlichen Schornsteindimensionen (Querschnitt und Länge) berechnet. Wird der Kamin über die Nennwärmeleistung hinaus beheizt, besteht die Gefahr, dass die Rauchgase nicht richtig abziehen können und die Abgastemperatur zu hoch wird und damit eventuell den zulässigen Wert überschreitet.

Eine Aussage wie die zuvor genannte eines Verkäufers ist damit als grob fahrlässig und bewusst irreführend zu werten. Falls Sie einen wasserführenden Kamin mit hohen Leistungswerten wünschen, sollten Sie in der Herstellerübersicht dieses Buches oder im Internet danach suchen. Sie werden bestimmt einen für Sie passenden Kamin darin finden, der auch die von Ihnen gewünschte Nennwärmeleistung erbringt.

Ein weiterer, oftmals vorher unbekannter Aspekt soll Ihnen ebenfalls helfen, die Leistungswerte besser einzuschätzen. Wie gesagt, findet die Prüfung der Nennwärmeleistung des Kamins mit der dafür notwendigen Brennstoffmenge statt. Neuere Vorschriften besagen, dass der Hersteller die erforderliche Brennstoffmenge (in kg) angeben muss. Aber welches Holz und in welchen Stückelungen, das erfahren Sie in der Regel nicht. Egal wie diese Menge Holz bemessen ist, Tatsache bleibt, dass ein „vernünftiger Mensch", der gemütlich vor dem Feuer seinen Feierabend genießen möchte, automatisch gewisse Befeuerungskriterien befolgt:

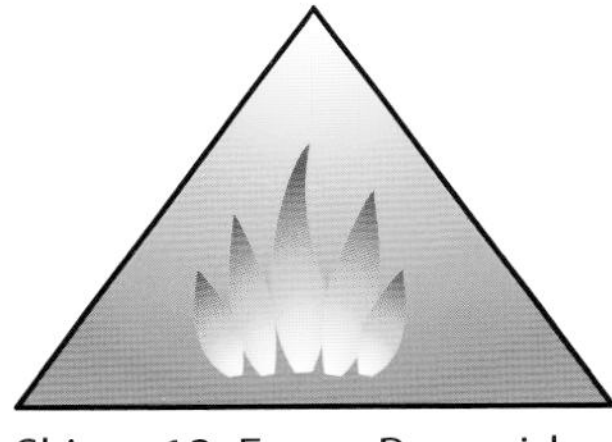

Skizze 13: Feuer-Pyramide

- Ein Feuer wird so mit Scheitholz beschickt, dass eine kleine, dem Feuerungsraum angepasste Pyramide entsteht.
- Gewöhnlich wird nur soviel Holz aufgelegt, dass man noch problemlos die Tür öffnen kann, ohne Angst haben zu müssen, dass einem die Haare verbrennen.

Normalerweise ist diese Holzmenge eher geringer als es die Erreichung der Nennwärmeleistung erfordert. Deshalb fällt die Leistung, die Sie mit dem Kamin zu Hause erzielen werden, oftmals doch geringer aus als die genannte Nennwärmeleistung. Wenn Sie daneben noch berücksichtigen, dass Sie nicht ständig darauf achten werden, ob schon wieder Holz nachgelegt werden sollte, wird es auch Zeiten geben, in denen besonders die erreichte Wasserwärmeleistung eben nicht der vom Hersteller genannten Wasserwärmeleistung entspricht.

Abb. 32 Wamsler

Wichtig zu wissen

Die Leistungsdaten, die von den Herstellern angegeben werden, erzielen Sie natürlich immer nur dann, wenn das Feuer entsprechend brennt.

Oftmals geben Händler als Grund für eine eher niedrige Nennwärmeleistung an, dass neuere Niedrigenergiehäuser oder Passivhäuser ja kaum noch Wärmeleistungen benötigen. Sie werden bei Ihrem Neubau an die Versprechen Ihres Bauträgers erinnert, der Ihnen einen Energiepass mit niedrigen Werten ausgestellt hat oder noch ausstellen will. Also können Sie dem Händler natürlich nicht widersprechen.

Ein allgemeiner und grundlegender Aspekt hinsichtlich der Möglichkeiten der Leistungserzielung soll hier nicht unerwähnt bleiben: Wasserführende Kamine haben auch konstruktionsbedingt unterschiedliche Leistungswerte. Wodurch kommen diese Unterschiede zustande? Ein erstes, auf der Hand liegendes Konstruktionsmerkmal ist die Größe des Feuerungsraumes. Natürlich spielen hier alle erdenklichen Aspekte eine Rolle:

- die jeweilige Art des Abbrandes (oberer Abbrand, Durchbrand, unterer Abbrand)
- die Art, Größe und Anordnung des Wasserteils
- die Heizgaszüge, also die konstruktive Gestaltung der Abgaszüge
- ...

Die Vielfalt wasserführender Kamine resultiert aus genau diesen leistungsrelevanten Kriterien. Drei kleine Grafiken sollen Ihnen beispielhaft – in Abhängigkeit der Größe und Art der Sichtscheibe eines Kamins – die Wärmeverteilung aufzeigen.

Beispielkamin **X**:

Hier wurde eine **große** Sichtscheibe realisiert. Die Folge:

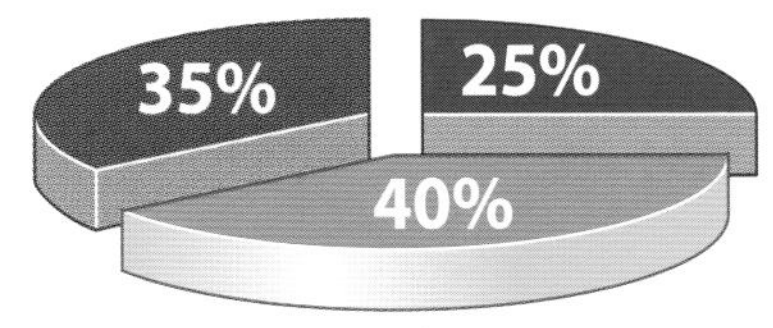

Skizze 14: Beispiel A
40 % Sichtscheibenanteil

Eine Strahlungsabgabe an den Raum durch die Sichtscheibe in Höhe von 40 %.

25 % Wärmeleistung bleiben für den Heizeinsatz.

35 % sind fester Kesselanteil.

Der gleiche Beispielkamin **X**:

Hier wurde eine **„normale“**, kleinere Sichtscheibe realisiert. Die Folge:

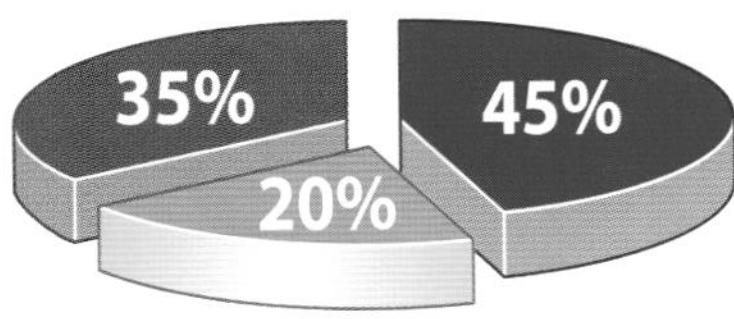

Skizze 15: Beispiel B
20 % Sichtscheibenanteil

Eine Strahlungsabgabe an den Raum durch die Sichtscheibe in Höhe von „nur“ 20 %.

Die Wärmeleistung durch den Heizeinsatz kann damit auf 45 % gesteigert werden.

Der gleiche Beispielkamin **X**:

Hier wurde eine **doppelverglaste** Sichtscheibe mit Innenbeschichtung in Größe von Beispiel B realisiert. Die Folge:

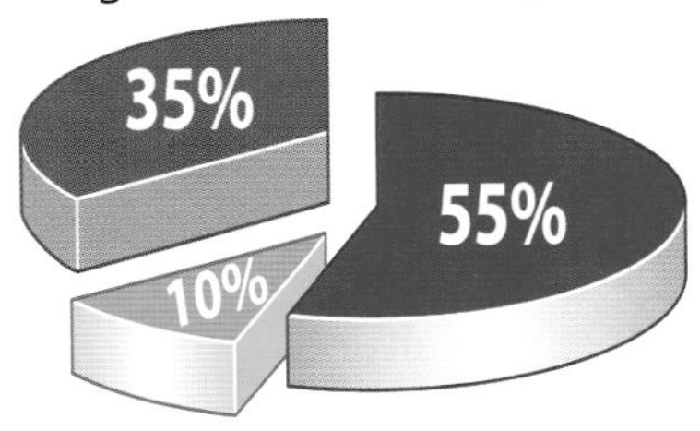

Skizze 16: Beispiel C
10 % Sichtscheibenanteil

Die Strahlungsabgabe an den Raum durch die Sichtscheibe kann auf nur noch 10 % reduziert werden.

Die Wärmeleistung durch den Heizeinsatz kann auf 55 % gesteigert werden.

Sie sehen an diesen drei Beispielen, welche Abhängigkeiten für die Wärmeverteilung sich alleine durch die Wahl der Sichtscheibe ergeben. Wenn Sie also einen Kamin mit großer Sichtscheibe möchten, so hat dies naturgemäß Konsequenzen. Vergleichen Sie deshalb nicht die Leistungswerte eines kleinen und kompakten Kamins mit den Leistungswerten eines Kamins mit großem Feuerungsraum. Vergleichen Sie Äpfel bitte nicht mit Birnen!

Aber zurück zur Kernfrage, wer benötigt solche hohen Leistungen? Welche Leistung benötigen Sie selbst Ihrer Meinung nach? Na ja, sagen wir einmal in dem Energiepass Ihres Hauses wird ein Wärmebedarf von 7 kW als ausreichend genannt. Das ist natürlich ein erstes und für Sie wahrscheinlich aussagefähiges Kriterium.

Die Amerikaner machen es sich hier viel einfacher. Sie fragen nach dem **„big one"** und den möchten sie dann haben. In Europa versucht man immer, rechnerisch nachvollziehbar den optimalen Kamin zu finden.

Machen Sie es sich nicht so schwer und nehmen Sie den Kamin, den Sie – unter Berücksichtigung des hier beschriebenen – als optimal empfinden. Möchten Sie gerne ein großes Sichtfenster für das Feuer haben, und dieses persönliche Auswahlkriterium führt Sie zum Beispiel zu einen wasserführenden Kamin mit 20 kW, spricht ja nichts dagegen ihn zu nehmen. Sie müssen lediglich gewisse Rahmenbedingungen beachten, die aus dieser Leistungsgröße resultieren.

- Ist die Leistungsgröße größer als die für Ihr Haus grundsätzlich erforderliche Wärmeleistung, können Sie mit einem entsprechend großen Pufferspeicher diesen „Leistungsüberschuss" sinnvoll nutzen.
- Hinter einem größeren Sichtfenster muss nicht immer ein riesiges Feuer lodern. Beobachten Sie dazu am besten kontinuierlich die Wassertemperatur im Kamin, Sie werden recht schnell ein gutes Gespür für die richtige Größe des Feuers entwickeln.
- Oftmals bieten Hersteller auch leistungsmäßig kleinere Kamine mit großem Sichtfenster an. Sie werden als Panoramakamine oder ähnlich bezeichnet.

Lösungen variieren natürlich je nach finanziellen und sonstigen Möglichkeiten. Sie können den (leistungsmäßig zu großen) wasserführenden Kamin beispielsweise auch zur Aufheizung Ihres Swimmingpools verwenden, was Sie mit einer Öl- oder Gasheizung nicht dürfen. Oder Sie heizen bei Bedarf mit der überschüssigen Wärmeenergie Ihre Hofeinfahrt mit auf, indem Sie dort „Fußbodenrohre" verlegen.

Wichtig ist nur, dass Sie sich darüber im Klaren sind, dass bei einem 20 kW Kamin diese Leistung auch irgendwie abgeführt werden muss. Das müssen Sie unbedingt bedenken, falls Sie diesen intensiv und gut bestückt befeuern wollen.

Wirklich genau überlegen sollten Sie sich, ob Sie Ihr Haus autark mit einem wasserführenden Kamin betreiben wollen. Sei es, weil Sie keine Öl- oder Gasheizung wollen oder weil Sie möglichst ohne Öl- oder Gasverbrauch über den Winter kommen wollen. Oder reicht es Ihnen aus, wenn der wasserführende Kamin Ihre Öl- oder Gasheizung „nur" unterstützt.

Im ersten Fall sollten Sie möglichst genau den wirklichen Wärmebedarf Ihres Hauses kennen. Und ganz ehrlich, wer weiß schon, wie kalt der nächste Winter wird. Wäre da nicht eine kleine Leistungsreserve etwas beruhigend?

Mit diesem Wissen ist es nun an Ihnen, eine Entscheidung zu treffen. Das kann Ihnen niemand abnehmen.

<u>Als Resümee kann man festhalten:</u>

- Es gibt wasserführende Kamine, die wirklich Ihr Haus komplett beheizen.
- Es gibt wasserführende Kamine, die Ihre primäre Zentralheizung „nur" unterstützen.
- Wenn die Wärmeleistung des wasserführenden Kamins größer ist, als sie im Haus grundsätzlich benötigt wird, müssen Sie dies wissen und Vorkehrungen treffen, die eine ausreichende Wärmeabfuhr sicherstellen.
- Ist die Wärmeleistung des wasserführenden Kamins kleiner, als sie Ihr Haus grundsätzlich benötigt, gilt trotzdem: Jedes Kilowatt Wärmeleistung unterstützt Ihre Zentralheizung.

Noch einmal zurück zu der Ausgangsfrage: Wer benötigt einen Kamin mit wirklich großer Leistung? Unter Berücksichtigung der oben genannten Aspekte kann derjenige einen Kamin mit beispielsweise 30 kW Wärmeleistung gebrauchen, der auch ein Haus mit 30 kW Wärmebedarf zu versorgen hat. Das mag ein großer Bauernhof sein, ein altes, großes und schlecht isoliertes Haus oder ein Schloss. Für ein Standardhaus in heutiger Bauweise sind Kamine mit 30 kW Wärmeleistung zu groß. Aber falls Sie trotzdem mit einem solchen Kamin liebäugeln, so wissen Sie ja jetzt, was Sie dann zu berücksichtigen haben.

6.1.2 Novellierung der 1. BImSchV und Leistungsgröße

Mit der zu Anfang 2008 geplanten Inkrafttretung der Novellierung der 1. BImSchV (Erste Verordnung zur Durchführung des Bundes-Immissionsschutzgesetzes) muss dem Kriterium der Leistungsgröße ein besonderes Augenmerk gewidmet werden. Ausführliches zur Änderung der 1. BImSchV können Sie in Kapitel 11 nachlesen. Während die bisherigen Ausführungen zur Leistungsgröße mehr Ihrem persönlichen Geschmack und Ihren individuellen Wünschen den Vorrang einräumen, so gibt es mit der Novellierung der 1. BImSchV gesetzliche Rahmenbedingungen, die Sie kennen sollten. Zwei wesentliche Aspekte sollen hier genannt werden:

1) **Der Gesetzgeber „erwartet", dass Sie den wasserführenden Kamin bei Volllast betreiben.**
2) **Beim Einsatz eines wasserführenden Kamins werden Sie verpflichtet, diesen mit einem Pufferspeicher zu betreiben.**

Das sind neue Gesichtspunkte, die in Ihre Überlegungen bei der Auswahl der Leistungsgröße eines Kamins unbedingt mit einbezogen werden sollten.

Was soll das nun bedeuten, dass der Gesetzgeber erwartet, dass man den Kamin mit Volllast betreibt? Nun, so steht es zwar nicht direkt in der 1. BImSchV, es handelt sich hier um eine (meine) logische Schlussfolgerung. Primär ist die Grund für die Novellierung der 1. BImSchV das Ziel der Reduzierung der Emissionen, insbesondere der Feinstaubbelastung. Handbeschickte Kamine werden während der Übergangszeiten zu Beginn und Ende der Heizperiode oder aufgrund einer häufig vorliegenden Überdimensionierung sowie aufgrund einer verminderten Wärmeabnahme oftmals bei Teillast betrieben. Dieser Teillastbetrieb ist aber als umweltbelastender Feinstaubverursacher ausgemacht. Das ist nicht mehr gewünscht. Emissionsmessungen, sofern sie erforderlich sind, sollen deshalb bei Volllast durchgeführt werden. Man tut in der 1. BImSchV so, als ob dieser Volllastbetrieb bei 60 °C erreicht sei.

Anmerkung

Papier ist geduldig. Wieviel Holz Sie wann und wie oft nachlegen, das ist immer noch Privatsache, und bisher gibt es keine Kamine, die anzeigen, ob Sie Volllast fahren, oder nur zu 70 oder 80 %.

Da ein Volllastbetrieb es notwendig machen kann, die erreichte Wärmemenge auch ausreichend speichern zu können, wird mit der Novellierung der 1. BImSchV nach Inkrafttreten derselben gefordert, dass Feuerungsanlagen mit flüssigem Wärmeträgermedium, was wasserführende Kamine ja sind, mit einem Wärmespeicher (Pufferspeicher) betrieben werden „sollen".

Durch die Festlegung eines Mindestspeichervolumens

- **von 12 Liter je Liter Brennstofffüllraum**
- **mindestens jedoch 55 l/kW Nennwärmeleistung**

wird die Anschaffung eines wasserführenden Kamins ungleich teurer werden. Gerade auch den Brennstofffüllraum als Basisgröße einzuführen, kann für viele Panoramakamine das Aus bedeuten.

Sie sehen hieran, dass durch die Neuerungen im Rahmen der 1. BImSchV, die Überlegungen im Rahmen einer Neuanschaffung eines wasserführenden Kamins, gerade unter dem Aspekt der Leistungsgröße, extrem schwierig geworden sind.

Je größer also der wasserführende Kamin, sowohl bezogen auf die Nennwärmeleistung, als auch bezogen auf den Brennstofffüllraum, desto größer wird also der geforderte Pufferspeicher ausfallen und umso teurer wird eben auch die Anschaffung eines wasserführenden Kamins schlechthin.

Aufgrund der Änderungen in der 1. BImSchV wird es also immer wichtiger, die richtige Leistungsgröße für einen wasserführenden Kamin zu bestimmen. Im Zweifel wird er demnächst wohl eher eine

Nummer kleiner ausfallen. Zum Glück benötigen die heutigen Wohnhäuser ja immer weniger Leistung, so dass dieser Umstand keinen zu großen Nachteil darstellt.

6.2 Kriterium Energieeinsparung

Im Kapitel 4 haben Sie bereits das Wesentliche zur Energieeinsparung und Amortisation der Anschaffungskosten erfahren. Deshalb soll hier als Auswahlkriterium für eine Kaufentscheidung nur das Resümee daraus festgehalten werden.

Abb. 33 Brunner

Wirtschaftlich unter rein monetären Aspekten lohnt sich die Anschaffung eines wasserführenden Kamins nicht sonderlich. Auch wenn Sie sich selbst oder Ihr Händler Ihnen hier eine lohnende Rendite vorrechnen, wird sie nicht so ausfallen, dass Sie in freudiger Erwartung der Amortisation Ihr Geld dafür ausgeben werden. Aber lohnend ist ein wasserführender Kamin trotzdem alleine schon deshalb, weil Sie dadurch eine gewisse Unabhängigkeit gegenüber Gas und Öl gewinnen. Wenn vielleicht plötzlich im Winter das Gas ausbleibt, zum Beispiel weil irgendein kriminelles Gehirn die Gaspipeline im Osten in die Luft jagt, dann wird der Vorteil einer autarken Versorgung augenscheinlich. Einige Tage ohne Gas können im Winter schon recht lange werden. Ob es sich „rentiert", ist also nicht immer nur eine Frage des Geldes.

Unter dem Strich sparen Sie mit einer Holzheizung auf jeden Fall Brennstoffkosten ein. Wie hoch diese Einsparungen sind, hängt – wie bereits mehrfach gesagt – nicht unwesentlich von Ihrem persönlichen Heizverhalten ab. Befeuern Sie den Kamin nur fünfmal im Jahr, dann vergessen Sie den wasserführenden Kamin am besten und wählen lieber einen hübschen Standard-Kamin aus dem nächsten Baumarkt oder einem Kaminstudio in Ihrer Nähe.

6.3 Kriterium persönliches Heizverhalten/Nutzungsmöglichkeiten

Neben allen möglichen Aspekten, Daten und noch so schönen Argumenten für oder gegen einen wasserführenden Kamin können und müssen Sie also das wichtigste Kriterium mit sich selbst ausmachen.

- Ihr persönliches Heizverhalten bezogen auf den Kamin und
- Ihre individuellen Nutzungsmöglichkeiten.

Also erst einmal ganz konkret die Fragen:

- **Wie oft werden oder können Sie den Kamin befeuern?**
- **Wie viel Holz haben Sie für einen Kamin zur Verfügung?**

Seien Sie hier bitte ehrlich. Berücksichtigen Sie dabei, dass der Mensch ein Gewohnheitstier ist. Normalerweise ändert er freiwillig seine Gewohnheiten nicht grundlegend. Wenn Sie selten zu Hause sind, werden Sie bei allen guten Vorsätzen nicht viel Zeit vor dem Kamin verbringen können.

Haben Sie einen Wald vor der Tür? Fällt Ihnen das Holz quasi auf den Anhänger? Betreiben Sie ein Sägewerk? Sind Sie Förster? Dann werden Sie mit der Holzbeschaffung wahrscheinlich keine großen Probleme haben. Auch der Preis dafür wird sich in Grenzen halten.

Aber wohnen Sie in einer waldarmen Gegend, dann werden Sie sich in der Tageszeitung oder im Internet um die Holzbeschaffung bemühen müssen. Sie werden vermittelt durch den Preis erfahren, wie mühsam das Fällen, Zerkleinern und die Trockenlagerung von Holz sind.

Um mit einem wasserführenden Kamin nennenswert Energie einsparen zu können, benötigen Sie doch eine Menge Holz. Dieses Holz können Sie aber nicht einfach im Hausflur lagern. Es muss so geschichtet werden, dass der Wind es trocknen kann und der Regen es nicht dauernd wieder durchtränkt. Haben Sie dafür Platz? Sind Sie sich über die Mengen im Klaren, die Sie benötigen? Holz soll mindestens zwei Jahre getrocknet werden. Tun Sie das nicht, riskieren Sie einen verrußten Schornstein oder sogar einen Schornsteinbrand (siehe Kapitel 10.6 Der Schornsteinbrand).

Sie müssen sich mit der Thematik beschäftigen. Die Kosten eines wasserführenden Kamins können mit all den möglichen Zusatzkosten (Einbau, Zubehör, Pufferspeicher, etc.) schnell im fünfstelligen Euro-Bereich liegen. Machen Sie sich deshalb nichts vor, seien Sie realistisch. Es geht um viel Geld, um Ihr Geld. Die meisten Leute haben nicht so viel davon.

6.4 Kriterium Verkleidung – die Optik des Kamins

Wasserführende Kamine sind mit oder ohne Verkleidung erhältlich. Manchmal können Sie hier wählen, manchmal gibt es eben nur den „nackten" Kamin ohne Verkleidung. Das ist weder als Vorteil noch als Nachteil zu werten, weil beide ihre Berechtigung haben.

Gehören Sie zu den Handwerkern, die Ihr eigenes Design verwirklichen möchten, dann werden Sie wohl einen Kamin ohne Verkleidung erwerben wollen. Sie haben dadurch unsagbar viele Möglichkeiten, Ihrer Fantasie freien Lauf zu lassen. Ein Blick auf fertig verkleidete Kamine, eventuell auch nur als Anregung gedacht, kann ja nicht schaden. Bei vielen fertig verkleideten Kaminen können Sie schöne und vor allem durchdachte Designs bewundern. Aber hier hat in der Tat der Geschmack das letzte Wort.

Abb. 34 RIKA

Wenn Sie eher nicht zu den Handwerkern gehören, haben Sie die Wahl, für die Umsetzung Ihrer Wünsche einen Handwerker zu bezahlen, oder Sie suchen sich direkt einen fertig verkleideten Kamin aus. Das muss – wie gesagt – kein Nachteil sein, da es wirklich viele Variationsmöglichkeiten schon als fertige Kamine gibt. Für jeden Einrichtungs- und Wohnstil lässt sich mit Sicherheit das passende Kaminmodell finden.

Nach neueren Normen unterscheidet man streng nach

- Raumheizern (fertig verkleidete Kamine nach EN 13240) und
- Kamineinsätzen (in der Regel ohne Verkleidung nach EN 13229).
- EN 14785 Häusliche Feuerstätte zur Verfeuerung von Holzpellets. Anforderungen

Natürlich gelten auch noch andere Normen für Kamine, beispielsweise wenn sie zusätzlich über eine Kochplatte oder ein Backfach verfügen. Grundsätzlich aber darf die Verkleidung beispielsweise eines wasserführenden Kamins, der„nur" als Raumheizer nach EN 13240 geprüft wurde, nicht entfernt und durch eine eigene ersetzt werden. Das könnte versicherungsrechtlich katastrophale Folgen haben. Außerdem muss der Kamin, zumindest in Deutschland, von Ihrem Schornsteinfeger abgenommen werden. Er kennt die Besonderheiten und wird eine solchermaßen gestaltete Verkleidung wahrscheinlich bemängeln. Doch selbst wenn er es nicht bemerkt, bleibt das versicherungsrechtliche Risiko im Brandfall auf Ihrer Seite.

Also kaufen Sie einen Kamin mit geprüfter Verkleidung, wenn Sie ein ansprechendes Modell finden. Andernfalls sollten Sie einen Kamin kaufen, der ohne Verkleidung geprüft und zugelassen wurde. Diesen können Sie dann entsprechend Ihrer eigenen Vorstellung verkleiden. Dabei sollten Sie allerdings unbedingt die Vorgaben des Herstellers für die Verkleidung beachten (Abstand zur Wand oder zu anderen Gegenständen etc.).

7. Auswahl, Suche und Kauf eines wasserführenden Kamins

Ein wasserführender Kamin ist letztlich, bezogen auf seine Heizfunktion, die ein wasserführender Kamin ja zusätzlich zu seiner Eigenschaft als Kamin besitzt, nichts weiter als ein Heizkessel. Deshalb wird er auch grundsätzlich wie ein Heizkessel eingebaut und angeschlossen. Er fungiert allerdings als zweiter Heizkessel in Ihrem Haus. Diese beiden Komponenten müssen natürlich gut aufeinander abgestimmt einwandfrei zusammen wirken.

Abb. 35 Merkury

Das hört sich richtig und logisch an, macht es aber auch nicht leichter, die Thematik zu verstehen. Wenn Sie ein wirklich fachkundiger Leser sind, können Sie dieses Kapitel getrost überspringen, Sie werden wohl keine neuen Weisheiten erfahren. Es soll hier versucht werden, Ihnen die wichtigsten Punkte mit auf den Weg zu geben, damit Sie in der Lage sind, die richtigen Fragen zu stellen und ein wenig von dem zu verstehen, was Ihr Heizungsbauer Ihnen vorschlägt.

Vielleicht haben Sie sich selbst oder Ihren Heizungsbauer schon die folgenden Fragen gestellt:

- Wir haben ein neues Haus, kein richtiges Passivhaus, ein Niedrigenergiehaus. Funktioniert der wasserführende Kamin auch in unserem Haus?
- Das Haus hat ca. 150 m^2 Wohnfläche mit ca. 10.000 kWh Heiz- und Brauchwasserbedarf. Ist der gewählte Kaminofen dafür geeignet?
- Wir haben gehört, dass ein raumluft**<u>un</u>**abhängiger Betrieb besser ist. Ist dieser wasserführende Kamin dafür zugelassen?
- Gibt es speziell für diesen wasserführenden Kamin eine Einbauanleitung?
- Müssen bzw. sollen Schamottsteine und hitzefeste Steine eingebaut werden? Wenn ja, wo?
- Muss der Ofen an eine Wand gelehnt werden? Muss ein bestimmter Wandabstand eingehalten werden?
- Ist bei diesem wasserführenden Kamin ein Pufferspeicher vorgesehen? Wie groß muss er sein? Wie lange muss man ungefähr heizen, bis der Speicher vollkommen aufgeheizt ist?
- Wir haben eine Gastherme unter dem Dach. Der wasserführende Kamin soll in das Wohnzimmer im Erdgeschoss. Welche Leitungen müssen verlegt werden? Müssen dabei viele Wände aufgebrochen werden?
- Wir haben für den Kamin einen schönen Platz genau zwischen zwei Heizkörpern vorgesehen. Kann man den Kamin nicht dort an die Leitung des Heizkörpers anschließen?
- Funktioniert der Kamin auch mit einer Fußbodenheizung?
- Muss ein Wasseranschluss direkt zum Kamin gelegt werden? Muss dort auch ein Wasserabfluss vorhanden sein?
- Muss ein besonderer Stromanschluss zum Kamin gelegt werden?
- ...

Viele Ihrer Fragen sind individuelle Detailfragen, die sich oftmals erst im Rahmen einer Hausbesichtigung durch den Heizungsbauer beantworten lassen. Aber sicherlich finden Sie sich mit Ihren eigenen Fragen hier irgendwo wieder. Viele verschiedene Aspekte und Begriffe haben Sie bereits im Internet gelesen, mit Bekannten diskutiert und von verschiedenen Händlern erfahren. Aber was Sie genau wissen wollen ist:

- **Funktioniert der wasserführende Kamin auch in unserem Haus, mit unserer Zentralheizung?**
- **Passt die Wasserwärmeleistung zu unserem Haus?**
- **Welches Zubehör ist erforderlich?**
- **Wie sieht der optimale Einbau in unserem Haus aus?**
- **Wie umfangreich sind die erforderlichen Umbauarbeiten, falls Sie keinen Neubau planen?**
- **Wie lange dauert der Einbau?**
- **Wie teuer kommt das alles zusammen?**
- **Wann muss ich mit welchen Unterlagen zum Schornsteinfeger?**
- **Etc.**

7.1 Auswahl und Suche

Da die häufig wichtigste Frage, wie teuer das Vorhaben wird, stark von den individuellen Rahmenbedingungen abhängt, sollten Sie sich zuerst um diese kümmern. Dabei sind Sie hierbei auf fachlich versierte Hilfe angewiesen.

Aber hier fängt oftmals das Problem an. Natürlich gibt es mittlerweile diverse Kaminstudios. Auch größere Heizungsbauer stellen einige wasserführende Kamine aus und beraten Sie gerne. Bis vor kurzem waren aber gerade wasserführende Kamine in den Kaminstudios überhaupt nicht vertreten. Dem Markttrend und der starken Nachfrage folgend haben diese inzwischen ein oder zwei wasserführende Kamine mit in ihr Programm aufgenommen. Allerdings gibt es auch Studios, die eine wirklich stattliche Anzahl wasserführender Kamine in ihrem Programm haben. Dort ist man dann gut beraten. Aber leider sind diese Kaminstudios meist nicht mal eben um die Ecke. Außerdem wäre es vielleicht gut, einen zweiten Fachmann zu sprechen, Preise zu vergleichen etc. – aber wo und wie?

Zum Glück gibt es ja mittlerweile das Internet. Hier existiert das weltweit größte Kaminstudio, direkt bei Ihnen zu Hause, 24 Stunden lang und jeden Tag geöffnet. Dennoch bleibt die Suche nach dem richtigen wasserführenden Kamin recht mühsam. Jeder Hersteller behauptet, den besten Kamin und natürlich die längste Erfahrung zu haben. Sie suchen leider vergeblich nach einer Liste, etwa von der Stiftung Warentest, die Ihnen die Beurteilung der Qualität erleichtern könnte. Ich halte es auch für ziemlich unwahrscheinlich, dass in naher Zukunft solche Beurteilungen erarbeitet werden können. Viel zu unterschiedlich sind die Produkte, um sie per Liste einfach vergleichbar zu machen. Aber vor allem, die Tests wären vermutlich viel zu umfangreich und viel zu teuer. Außerdem sind die angebotenen Produkte ja alle schon nach Normen geprüft und getestet worden. Es gibt nur diese Prüfungen, deshalb muss man sich darauf verlassen können. Aber es gibt überall schwarze Schafe, warum nicht auch hier?

Abb. 36 Entech

Fragen Sie also unbedingt nach den Zulassungsprüfungen der wasserführenden Kamine, die Sie in die engere Wahl nehmen. Lassen Sie sich die Daten geben und achten Sie auf Folgendes:

- nach welcher Norm wurde der Kamin geprüft und vor allem auch
- wann wurde(n) diese Prüfung(en) gemacht.

Mit einer Herstellerübersicht und vor allem der Produktübersicht dieses Buches haben Sie es etwas einfacher. Sie können in aller Ruhe den für Sie am interessantesten Kamin aussuchen. Und zwar:

- bezogen auf die Leistung
- bezogen auf mögliche Verkleidungsvarianten
- und bezogen auf sonstige Ihnen wichtige Kriterien.

Natürlich kann es hier keine Garantie auf Vollständigkeit und Richtigkeit geben, aber eine Erleichterung ist es allemal. Schauen Sie sich daneben bitte die Internetseiten der Hersteller in aller Ruhe an, suchen Sie auf den Internetseiten nach den Händlern in Ihrer Nähe und fordern Sie weiteres Informationsmaterial an. Den ersten Schritt haben Sie mit dem Kauf meines Buches getan. Die sonst mühsame Internetrecherche führt damit deutlich schneller und konkreter zum Ziel.

7.2. Der Kauf eines wasserführenden Kamins

Mit diesem Buch sind Sie in der Lage, sich leicht einen Überblick über die Hersteller wasserführender Kamine und deren Produkte zu verschaffen. Nun ist es aber so, dass Sie nicht alle Kamine, die Sie in die engere Auswahl ziehen auch ohne weiteres in Ihrem Kaminstudio um die Ecke direkt besichtigen und mitnehmen können.

Normalerweise finden Sie vielleicht bis zu drei wasserführende Kamine von verschiedenen Herstellern in einem Kaminstudio. Das heißt, die Wahrscheinlichkeit, sich einen wasserführenden Kamin in diesem Buch ausgesucht zu haben und ihn nicht in der unmittelbaren Nähe anschauen zu können, ist recht groß. Hinzu kommt vielleicht, dass Ihr Kaminstudio gerne Produkte seiner favorisierten Hersteller verkaufen möchte und dementsprechend gar nicht gewillt ist, Ihren Wunschkamin zu bestellen. Dasselbe gilt natürlich für den Heizungsbauer, der Ihren wasserführenden Kamin einbauen soll.

Aber all das stellt kein Problem dar, der den Kauf Ihres Wunschkamins verhindert. Nehmen Sie einfach direkt mit dem Hersteller Kontakt auf, er wird Ihnen sicherlich eine Lösung anbieten können. Denn letztlich ist der Einbau eines wasserführenden Kamins eine Standardprozedur für jeden Fachmann. Die Einbauanleitung des Herstellers unterstützt ihn dabei. Also können Sie Ihren Wunschkamin getrost überall bestellen. Ein Heizungsbauer, der ihn auch einbaut, findet sich immer.

Sollten Sie die Möglichkeit in Betracht ziehen, einen Kamin im Internet zu kaufen, beachten Sie bitte Folgendes:

Ein Risiko bei einer Bestellung über das Internet gehen Sie nicht wirklich ein, da Sie nach dem Fernabsatzgesetz (FAG) innerhalb von 14 Tagen nach Erhalt der Ware ohne Angabe von Gründen die bestellte Ware wieder zurückgehen lassen können. Da die Ware sicherlich mehr als 40 Euro kosten wird, brauchen Sie nicht einmal die Transportkosten für die Rückgabe zu bezahlen. Ein eventuell bereits bezahltes Entgelt für die Ware bekommen Sie anschließend zurück.

8. Einbau und Einbauvarianten eines wasserführenden Kamins

8.1 Einbau

Angenommen Sie haben nun einen wasserführenden Kamin gefunden, der Ihren Wünschen und Anforderungen entspricht, der Hersteller hat Ihnen ein gutes Angebot gemacht, aber leider kann dieser Kamin nirgends in Ihrer Nähe besichtigt werden. Selbst wenn Sie auf die Besichtigung vorab verzichten, wer baut Ihnen diesen Kamin ein? Wie bekommen Sie diesen Kamin? Hierzu gibt es eigentlich immer zwei Möglichkeiten:

- Sie bestellen den Kamin direkt beim Hersteller, sofern möglich und fragen ihn nach einem Heizungsbauer in Ihrer Nähe, der ihn Kamin einbauen würde. Viele Hersteller haben gut organisierte Händlernetze.
- Sie gehen zu einem Heizungsbauer Ihres Vertrauens und bitten ihn, den gewünschten Kamin für Sie zu bestellen und einzubauen.

Da Sie aber den Einbau grundsätzlich, allein aus Sicherheitsgründen, nicht zuletzt aber auch aus Garantiegründen, vom Fachmann durchführen lassen müssen, sollten Sie den Weg zum Heizungsbauer sowieso recht früh in Erwägung ziehen. Ihre Kaminwahl sollten Sie jedoch unabhängig vom Heizungsbauer treffen. Natürlich ist der Heizungsbauer ein kompetenter Fachmann, den Sie als solchen auch fragen können und dessen Fachwissen Sie auch intensiv nutzen sollten. Wenn er Ihnen einen fachlich fundierten Grund liefern kann, weshalb Sie den von Ihnen favorisierten wasserführenden Kamin nicht kaufen sollten, hören Sie sich seine Argumente gut an und wägen Sie sie ab. Als ich als Buchautor im Rahmen dieses Buchprojektes nach Herstellern recherchierte, war ich schon ziemlich überrascht, wie viele Hersteller es mittlerweile gibt. Viele Produkte dieser Hersteller hatte ich im Laufe der Jahre kennen gelernt, aber viele eben auch nicht.

Warum sollte es Ihrem Heizungsbauer anders ergehen. Letztlich sollte es aber Ihre Entscheidung sein. Nur ernste Argumente sollten Sie davon abbringen, den Kamin Ihrer Wahl nicht zu nehmen.

Grundlegend wichtig ist jedenfalls, **den wasserführenden Kamin vom Fachmann einbauen zu lassen**. Ziel dieses Buches ist es ja nicht, Sie zum Fachmann zu machen, das kann es nicht leisten. Aber genau so wichtig sind die Punkte, die Sie „vor dem Einbau" beachten sollten. Hierzu gehört beispielsweise, sich vom Hersteller die Einbauanleitung möglichst vorab geben zu lassen.

Es passiert leider immer wieder, dass zum Beispiel das Gewicht des wasserführenden Kamins außer Acht gelassen wird. Da so ein wasserführender Kamin aber normalerweise nicht gerade ein Leichtgewicht ist, kann es fundamental wichtig sein, die Tragfähigkeit des Bodens zu berücksichtigen. Das betrifft insbesondere ältere Häuser oder Installationen in oberen Stockwerken. Berücksichtigen müssen Sie auch, ob Sie am Aufstellort einen schwimmenden Estrich haben, den Sie eventuell vorher durch Verbundestrich ersetzen müssen. Natürlich ist das nur im Bereich der Stellfläche des Kamins erforderlich. Wenn der wasserführende Kamin (inklusive des Wassergewichts) nämlich zu schwer für den schwimmenden Estrich ist, bricht der Estrich wahrscheinlich ab. Damit steht der Kamin dann nicht mehr waagerecht und der Fußboden sackt eventuell etwas ab.

Bereits fertig verkleidet gelieferte Kamine können Sie, unter Berücksichtigung der Tragfähigkeit des Bodens, ohne weiteres aufstellen. Wenn Sie aber einen empfindlichen Fußboden haben, kann es sinnvoll sein, sich die Unterseite des Kamins etwas genauer anzuschauen. Er ist eben doch recht schwer und beim Verrücken bis zu seiner richtigen Aufstellung kann er auf dem Fußboden unangenehm zerstörerische Spuren hinterlassen.

Sprechen Sie vor dem Einbau mit dem Heizungsbauer die Verlegung der Leitungen durch. Der wasserführende Kamin benötigt Wasser- und

Stromleitungen. Außerdem benötigt er zumindest für die thermische Ablaufsicherung einen Abfluss. Es ist recht ärgerlich, wenn Sie nach getaner Arbeit des Heizungsbauers viele Anschlussleitungen noch sehen können. Deshalb lohnt sich ein Gespräch mit dem Heizungsbauer hierüber vorher. Nachbesserungen sind oftmals teuer. Beachten Sie die Hinweise des Herstellers in der Betriebs- und Montageanleitung. Halten Sie ausreichende Sicherheitsabstände zu Wänden, Möbeln und sonstigen brennbaren Materialien ein.

Manche wasserführende Kamine haben an der Rückseite des Kamins Pumpen für die Temperaturanhebung vorgesehen. Sprechen Sie mit dem Heizungsbauer darüber, ob die Pumpe nicht eventuell im Keller oder einem anderen Raum untergebracht werden kann. Sie verursacht nämlich immer auch störende Laufgeräusche, auf die man doch gerne verzichten möchte. Wenn der Raum für die Pumpe nicht zu weit entfernt ist, kann man dies oftmals realisieren.

Bedenken Sie unbedingt vorher, dass manche Zubehörteile wie etwa die thermische Ablaufsicherung eine manuelle Betätigung einmal pro Jahr erfordern. Dazu müssen Sie natürlich an sie herankommen können. Sehen Sie also keine Verkleidungen vor, die so unflexibel sind, dass diese Zubehörteile nicht mehr bedient werden können. Hier kann es leider auch einmal zu Defekten kommen und ein Austausch erforderlich werden. Es ist praktisch, wenn der Heizungsbauer für den Wechsel einer Komponente dann nicht einen Tag oder länger benötigt. Sprechen Sie solche Möglichkeiten bitte vorher mit dem Heizungsbauer durch.

Besonders nützlich sind Thermometer, die auch die Wassertemperatur im Kamin anzeigen, ermöglichen sie doch eine recht einfache Kontrolle des Betriebszustands Ihres Kamins. Besprechen Sie die Möglichkeit des Einbaus eines solchen Thermometers mit dem Hersteller. Natürlich sollte das Thermometer so eingebaut werden, dass man es auch gut ablesen kann.

8.2 Einbauvarianten

Ich möchte Sie auf keinen Fall mit komplizierten „Hydraulikschemata“ konfrontieren. Sie sollen als interessierter Leser aber erfahren, was geht und was nicht geht. Damit können Sie sich, ohne sich um fachliche Fragen kümmern zu müssen, auf das Wesentliche beschränken. Also fangen wir bei dem an, was Sie wissen müssen, welche Entscheidung(en) Sie fällen müssen.

8.2.1 Der wasserführende Kamin im autarken Betrieb (Solobetrieb)

Sie haben sich einen wasserführenden Kamin ausgesucht und er soll nun eingebaut werden, damit der nächste Winter kommen kann. Mit der Auswahl des wasserführenden Kamins haben Sie bereits Fakten geschaffen, ohne es im Detail so genau zu wissen. Hat der Kamin zum Beispiel 3 kW Wasserwärmeleistung, dann wird er wohl kaum Ihr ganzes Haus beheizen können, wohl aber kann er eine vorhandene Heizungsanlage unterstützen. Dieser Punkt betrifft die Frage:

Möchte ich den wasserführenden Kamin als autarke Heizungsanlage betreiben, also im Solobetrieb, ohne dass eine andere Heizungsanlage im Haus vorhanden ist?

Abb. 37 Perhofer

Die Frage steht somit ganz am Anfang. Wenn Sie die Frage für sich mit „ja“ beantworten, werden Sie wohl einen wasserführenden Kamin ausgesucht haben, der ein wenig mehr Wasserwärmeleistung erreichen kann, passend zu dem Wärmebedarf Ihres Hauses zuzüglich einer kleinen Sicherheitsreserve. Die autarke Beheizung eines Hauses mit einem wasserführenden Kamin ist eher ungewöhnlich und entsprechend selten. Für ein Ferienhaus macht das schon sehr viel mehr Sinn und hier kommt der Einsatz als zentrale Heizquelle auch nicht so selten vor. In diesem Fall können Sie sich die Kosten für eine Öl- oder Gasheizung sparen und damit schon eine beachtliche Summe an Einsparungen erreichen. Fragen Sie Ihren Heizungsbauer bei dieser Einbauvariante „autarker Betrieb" unbedingt nach Komponenten wie Pufferspeicher, Warmwasserspeicher usw., die das Leben ohne herkömmliche Zentralheizung etwas luxuriöser machen. Vergessen Sie bei einem autarken Betrieb etwa Ihres Ferienhauses nicht den Frostschutz im Heizungsnetz.

8.2.2 Der wasserführende Kamin zur Unterstützung einer Heizungsanlage

Der Normalfall ist sicherlich, dass der wasserführende Kamin zur Unterstützung der Zentralheizung eingesetzt wird. Dies erzwingt einige Differenzierungen. So ist technisch jeweils ein etwas anderer Einbau erforderlich, je nachdem, ob Ihre Zentralheizung

- eine Gastherme
- eine Ölheizung mit separatem Ölbrenner
- oder eine Gasheizung mit separatem Gasbrenner

ist.

Wo liegt hier der Unterschied? Nun, eine Öl- bzw. Gasheizung mit eigenem Brenner besitzt auch ein eigenes Wasservolumen. Dieses Wasservolumen ist funktionell genauso zu sehen, wie das Wasservolumen beim wasserführenden Kamin. Der Öl- bzw. Gaskessel besitzt ebenfalls ein doppelwandiges Wasserbehältnis, in dem ebenso wie beim wasserführenden Kamin das Wasser erwärmt wird, nur statt vom Kaminfeuer wird hier das Wasser vom Brenner erwärmt.

Das ist der wesentliche funktionelle Unterschied zur Gastherme. Die Gastherme hat im Grunde einen Durchlauferhitzer. Das heißt salopp gesagt, das Wasser läuft durch eine Leitung, die mit einer Gasflamme erwärmt wird. Dabei wärmt sich das Wasser in der Leitung auf.

Der Unterschied beim Einbau eines wasserführenden Kamins ist nun, dass man das erwärmte Wasser aus dem Kamin direkt in den Wasserkessel der Öl- bzw. Gasheizung leiten kann. Der Öl- bzw. Gasbrenner braucht dieses bereits erwärmte Wasser dann nicht mehr aufzuwärmen, dadurch wird der Öl- bzw. Gasverbrauch verringert.

Abb. 38 Brunner

Bei der Gastherme hingegen ist kein nennenswertes Wasservolumen vorhanden, in welches das erwärmte Wasser des wasserführenden Kamins geleitet werden könnte. Das heiße Wasser muss also leitungstechnisch anders in das Heizungsnetz eingeleitet werden. Dies geschieht in der Regel mit einem Drei-Wege-Ventil (siehe Kapitel 3.3.5).

Je nach Leistungsstärke der Zentralheizung bzw. auch des wasserführenden Kamins, aber auch entsprechend der Vorgaben des Herstellers kann ein wasserführender Kamin natürlich grundsätzlich genauso wie eine Gastherme mit einem Drei-Wege-Ventil an eine Öl- bzw. Gasheizung (mit eigenem Brenner) angeschlossen werden.

Für Sie als Laien sind die Details des Anschlusses in den Fällen nicht sonderlich von Interesse. Wichtig für Sie ist nur Folgendes: Es müssen Leitungen vom wasserführenden Kamin zu Ihrer Zentralheizung gelegt werden. Das erfordert Baumaßnahmen.

Ein anderer Punkt ist darüber hinaus allerdings noch sehr wichtig:

Im Zusammenhang mit Heizungen ist immer die Rede von Vorlauf und Rücklauf. Leitungen des wasserführenden Kamins zum Beispiel müssen in den Vorlauf der Heizungsanlage geführt werden. Was ist damit genau gemeint? Eine kleine Skizze soll helfen, dieses zu erklären.

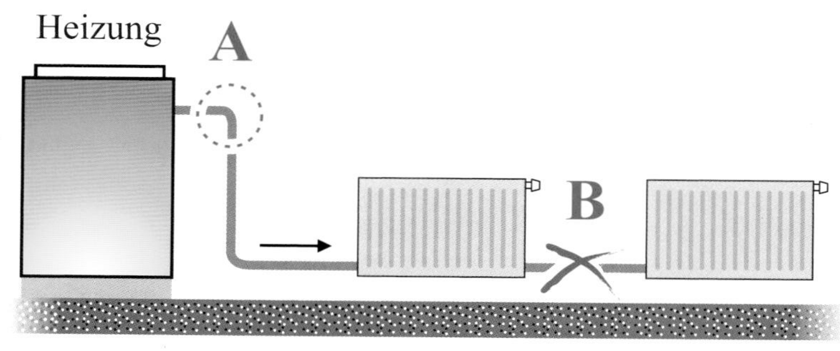

Skizze 17: Vorlaufleitung

Beim Vorlauf sind zu unterscheiden: die Vorlaufleitung und der Vorlaufanfang (Punkt **A**). Der Vorlaufanfang ist das erste Stück Leitung direkt nach dem Heizkessel. Hier muss der wasserführende Kamin das erwärmte Wasser zuführen. Wenn also gesagt wird, dass das vom wasserführenden Kamin erwärmte Wasser in den Vorlauf geführt werden muss, ist damit der Vorlaufpunkt **A** gemeint. Keinesfalls „irgendwo" in der Vorlaufstrecke (z.B. Punkt **B**).

Ich habe in meiner Praxis oftmals erlebt, dass Kunden gefragt haben, ob nicht das Wasser aus dem wasserführenden Kamin direkt in die Heizkörperleitung geleitet werden kann. Der Hintergrund dieser Frage ist natürlich, dass man sich eine Menge Leitungs- und Umbauarbeit und damit Kosten ersparen könnte. **Dies geht aber leider nicht, da der Leitungsquerschnitt hier immer zu klein ist und es strömungstechnische Probleme beim Einleiten des Kaminwassers gäbe.**

Niemals: Das Wasser des wasserführenden Kamins darf niemals – weil es einfach nicht funktioniert – „irgendwo" in die Vorlaufleitung (also beispielsweise bei Punkt B) **zugeführt werden. Es muss immer am Vorlaufanfang (Punkt A) zugeführt werden.**

8.2.3 Der wasserführende Kamin in Kombination mit einer Fußbodenheizung

Abb. 39 CTM

Eine Fußbodenheizung ist ein Wärmeverbraucher wie andere auch, etwa Heizkörper. Es gibt hier lediglich die Besonderheit, dass die Leitungen der Fußbodenheizung nicht mit ähnlich „hoher" Temperatur wie Heizkörper (Radiatoren) beschickt werden dürfen. Dieses wird relativ einfach mittels eines Mischers geregelt. Ein Mischer ist technisch identisch mit einem Drei-Wege-Ventil (siehe Kapitel 3.3.5). Allerdings sind die Wege nicht unbedingt jeweils ganz geöffnet oder ganz geschlossen. Vielmehr sind alle möglichen Zwischenstellungen denkbar. Normalerweise wird das vom wasserführenden Kamin erwärmte Wasser über einen Mischer mit dem kälteren Wasser aus dem Rücklauf gemischt. Aufgabe des Mischers ist es deshalb, die Öffnungseinstellungen so zu regeln, dass die benötigte Vorlauftemperatur für die Fußbodenheizung erzeugt wird.

Generell ist es also kein Problem, eine Fußbodenheizung zusammen mit einem wasserführenden Kamin zu betreiben.

8.2.4 Der wasserführende Kamin in Kombination mit einer Solaranlage

Eine Solaranlage dient ebenfalls zur Erwärmung des Wassers, dies geschieht mittels Sonnenenergie durch Kollektoren – meist auf dem Dach des Hauses angebracht. Ohne im Detail die Funktionsweise von Sonnenkollektoren zu erläutern, soll hier auf den besonderen Aspekt der Speicherung eingegangen werden. Die Solaranlage muss das von ihr erwärmte Wasser speichern. Dazu dienen Pufferspeicher. Der Pufferspeicher muss in Abhängigkeit zur Größe der Solaranlage dimensioniert werden.

Das Zusammenspiel von wasserführendem Kamin und Solaranlage funktioniert derart, dass das vom Feuer erwärmte Wasser ebenfalls dem Pufferspeicher der Anlage zugeführt wird.

Allerdings: Die Dimensionierung der Größe des Pufferspeichers muss nun neu bedacht werden.

Planen Sie diese Kombination von Anfang an mit ein, so wird der Pufferspeicher entsprechend größer dimensioniert. Möchten Sie den wasserführenden Kamin bei einem Haus mit einer Solaranlage nachträglich einbauen, dann werden Sie wahrscheinlich einen zweiten Pufferspeicher nachrüsten, beispielsweise einen 500-Liter-Speicher.

Näheres zum Pufferspeicher erfahren Sie im folgenden Kapitel.

8.2.5 Der wasserführende Kamin in Kombination mit einem Pufferspeicher

Im Zusammenhang mit einem wasserführenden Kamin muss man sich aller Wahrscheinlichkeit nach mit dem Thema „Pufferspeicher" beschäftigen. Spätestens wenn Sie zum Beispiel einen 1.000-Liter-Pufferspeicher in seiner ganzen Größe betrachten können, werden Sie ahnen, dass das bestimmt nicht ganz billig sein wird. Aber keine Angst, die Größe eines Pufferspeichers ist nicht repräsentativ für dessen Preis.

Brauchen Sie nun unbedingt einen Pufferspeicher, wenn Sie einen wasserführenden Kamin betreiben möchten? Und was genau ist eigentlich ein Pufferspeicher?

Ein Pufferspeicher schafft die Möglichkeit, die Erzeugung der Wärmeenergie und deren Nutzung zeitlich zu trennen. Ein Pufferspeicher speichert also das warme Wasser, und um die Wärme möglichst lange zu halten, muss er gut isoliert sein.

Das warme Wasser kann dabei dem Pufferspeicher aus verschiedenen Wärmequellen zugeführt werden. Das Wasser kann z.B.

- von Sonnenkollektoren
- vom Kamin
- von der Zentralheizung
- mittels Wärmepumpen
- ...

erwärmt werden.

Um sich über die Pufferspeicher ein besseres Bild zu machen, habe ich Ihnen hier ein paar Bilder abgebildet. Sie wurden mir freundlicherweise von der Firma Viessmann Werke GmbH & Co KG zur Verfügung gestellt. Sie sehen dort unter anderem das **Vitocell** Speicherprogramm. Es handelt sich hierbei um Speicher-Wassererwärmer mit Ceraprotect-Emaillierung oder aus Edelstahl Rostfrei, Speicherinhalt: 80 bis 1000 Liter.

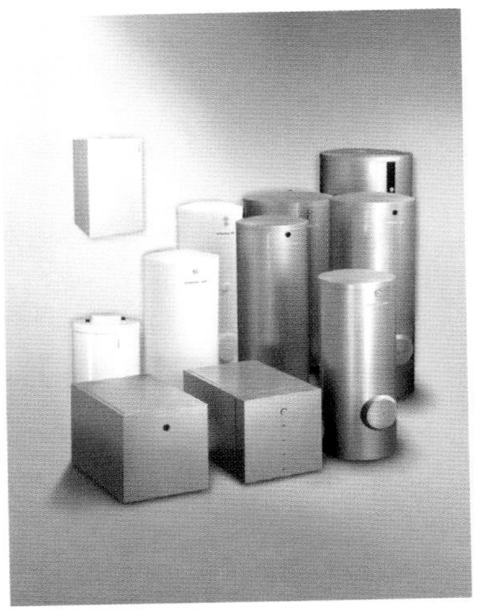

Abb. 40 Viessmann Vitocell Speicherprogramm

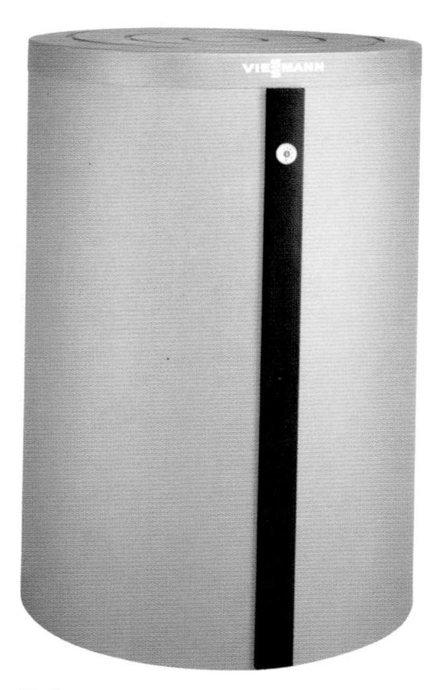

Abb. 41 Viessmann Vitocell 050 Speicher für Heizwasserspeicherung

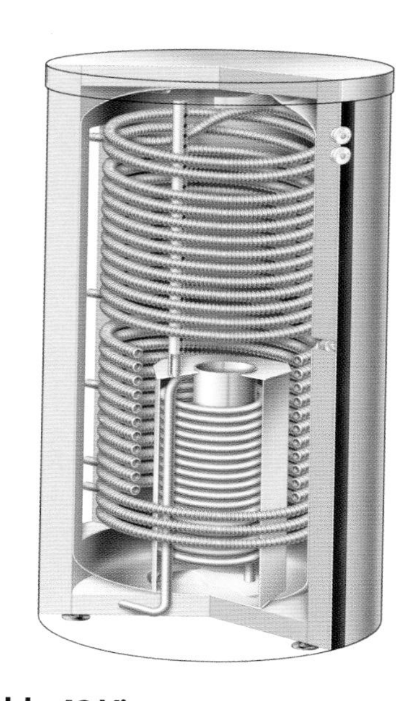

Abb. 42 Viessmann Kombispeicher Vitocell 353 Schnittzeichnung

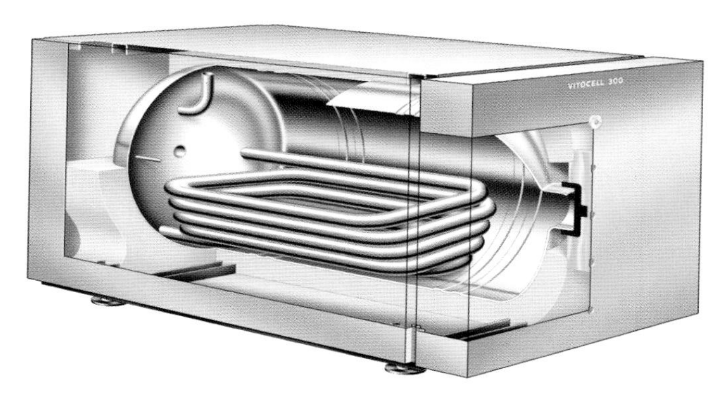

Abb. 43 Viessmann Vitocell 300

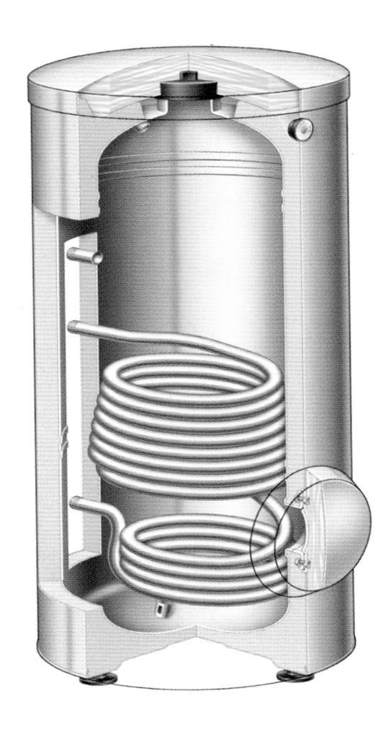

Abb. 44 Viessmann Vitocell Interessante Produkteinblicke

Wie Sie unschwer an den interessanten Schnittzeichnungen der Vitocell Speicher der Firma Viessmann sehen können, handelt es sich bei der Speichertechnologie um ausgefeilte Techniken zur Optimierung der Wärmespeicherung. Ziel ist dabei stets

- insbesondere den verschiedenen Einspeisemedien mit ihren Eigenschaften gerecht zu werden und
- die Speicherdauer ohne Wärmeverlust zu optimieren.

Pufferspeicher gibt es in verschiedenen Größen bis zum Beispiel für 200, 400, 500, 1.000 Liter und mehr. Außerdem sind diese auch als Kombinationsspeicher erhältlich, so kann beispielsweise ein Warmwasserboiler mit einem Pufferspeicher zu einem Speicher kombiniert werden.

Eine besondere Herausforderung bei den Pufferspeichern ist deren Größe. Wird in einem 1.000 Liter Speicher warmes Wasser eingeführt, so steigt es nach oben. Diese Eigenschaft wird in speziellen Schichtenspeichern genutzt, in denen die Wärme temperaturabhängig in verschiedenen Schichten gespeichert wird. Das erwärmte Wasser wird temperaturabhängig den jeweiligen Schichten zugeführt bzw. entnommen, ohne die unterschiedlichen Wärmeschichten zu vermischen und damit zu zerstören.

Man kann also verschiedene Speicher unterscheiden:

- simple Boilerspeicher
- Solarspeicher
- Schichtenspeicher
- Kombispeicher
- und Kombinationen mit diversen technischen Spezialentwicklungen für besondere Anforderungen.

Welchen Pufferspeicher Sie nun benötigen, das hängt von Ihren individuellen Gegebenheiten ab. Bei Neuanschaffungen für einen Neubau ist ein Kombispeicher oftmals eine gute Sache, da er ein „normaler" Pufferspeicher ist und gleichzeitig ein Warmwasserboiler.

Wie groß muss der Pufferspeicher sein?

Grundsätzlich muss das auch individuell entschieden werden, Sie sollten dies auch mit Ihrem Heizungsbauer klären. Aber als erste grobe Orientierung können Sie für jedes Kilowatt Heizleistung bzw. genauer Wasserwärmeleistung des Kamins mit einem 50 Liter Pufferspeicher rechnen. Wenn also die Wasserwärmeleistung Ihres wasserführenden Kamins 15 kW beträgt, so benötigen Sie einen Pufferspeicher mit einem Speichervolumen von

50 Liter/kW x 15 kW = 750 Litern.

Beachten Sie unbedingt, dass Fotos von Pufferspeichern oft keinen realen Eindruck von deren wirklichen Größenausmaßen geben. Ein Behälter mit 750 Liter Inhalt hat schon eine stattliche Größe mit einem ebenso stattlichen Gewicht, wofür im Hause erst einmal ein geeigneter Platz gefunden werden muss.

Aber nun zur Kernfrage: Benötige ich unbedingt einen Pufferspeicher, wenn ich einen wasserführenden Kamin betreiben will?

Leider ist diese Frage nicht so pauschal und bedauerlicherweise auch nicht leicht verständlich zu beantworten. Die meisten Händler werden Ihnen diese Frage wohl mit einem klaren „Ja“ beantworten. Aber bezogen auf einen wasserführenden Kamins ist es wesentlich zu wissen, wie viel Wasser der Wasserbehälter des Kamins beinhaltet und welche Wasserwärmeleistung er hat. Ich werde versuchen, Ihnen diese Thematik anhand von Beispielen zu verdeutlichen.

Das vom wasserführenden Kamin erwärmte Wasser muss ja dem Heizungsnetz zugeführt werden. Gehen wir von einem einfachen Haus aus, das nur ein kleines Badezimmer mit einer Fußbodenheizung hat und ansonsten ausschließlich mit Heizkörpern versorgt wird. Die Heizkörper sind bei der heutigen energiesparenden Bauweise mit Sicherheit recht klein.

Mögliches Beispiel, das sich beim Litervergleich ergeben kann:

Wasservolumen Ihres Heizungsnetzes	Wasservolumen für einen „kleineren“ wasserführenden Kamin	Wasservolumen für einen „größeren“ wasserführenden Kamin
60 Liter	25 Liter	70 Liter

Wenn also nun der „größere“ wasserführende Kamin seine am Regelthermostat eingestellte Temperatur von beispielsweise 60 °C erreicht hat, schickt er 70 Liter Wasser in das 60 Liter fassende Heizungsnetz. Im Klartext heißt das: 10 Liter des gerade erwärmten Kaminwassers kommen sofort wieder (warm) zurück in den wasserführenden Kamin.

Bei dem „kleineren“ wasserführenden Kamin benötigen Sie hierfür etwas mehr als zwei Durchgänge, was aber auch nicht gerade viel ist.

Die Frage lautet nun: Wohin soll der wasserführende Kamin sein warmes Wasser leiten, wenn Ihr Heizungsnetz bereits ausreichend erwärmt ist?

Oder um es noch besser auf den „Gefahren-Punkt" zu bringen:

Abb. 45 RIKA

Der wasserführende Kamin bekommt also nach einigen Durchgängen sein soeben erwärmtes Wasser von ca. 60 °C sofort wieder zurück. Dieses wird vom Feuer weiterhin erwärmt und dem Heizungsnetz wird alsbald zum Beispiel 90 °C warmes Wasser zugeführt. Das ist dann eindeutig zu warm und die Gefahr, dass das Wasser im Kamin sich zu sehr erwärmt, ist riesig groß. Die thermische Ablaufsicherung springt an und der Feuerungsregler sperrt die Verbrennungsluftzufuhr. Spätestens jetzt ist der Punkt erreicht, wo Sie auf jeden Fall dringend versuchen sollten, das Feuer zum Erlöschen zu bringen und keinesfalls mehr Holz nachlegen dürfen. **Ein sicherer Betrieb ist nicht mehr gewährleistet.**

Sofern Sie aber ein großes Haus haben oder/und beispielsweise bewusst große und viele Heizkörper (große Flächen, dreilagig) für Ihr Haus vorgesehen haben, so könnten sich für Ihr Haus die folgenden Tabellenwerte ergeben:

Wasservolumen Ihres Heizungsnetzes	Wasservolumen für einen „kleineren" wasserführenden Kamin	Wasservolumen für einen „größeren" wasserführenden Kamin
140 Liter	25 Liter	70 Liter

Hierbei ist die Gefahr eines sich zu sehr aufheizenden wasserführenden Kamins schon deutlich geringer, zumal man ja die Abkühlung des Wassers im Heizungsnetz, gerade in den Wintertagen, berücksichtigen muss.

Sie sehen, ein „vernünftiger" und sicherer Betrieb des wasserführenden Kamins hängt sehr stark davon ab, ob das vom Kamin erwärmte Wasser ausreichend lange abgeführt werden kann. Wenn das nicht gewährleistet werden kann, kommen die Sicherheitskomponenten wie etwa die thermische Ablaufsicherung und der Feuerungsregler zum Einsatz. **Das Ansprechen von Sicherheitskomponenten kennzeichnet einen Störfall und bedeutet eine Abweichung vom Normalbetrieb.**

Um solchen Problemen aus dem Weg zu gehen, benötigt man Pufferspeicher. In diesem Sinne ist ein **Pufferspeicher auch als erweiterte Sicherheitskomponente** zu begreifen.

Abb. 46 Wallnöfer

Ein weiteres Argument für die Anschaffung eines Pufferspeichers wird immer wieder hinsichtlich der Temperaturanhebung oder auch der Rücklauftemperaturanhebung ins Spiel gebracht. Was bedeutet **„Temperaturanhebung"** in dem Zusammenhang? Schauen wir uns dazu noch einmal die Funktionsweise eines wasserführenden Kamins ohne Temperaturanhebung an. Bei dieser Betriebsweise wird das Wasser im Kamin erwärmt und bei Erreichen der am Regelthermostat eingestellten Temperatur von der Pumpe in das Heizungsnetz gepumpt. Gleichzeitig pumpt die Pumpe kaltes Wasser aus dem Rücklauf des Heizungsnetzes wieder in den Kamin. Der wasserführende Kamin wird also immer wieder periodisch erwärmt und dann wieder abgekühlt. Da es hier zu einer starken thermischen Beanspruchung des Stahls kommt, ist es keine günstige Betriebsweise. Gleichzeitig ist die Gefahr von Glanzrußbildung bei kaltem Wasser viel stärker gegeben als bei warmem Wasser. Diese beiden Nachteile werden bei einer Rücklauftemperaturanhebung vermindert, das heißt, indem eben die Temperatur des rücklaufenden Wassers angehoben wird. Das kann beispielsweise relativ einfach mittels eines Mischers oder eines temperaturgesteuerten Drei-Wege-Ventils erreicht werden, damit wird das kalte Rücklaufwasser mit dem warmen Vorlaufwasser des Kamins vermischt.

Drei Kriterien:

- Abführung des vom wasserführenden Kamin erwärmten Wassers über einen ausreichend langen Zeitraum und
- Verminderung der starken thermischen Belastungen des Stahls mittels Rücklauf-Temperaturanhebung und
- Verminderung der Glanzrußbildung

lassen den Einsatz eines Pufferspeichers als äußerst sinnvoll erscheinen. Zugegebenermaßen sind das aber nicht von vorne herein zwingende Gründe zur Anschaffung eines Pufferspeichers. Die Vorteile überwiegen jedoch so stark, dass Ihnen genau deshalb wohl jeder Hersteller und jeder Heizungsbauer zur Anschaffung eines Pufferspeichers raten wird. Letztlich ist es natürlich Ihre persönliche Entscheidung, aber gerade der Aspekt, dass der Pufferspeicher ja auch als erweiterte Sicherheitskomponente fungiert, lassen einen Pufferspeicher eigentlich als unverzichtbar erscheinen.

Die hier beschriebenen Aspekte im Zusammenhang mit einem Pufferspeicher sollen Ihnen die Bedeutung eines Pufferspeichers nahe bringen. Wie bereits im Kapitel 6.1.2 - Novellierung der 1. BImSchV und Leistungsgröße - dargelegt, ist mit Inkrafttreten der neuen 1.

BImSchV ein Pufferspeicher bei einem handbeschickten wasserführenden Kamin obligatorisch vorgesehen. Der Vollständigkeit halber sollen die in der 1. BImSchV genannten Größen an dieser Stelle noch einmal wiederholt werden:

Die 1. BImSchV verlangt eine Pufferspeichergröße von

- **12 Liter je Liter Brennstofffüllraum**
- **mindestens jedoch 55 l/kW Nennwärmeleistung.**

Somit erübrigt sich die Frage, ob Sie unbedingt einen Pufferspeicher benötigen oder nicht. Das Gesetz verlangt es mit dem Inkrafttreten der novellierten 1. BImSchV. Allerdings gilt das nur für Neuanlagen. Altanlagen bleiben von dieser Verpflichtung ausgenommen.

8.3 Nach dem Einbau – Test und Probebetrieb

Wenn der wasserführende Kamin eingebaut ist, ist er noch nicht fertig für einen Routinebetrieb. Zunächst steht noch der erste Test- und Probebetrieb an. Hierbei sind die Vorgaben des Herstellers zu beachten. Oftmals ist für den ersten Test lediglich ein kleines Feuer vorgesehen, das die Kontrolle der Zubehörkomponenten ermöglicht.

Während eines solchen Tests können die „normalen" Betriebskomponenten auf ihre einwandfreie Funktion hin getestet werden:

<u>Der Regelthermostat:</u>

Er wird auf eine niedrige Temperatur eingestellt, damit die Funktionsfähigkeit rechtzeitig erkannt werden kann. Funktioniert er nicht, so wird das Feuer kontrolliert abgebrannt und die Fehlerbehebung durchgeführt.

<u>Die Umwälzpumpe, das Drei-Wege-Ventil:</u>

Falls der Regelthermostat einwandfrei funktioniert, sollten bei der dort eingestellten Temperatur die Umwälzpumpe und ein eventuell vorhandenes Drei-Wege-Ventil beim Schaltvorgang des Regelthermostats anspringen. Funktioniert eine dieser Komponenten nicht, so wird das Feuer kontrolliert abgebrannt und die Fehlerbehebung durchgeführt.

Die Sicherheitskomponenten können und werden grundsätzlich bei einem größeren Feuer und insbesondere unter besonderen Vorgaben der Hersteller geprüft. Über die Tests geben die jeweilige Installations- oder Betriebsanleitungen Auskunft.

Nach den fehlerfreien Tests kann der Normalbetrieb aufgenommen werden. Falls ein Kamin zum Einsatz kommt, der nach der Fertigstellung noch verkleidet werden muss, so hat es sich als sinnvoll erwiesen, ein paar Tage oder besser ein paar Wochen damit zu warten, um die Dichtheit der Leitungen während dieser Zeit beobachten zu können.

9. Sicherheitskomponenten

Dass ein Kamin mit Feuer betrieben wird und daher brandtechnisch ein Sicherheitsrisiko darstellt, liegt auf der Hand und jeder versteht, dass es hierzu diverse Vorgaben gibt. Aber ein wasserführender Kamin ist neben seiner Funktion als Kamin zusätzlich noch ein Druckbehälter, zumindest ist das bei den meisten wasserführenden Kaminen so, sie werden mit dem Druck des Heizungsnetzes betrieben. Funktional sind sie letztlich Festbrennstoffkessel und bergen damit neben dem Brandrisiko noch zusätzliche Risiken. Deshalb gibt es für die wasserführenden Kamine weitere tief greifende Vorschriften.

Ein Druckbehälter kann unter ungünstigen Umständen in der Tat bersten, das heißt regelrecht explodieren. Der normale Prüfdruck beträgt ca. 6 bar. Wenn einem mit 6 bar ein Eisenteil ins Gesicht fliegt, haben Sie gute Chancen, die wirkliche Höhe Ihrer Rente nie zu erfahren. Aber selbst wenn Sie das überleben sollten, wird Ihnen das heiße Wasser schwere Verbrennungen zufügen. Wenn der Druckbehälter des wasserführenden Kamins aber bei 8, 12, 20 bar oder noch mehr explodiert, dann muss mit aufreißenden Schweißnähten gerechnet werden, die aufgrund der Kraft des Druckes die Bleche des Kamins wie Papier aufwickeln können. Der oftmals wirklich sehr schwere Kamin kann ohne weiteres mit voller Wucht mehrere Meter durch das Zimmer fliegen.

Bei solchen Explosionen hat es leider auch schon Tote gegeben. Fast immer haben diese Explosionen ihre Ursache in Mängeln beim Einbau oder auch bei der Bedienung.

Wenn der Druck in einem wasserführenden Kamin – aufgrund welcher Störung auch immer – zu groß wird, passiert das, weil das Feuer das Wasser weiter als vorgesehen aufheizt, da Sicherheitsmechanismen versagen. Wenn das Wasser bei 100 °C und entsprechendem Druck in den Dampfzustand übergeht, kommt es zu einer starken Ausdehnung. Aus einem Liter Wasser (1 dm^3 Volumen) entsteht plötzlich

1,5 mal soviel Volumen Wasserdampf. Das lässt den Druck rapide ansteigen und den Druckbehälter im wahrsten Sinne des Wortes explodieren.

Damit das nicht passiert, sollten Sie die in diesem Kapitel ausführlich beschriebenen Sicherheitskomponenten installieren und deren Funktion kennen.

Zum besseren Verständnis über die potenziellen Gefahren eines berstenden wasserführenden Behälters möchte ich Sie bitten, sich die folgenden Bilder etwas genauer anzuschauen. Sie demonstrieren eindringlich und ohne viele Worte, was ein Versagen der Sicherheitskomponenten bedeuten kann.

Abb. 47 Explodierter wasserführender Kamin (ca. 250 kg)

Ein wasserführender Kamin, wie der hier abgebildete Kamin, wiegt samt Wasserinhalt etwa 250 kg. Wenn Sie einen solchen wasserführenden Kamin an seinen vorgesehenen Platz transportiert haben, wissen Sie, was das für eine Masse ist. Wenn er nun aus welchen Gründen auch immer „explodiert", fliegt er schon einmal einige Meter durch die Gegend. Wenn Sie ungünstig in seiner Flugbahn stehen, werden Sie wahrscheinlich nicht mehr erleben, wo er zum Stehen kommt.

Was ein explodierender wasserführender Kamin anrichtet, das zeigen Ihnen eindringlich die folgenden Bilder. Wie Sie dort auch sehen können, gibt Ihnen eine Ummauerung eines solchen Kamins keinen besonderen Schutz. Die Mauern werden wie Pappkartons eingerissen.

Abb. 48 „Explosion" scheint der richtige Ausdruck zu sein!

Besonders tragisch ist es, wenn der Hersteller (das ist mir bei meinen Recherchen zu diesem Buch passiert) behauptet, dass es eine Sollbruchstelle im ungefährlichen hinteren Teil des wasserführenden Kamins gibt. Denn

1) es gibt diese Sollbruchstelle nicht und
2) die Aussage suggeriert, dass nur im hinteren ungefährlichen Bereich Wasser ausströmt und sonst zum Glück nichts passieren kann.

Abb. 49 Der eingemauerte Kamin nach der Explosion

Aber die Wirklichkeit zeigt, dass ein solcher Kamin bei einer Explosion mehrere Meter durch das Zimmer fliegen kann.

Aber nun genug der Grausamkeiten. Wie vom **Institut für Schadenverhütung und Schadenforschung der öffentlichen Versicherer e.V., Kiel** als Fazit festgestellt wird, sind die Ursachen, die zu solchen Schäden führen, sowie der anschließende Schadenverlauf in allen Fällen recht ähnlich.

- Die Vor- und/oder Rücklaufleitungen des Kamins waren durch zugedrehte Ventile geschlossen.
- Es gab am Kamin kein Sicherheitsventil.
- Vorhandene thermische Ablaufsicherungen waren durch Absperren der Wasserzuleitung außer Funktion gesetzt worden.
- Die Anwender waren mit der Funktion der Anlage nicht vertraut.
- Die Anlagen waren vor Schadeneintritt des Öfteren problemlos betrieben worden.
- Die wasserführenden Kamine rissen auf und wurden dabei vom Rückstoß des Wasserdampfes durch die Gebäude geschleudert, wo sie auf ihrer Flugbahn einen Weg der Verwüstung hinterließen.

Das Fazit lässt erkennen, dass es nicht die wasserführenden Kamine sind, die von sich aus eine Gefahr darstellen. Vielmehr will ich Sie für diese Thematik sensibilisieren und Ihnen die Gefahren bewusst machen. Natürlich will ich Ihnen keine übertriebene Angst machen und Sie vom Kauf eines wasserführenden Kamins abhalten. Aber wenn es hilft, Sie für dieses wichtige Thema zu interessieren, sollen Sie ruhig auch etwas Angst haben. An Angst stirbt man nicht, bei einem explodierenden Kamin kann das durchaus der Fall sein.

Bevor hier also die Sicherheitskomponenten im Einzelnen vorgestellt werden, sollen Sie in erster Linie einfach nur realisieren, dass Sie Ihren wasserführenden Kamin **von geschultem Fachpersonal einbauen lassen** sollten. Eben aus Sicherheitsgründen – wie vorher dargelegt, aber auch deshalb, weil sonst oftmals die Garantie vom Hersteller verwehrt wird.

Aber nach fachgerechtem Einbau und wenn Sie sich über die einzelnen Komponenten sowie deren Funktion und gegebenenfalls deren erforderlicher Wartung im Klaren sind, können Sie sich auch sicher fühlen.

Hinweis:

Oftmals werden wasserführende Kamine ohne Verkleidung gekauft, um sie dann zu Hause nach eigenen Vorstellungen selbst zu verkleiden. Dies ist auch völlig okay so. Aber Sie sollten einen Punkt dabei besonders beherzigen. Verkleiden Sie den Kamin nicht so, dass Sie an dessen Zubehör- und Funktionskomponenten nicht mehr heran kommen können. Es kommt leider immer wieder vor, dass die Kamine fast vollkommen eingemauert werden. Was aber, wenn Komponenten ausgewechselt werden müssen, wenn sie beispielsweise defekt sind? Da nützt Ihnen auch die beste Garantie nichts. So müssen Sie oft die komplette Verkleidung abreißen und wieder neu bauen. Noch schlimmer ist, dass Sie nicht zur Wartung und Bedienung an diese Komponenten heran kommen. Sie müssen beispielsweise die thermische Ablaufsicherung mindestens einmal jährlich betätigen.

Achtung

Bitte achten Sie deshalb darauf, die Verkleidung so zu gestalten, dass die Zubehörkomponenten möglichst einfach zu bedienen und bei Bedarf auszuwechseln sind.

Vor der Auflistung der Sicherheitskomponenten sollten Sie noch einen Hinweis zur Montage erhalten:

Es ist äußerst praktisch und komfortabel, wenn der wasserführende Kamin mit allen Zubehörkomponenten so eingebaut wird, dass der Kamin selbst, aber auch möglichst viele Zubehörkomponenten bei Bedarf leicht ausgewechselt werden können. Das wird normalerweise durch Absperrventile realisiert. **Aber genau das ist nicht erlaubt!** In der Regel wird darauf auch explizit in den Bedienungs- und Montageanleitungen der Hersteller hingewiesen. Bitte richten Sie sich unbedingt danach.

Wenn Sie trotzdem vorhaben, Absperrventile zu installieren, dann bitte nur in Absprache mit dem Hersteller oder dem einbauenden Heizungsbauer. Achten Sie bitte unbedingt darauf, dass die Absperrventile mit einer Plombe, Sicherheitskappe oder Ähnlichem gegen eine „nicht fachmännische" Betätigung gesichert sind.

9.1 Sicherheitsventil

Abb. 50: Honeywell Sicherheitsventil

Sicherheitsfunktion:

Die wohl wichtigste Sicherheitskomponente überhaupt ist das Sicherheitsventil. Es soll bei ca. 2,5 bar (je nach Heizungsanlage können es auch 3 bar sein) öffnen und das im Wasserteil des Kamins befindliche Wasser abführen, damit der Druck nicht noch weiter ansteigt.

Das Sicherheitsventil muss in unmittelbarer Nähe des Kamins befestigt werden. In die Leitung des Wasserablaufs des Sicherheitsventils darf unter keinen Umständen ein Absperrventil eingebaut werden. Das Wasser selbst sollte direkt einem Abfluss zugeführt werden.

9.2 Feuerungsregler

Abb. 51: SAMSON Feuerungsregler

Der Feuerungsregler wird in das Wasserteil des Kamins geschraubt. Der Einbau ist normalerweise in senkrechter und waagerechter Stellung möglich. Der Feuerungsregler enthält einen Einstellknopf mit Skala und einen gebogenen Stab mit einer Kette. Die Kette wird an einem Ende am gebogenen Stab des Feuerungsreglers und am anderen Ende für gewöhnlich mit der Zuluftklappe verbunden. Es sind jeweils zwei Skalen mit Zahlenwerten von 0 bis 90 °C vorhanden. Je nach Einbaulage (waagerecht oder senkrecht) wird die eine oder andere Skala verwendet.

Abb. 52 Gerco

Der in das Wasserteil des Kamins eingeschraubte Bereich des Feuerungsreglers enthält einen Temperaturfühler, der den Stab temperaturabhängig bewegt. Er ermöglicht in Verbindung mit der Kette eine kleine Auf- und Abbewegung. Mit Hilfe dieser kleinen Bewegung kann die Zuluftklappe am anderen Ende der Kette ein wenig auf und ab bewegt werden, wodurch sich der Querschnitt der Zuluftöffnung mehr oder weniger ganz öffnen oder schließen lässt.

Sicherheitsfunktion: Bei zu hoher Temperatur soll der Feuerungsregler dafür sorgen, dass die Zuluftklappe ganz geschlossen wird, damit dem Feuer die Luft zum Atmen genommen wird und es an Energie verliert.

9.3 Automatischer Entlüfter

Damit sich keine Luft an ungünstigen Stellen festsetzt und eventuell den sicheren Betrieb beeinträchtigt, ist eine automatische Entlüftung vorgesehen. Sie verhindert auch unangenehme Luftblasengeräusche.

Der automatische Entlüfter ist an der jeweils höchsten Stelle des Kamins vorzusehen, da die Luft nach oben strömt und so durch den automatischen Entlüfter entweichen kann (siehe auch 3.3.4 - Entlüftung).

9.4 Membran-Druckausdehnungsgefäß

Abb. 53 Fa. Zilmet Membran-Druckausdehnungsgefäß Typenreihe Zilflex H

Das Membran-Druckausdehnungsgefäß (MAG) ist ein Druckbehälter, der aus zwei Halbschalen besteht. Sie sind durch eine elastische Membran getrennt. Auf einer Seite der Membran befindet sich eine komprimierbare Stickstofffüllung, die andere ist mit dem Heizwasser verbunden. Wasser dehnt sich bei Wärme aus. Bei Erwärmung des Wassers im Kaminsystem wird das Stickstoffpolster durch die Ausdehnung des Wassers zusammen gepresst. Beim Abkühlen kann es sich wieder ausdehnen, weil sich das Volumen des Wassers im Kaminsystem wieder verkleinert. Durch diese Bewegung der Membran im MAG ist ein konstantes Druckniveau im gesamten wasserführenden System gewährleistet. Das MAG ist durch ein gegen unbeabsichtigtes Schließen gesichertes Kappenventil mit dem wasserführenden Kaminsystem verbunden. Das Stickstoffpolster muss mindestens einmal im Jahr kontrolliert werden. Dazu befindet sich am MAG ein Ventil ähnlich dem eines Autoreifens. Erst muss das

MAG vom Heizsystem getrennt bzw. drucklos gemacht werden (Kappenventil). Mit einem handelsüblichen Manometer kann der Druck des Stickstoffpolsters kontrolliert werden. Damit immer ausreichend Wasser in der gesamten Anlage vorhanden ist, sollte der Druck etwa 0,2 bar niedriger sein als der im Kaminsystem. Dadurch wird verhindert, dass Luft ins System gelangt. Luft führt zu Korrosion, Funktionsstörungen und störenden Geräuschen.

Wichtig:

Die benötigte Größe des Membran-Druckausdehnungsgefäßes ist zu berechnen. Das Membran-Druckausdehnungsgefäß ist eine zwingend vorgeschriebene Sicherheitskomponente.

9.5 Thermische Ablaufsicherung

Abb. 54 Fa. CALEFFI Hydronic Solutions Thermische Ablaufsicherung

Die thermische Ablaufsicherung wie als Zubehörteil abgebildet, stellt eigentlich erst zusammen mit einer Kupferrohrschlange eine Sicherheitskomponente dar. Die Kupferrohrschlange ist, je nach Leistungsgröße des Kamins, ein mehrere Meter langes, je nach Kamintyp individuell spiralförmig gewickeltes Kupferrohr, das im oberen Wasserteil des Kamins untergebracht ist. An einem der beiden Enden der Kupferrohrschlange wird die abgebildete thermische Ablaufsicherung befestigt. An diesem Eingang steht unmittelbar kaltes Leitungswasser an. Der lange Temperaturfühler der thermischen Ablaufsicherung muss möglichst im oberen Wasserteil des Kamins untergebracht werden.

Die thermische Ablaufsicherung versucht, das Wasser des Kamins im Störungsfall so zu kühlen, dass es erst gar nicht über 95 °C hinaus erhitzt wird. Dazu öffnet sich mechanisch bei etwa 95 °C das Ventil der thermischen Ablaufsicherung und lässt das kalte Leitungswasser durch die Kupferrohrschlange strömen. Das am anderen Ende der Kupferrohrschlange austretende Kühlwasser wird direkt einem Abfluss zugeführt.

Das kalte Wasser strömt so lange durch die Kupferrohrschlange, bis der Temperaturfühler der thermischen Ablaufsicherung eine Temperatur unterhalb von 95 °C meldet.

Das Durchströmen der Kupferrohrschlange mit kaltem Wasser im Betriebsfall (= sicherheitstechnischer Notfall) führt dazu, dass sich dieses kalte Wasser erwärmt. Es soll dadurch ein weiterer Temperaturanstieg im Kaminwasser verhindert werden.

Wichtig hierbei ist:

- In die Zulaufleitung des kalten Wassers darf ebenso wie in die Abflussleitung der thermischen Ablaufsicherung kein Absperrventil eingebaut werden.
- Der Druck des am Ventil der thermischen Ablaufsicherung anstehenden Wassers muss mindestens 3 bar betragen, was eigentlich bei normalem Leitungswasserdruck schon gegeben sein sollte.

Vorsicht:

Bei der Zulassungsprüfung eines wasserführenden Kamins wird die thermische Ablaufsicherung nur bei der vom Hersteller benannten Nennwärmeleistung geprüft. Egal, was Ihnen die Hersteller, Händler und andere Leute erzählen, der Kamin ist definitiv nur für die Nennwärmeleistung als Maximalleistung zugelassen. Legen Sie mehr Holz auf, und erreichen eine größere Wärmeleistung als die Nennwärmeleistung, ist die Gefahr groß, dass die sehr wichtige Sicherheitskomponente „thermische Ablaufsicherung“ als Sicherheitskomponente versagt. Niemand, wahrscheinlich nicht einmal der Hersteller, kann Ihnen sagen, ob die thermische Ablaufsicherung auch in der Lage ist, eine größere Wärmemenge abzuführen.

Hinweis für die Verwendung in Kombination mit Hauswasserwerken:

Abb. 55 wodtke

Es mag Gründe geben, die kein „normales Stadtwasser" als Hauswasseranschluss zulassen. Oftmals dient ein Hauswasserwerk dazu, dies zu kompensieren. Da Hauswasserwerke aber mit Strom arbeiten, ist die Sicherheitsfunktion der thermischen Ablaufsicherung nur gewährleistet, wenn ein Stromausfall überbrückt werden kann. Berücksichtigen Sie das, falls Sie die Wasserversorgung über ein Hauswasserwerk realisieren.

Wartungshinweise:

Die thermische Ablaufsicherung hat immer einen eindeutig erkennbaren, meist roten Knopf. Mit ihm können Sie die thermische Ablaufsicherung auf ihre Funktionsfähigkeit hin überprüfen. Das sollten Sie einmal im Jahr tun.

9.6 Sonstige sicherheitstechnische Komponenten

Neben den vorher genannten Sicherheitskomponenten gibt es weitere Komponenten, die ebenfalls Ihrem Schutz dienen, auch wenn sie nicht direkt mit dem wasserführenden Kamin zusammenhängen:

- feuerfeste Glastüren
- Bodenschutz vor Funkenflug und brennendem Holz
- Rauchmelder
- Zahnreihe/Schutzgitter
- Feuerlöscher

9.6.1 Feuerfeste Glastüren

Abb. 56 Ecoforest

Ein offener Kamin, also eine Feuerstelle ohne feuerfeste Glastüren oder mit geöffneten Glastüren hat einen sehr viel niedrigeren Wirkungsgrad, aber in erster Linie bringt er auch eine sehr viel geringere Leistung. Deshalb werden diese in der heutigen Zeit kaum noch eingebaut. Früher, als es noch keine feuerfesten Glastüren gab, war ein offener Kamin eher Standard. Falls Sie auf einen solchen offenen Kamin nicht verzichten möchten und Ihr Kamin ist für einen derartigen offenen Betrieb zugelassen ist, bedenken Sie bitte:

Eine feuerfeste Glastür schützt vor Funkenflug, der je nach Brennholzsorte schon recht heftig sein kann. Wenn Sie also eine Feuerstelle ohne Glastür betreiben, halten Sie im eigenen Interesse brennbare Materialien möglichst weit vom Kamin entfernt. Denken Sie dann vor allem an kleine Kinder oder Haustiere, achten Sie darauf, dass sich niemand im Umkreis eines möglichen Funkenfluges aufhält.

9.6.2 Bodenschutz vor Funkenflug und brennendem Holz

Je nach Aufschichtung des Brennholzes im Kamin, kann das untere Brennholz beim Abbrennen oberes Brennholz zum Rutschen bringen, dabei kann brennendes Holz auch aus dem Kamin heraus fallen. Eine feuerfeste Glasscheibe kann das verhindern. Aber bei offenem Betrieb sollten Sie einen wirklich ausreichenden Bereich mit nicht brennbarem Bodenschutz als Schutz vor Funkenflug und als Schutz vor heraus fallendem brennendem Holz ausstatten. Ob es eine feuerfeste Glasbodenplatte, Fliesen oder ähnlich geeignetes Material ist, bleibt Ihnen überlassen. Es gibt auch hier eine reiche Auswahl.

9.6.3 Rauchmelder

Rauchmelder sollten heutzutage eigentlich standardmäßig in jedem Haus installiert sein. Dies gilt umso mehr, wenn eine Feuerstätte betrieben wird. Rauchmelder kosten nicht mehr viel und alarmieren recht zuverlässig bei Rauch. Aber bitte installieren Sie den Rauchmelder nicht unmittelbar oberhalb des Kamins, da Sie beim Öffnen der feuerfesten Glastür immer mit etwas austretendem Qualm rechnen müssen.

9.6.4 Zahnreihe/Schutzgitter

Da beim Herunterbrennen des Holzes im Kamin das Glutholz instabil wird, kann festeres Holz von oben herunterrutschen. Zum Schutz vor dem Herausfallen (bei geöffneter Tür) von brennendem Holz, aber auch um die Glasscheibe zu schützen, sind Zahnreihen oder auch Schutzgitter im unteren Bereich vor der Glasscheibe eine sinnvolle Sache.

9.6.5 Feuerlöscher

Fast zu grundlegend und selbstverständlich, um sie explizit zu erwähnen, sind Feuerlöscher in einem Haus. Das umso mehr als ein Kamin im Haus vorhanden ist. Nehmen Sie das nicht auf die leichte Schulter. Am besten bringt man einen kleinen Feuerlöscher in der unmittelbaren Nähe des Kamins unter und einen „normalen" an einer anderen leicht zugänglichen Stelle im Haus.

Da das Löschmittel im Feuerlöscher, je nach Größe, eventuell nur einige Sekunden ausreicht, sollten wichtige Hinweise beachtet werden, um die Löschwirkung zu optimieren:

- Personenschutz geht immer vor!
- Erst unmittelbar am Brandherd den Feuerlöscher betätigen!
- Besser mehrere Feuerlöscher gleichzeitig als nacheinander betätigen!
- ...

Informieren Sie sich unbedingt über die Handhabung des Feuerlöschers im Brandfall.

9.7 Stromführende Komponenten – Stromausfall

Viele zum funktionsfähigen Betrieb eines wasserführenden Kamins notwendige Komponenten wie Regelthermostat, Pumpe usw. erfordern Strom. Sicherheitskomponenten sind deshalb unter anderem wegen der Möglichkeit eines Stromausfalles erforderlich. **Gerade die Erfordernis stromführender Komponenten sind ein gewaltiger Nachteil wasserführender Kamine.** Wie groß dieser Nachteil sich auswirken kann, das haben die Bewohner in Nordrhein-Westfalen im Münsterland im Winter 2005 erfahren müssen, als reihenweise Strommasten den Schneelasten zum Opfer fielen. Während sich Besitzer nicht wasserführender Kamine helfen konnten und ein Einfrieren von Leitungen in ihrem Haus verhinderten, mussten Besitzer wasserführender Kamine tatenlos zusehen, wie bei ihnen das Wasser in den Leitungen gefror. Sie konnten den wasserführenden Kamin nicht betreiben.

Sprechen Sie deshalb mit Ihrem Elektriker, wie Sie etwa mit einer kleinen Photovoltaikanlage und Batterien, oder mit einem Generator einen solchen Nachteil bei Ihnen vermeiden können.

10. Schornstein und Kamin als Einheit

Ebenso selbstverständlich wie Kamin und Schornstein zusammengehören, so komplex ist auch das Zusammenspiel von Schornstein und Kamin. Der Kamin ist auf jeden Fall vom Schornstein abhängig. Der Schornstein ist der Motor des Kamins. Wenn der Schornstein nicht funktioniert, kann der Kamin auch nicht funktionieren.

Wie sieht eigentlich die Funktion eines Schornsteins aus? Warum ziehen die Rauchgase den Schornstein hoch? Um zu funktionieren, benötigt der Schornstein eine Thermik. Zwei wesentliche Aspekte sorgen für das Entstehen einer Thermik. Mit Thermik ist bzw. sind im Wesentlichen die aufsteigende Luft oder hier die aufsteigenden Rauch- und Abgase gemeint. Wenn man ein Feuer im Kamin entzündet, wird es warm.

1) Durch die Wärme dehnt sich die Luft aus, die Rauch- und Abgase weisen also eine geringere Dichte auf als die Umgebungsluft.
2) Da die erwärmte Luft sich ausdehnt, benötigt sie mehr Volumen. Sie „drückt" damit die Umgebungsluft zur Seite.

Beide Aspekte (1 und 2) sorgen für das Entstehen einer Thermik, die sich jedoch immer erst langsam aufbaut. Der Auftrieb wird also primär durch die Dichtedifferenz der Rauch- und Abgase in Relation zur Umgebungsluft erreicht.

Auf Basis dieser beiden Hauptkriterien kann man auch leicht nachvollziehen, dass die Thermik umso besser ist, je mehr Energie das Feuer der Luft zuführt, je wärmer also die Rauch- und Abgase sind.

10.1 Die Tripelwerte

Die Tripelwerte werden vom Schornsteinfeger benötigt, damit er die Schornsteinberechnung durchführen kann.

Die Tripelwerte* sind:

- Abgastemperatur [in °C]
- Abgasmassenstrom [in g/s]
- Mindestförderdruck bei Nennwärmeleistung [in Pa]

*) Je nach zugelassenem Betriebsmodus können diese Werte jeweils sowohl für den offenen und/oder für den geschlossenen Betrieb als auch für verschiedene Brennstoffe erforderlich sein.

Die Tripelwerte eines Kamins kann nur der Hersteller selbst liefern.

10.2 Physikalische Besonderheiten der Abgase von wasserführenden Kaminen

Bei einem wasserführenden Kamin strömen die Rauchgase an dem Wasserteil vorbei und erwärmen dabei das Wasser auf der anderen Seite des Stahls. Dabei kühlen sich die Rauchgase natürlich ab. Das tun sie ungleich mehr als bei einem nicht wasserführenden Kamin, da der nicht wasserführende Kamin keine „kalten" Stahlwände hat. Damit wird dem Rauchgas ein gutes Stück seines Energiepotenzials entzogen, das zur Erzeugung einer guten Thermik benötigt wird. Das hat natürlich Konsequenzen, die es zu berücksichtigen gilt.

Ein wichtiger Ansatzpunkt ist, es den Rauchgasen so leicht wie möglich zu machen. Das kann konstruktiv erfolgen, indem

eine waagerechte Rauchgasführung vermieden wird.

Der Sachverhalt lässt sich leichter anhand von Skizzen darstellen. Die Rauchgasführung sollte unbedingt steigend verlegt werden, wobei steigend aber ein relativer Begriff ist und hier mit Hilfe von Skizzen, die Sie auf den nächsten Seiten finden, konkretisiert werden soll.

Bei all diesen Überlegungen darf nie außer Acht gelassen werden, dass es sich, wie bereits beschrieben, um wasserführende Kamine handelt, bei denen die Rauchgase abgekühlt werden. Allerdings geschieht das unterschiedlich stark und hängt auch von der jeweiligen Wasserwärmeleistung des Kamins ab. Wird relativ viel Wärme an das Wasser abgegeben, so kühlen sich die Rauchgase stärker ab und umso wichtiger wird es, die Rauchgasrohre mit ausreichender Steigung zu verlegen. Deshalb können die folgenden Beispiele nie absolut richtig oder falsch sein. Lediglich aus theoretischer Sicht müssen diese Aussagen gemacht werden, damit Fehler in der Rauchgasführung möglichst vermieden werden können.

Abb. 57 CTM

Auch wenn es sicherlich mehr Mühe erfordert, die Rauchgasrohre mit einer Steigung von 45° bis 60° in den Schornstein einzuführen, so lohnt sich die Arbeit eigentlich immer, wenn man an die Folgen denkt, die eine falsche Rauchgasführung bewirken kann. Näheres hierzu erfahren Sie im folgenden Kapitel 10.3, in dem es eben um die Auswirkungen geht, die aus falsch verlegten Rauchgasrohren resultieren können.

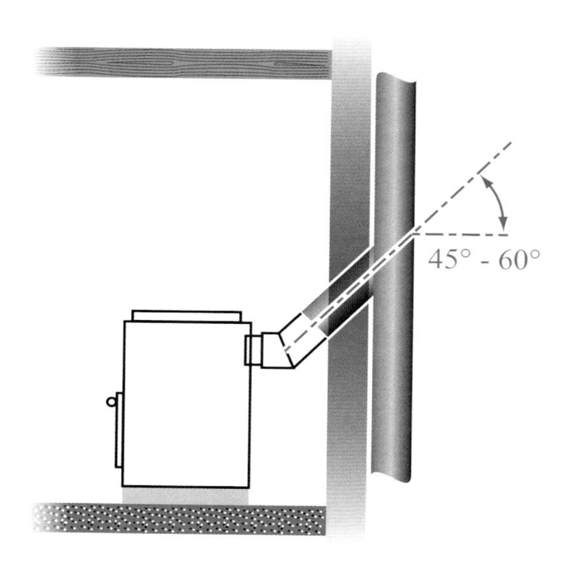

Skizze 18: Beispiel 1
Richtige Verlegung der Rauchgasrohre

Der Rauchgasanschluss an diesem Beispielkamin ist seitens des Herstellers **waagerecht nach hinten abgehend** ausgeführt. Er wurde danach konstruktiv vom Bauherrn sofort mit einer ausreichenden Steigung von 45-60 °C in den Schornstein geführt. Die Rauchgasrohre sind auch im Wandbereich steigend verlegt.

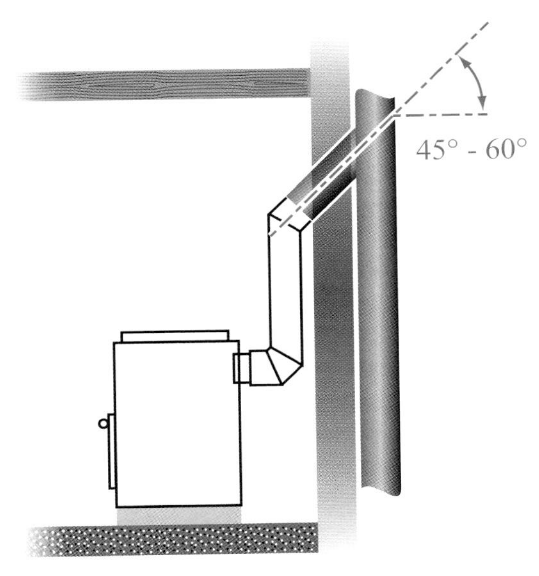

Skizze 19: Beispiel 2
Richtige Verlegung der Rauchgasrohre

Der Rauchgasanschluss an diesem Beispielkamin ist seitens des Herstellers **waagerecht nach hinten abgehend** ausgeführt. Er wurde danach konstruktiv vom Bauherrn erst nach ca. 1-1,5 m mit einer ausreichenden Steigung von 45-60 ° C in den Schornstein geführt. Die Rauchgasrohre sind auch im Wandbereich ausreichend steigend verlegt.

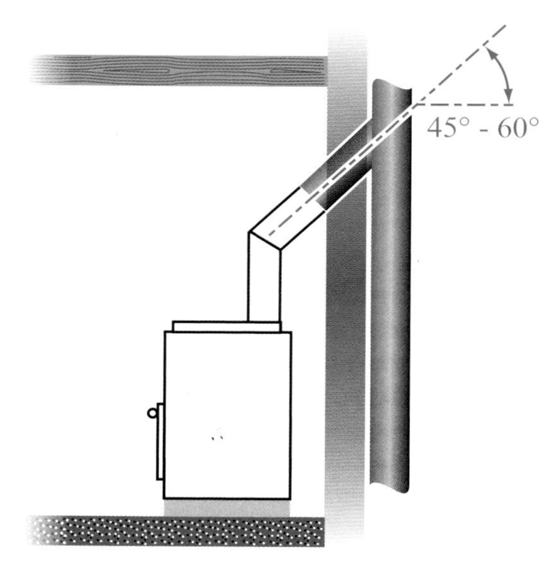

Skizze 20: Beispiel 3
Richtige Verlegung der Rauchgasrohre

Der Rauchgasanschluss an diesem Beispielkamin ist seitens des Herstellers **senkrecht nach oben abgehend** ausgeführt. Er wurde danach konstruktiv vom Bauherrn erst nach ca. 1-1,5 m mit einer ausreichenden Steigung von 45-60 ° C in den Schornstein geführt. Die Rauchgasrohre sind auch im Wandbereich ausreichend steigend verlegt.

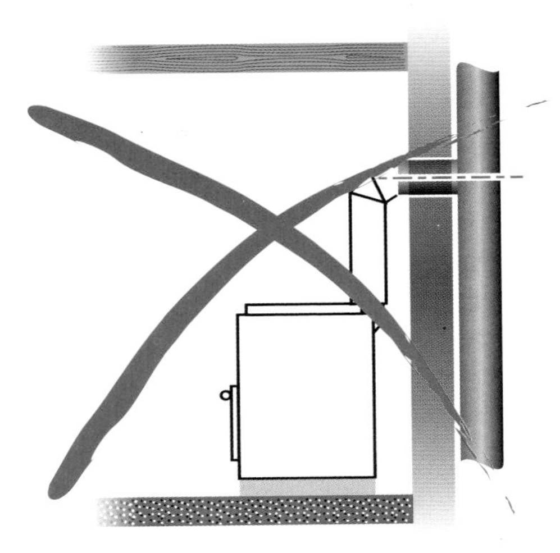

Skizze 21: Beispiel 4
Falsche Verlegung der Rauchgasrohre

Der Rauchgasanschluss an diesem Beispielkamin ist seitens des Herstellers **senkrecht nach oben abgehend** ausgeführt. Er wurde danach konstruktiv vom Bauherrn erst nach ca. 1-1,5 m mit einer nicht ausreichenden Steigung nur waagerecht in den Schornstein geführt.

Es spielt dabei keine Rolle, wie genau im Einzelnen der Rauchgasanschluss seitens des Herstellers ausgeführt ist. Wichtig ist nur, dass Sie als Bauherr die Rauchgasrohre möglichst steigend verlegen.

Hinweis des Autors:

Dieses vom Autor mit „falsch" gekennzeichnete Beispiel meint die theoretische Sichtweise der Rauchgasführung. Es gibt trotzdem viele wasserführende Kamine, die vom Bauherrn mit einer waagerechten Rauchgasstrecke ausgeführt wurden und dennoch gut funktionieren. Aber bei Problemen mit der Rauchgasabführung haben konstruktive Änderungen durch den Umbau von einer waagerechten Rauchgasstrecke zu einer ausreichend steigend verlegten Rauchgasstrecke oft schon merkliche Verbesserungen gebracht.

10.3 Auswirkungen bei falsch verlegten Rauchgasrohren

Leider gibt es keine exakte Wissenschaft, die einen Schornstein so berechnet, dass theoretische Modelle in der Praxis nachzuweisen sind. Hier spielen empirische Werte eine große Rolle. Sicherlich gibt es gute Berechnungsprogramme zu der Thematik, die ihr Geld wert sind, aber eine Garantie darauf erhält man nicht. Tatsächlich kann man es erleben, dass zum Beispiel bei identischen Häusern einer Reihenhaussiedlung mit wirklich vergleichbaren Kaminen, sich trotzdem einige Häuser finden, bei denen der Schornsteinzug einfach nicht in Ordnung ist. Warum, das kann leider auch niemand erklären, aber das nützt den Betroffenen dann nichts. Dass ein Schornsteinzug nicht zufrieden stellend arbeitet, kann sich darin äußern,

- dass die feuerfeste **Glastür** nach einiger Zeit (30 Minuten, 1-2 Stunden oder 1-2 Tagen, ...) so **schwarz und verdreckt** ist, dass Sie das Gefühl haben, Sie müssen die Glastür öffnen, um nachzusehen, ob das Feuer überhaupt noch brennt
- dass beim Öffnen der feuerfesten Glastür **unangenehm viel Rauch in das Zimmer strömt** und Sie anfangen, den Ruß zu riechen und zu schmecken. Sie können schon kaum noch dagegen an lüften, was im Winter besonders unangenehm ist, da das Zimmer recht schnell abkühlt
- dass Sie das Gefühl haben, dass **Rauchgase** zum Beispiel durch die Lüftungsschlitze der feuerfesten Glastür **in das Zimmer dringen**
- dass die **Wasserwärmeleistung sehr schlecht ist**, da das Holz nur schlecht abbrennt und das Feuer immer beinahe ausgeht.

Diese negativen Auswirkungen sind erst einmal unabhängig davon, ob Sie einen wasserführenden Kamin haben oder nicht. Nur ist eben die Wahrscheinlichkeit dafür bei einem wasserführenden Kamin aufgrund des niedrigeren Energiepotenzials der Rauchgase größer.

Abb. 58 Wamsler

Natürlich müssen die Auswirkungen nicht unbedingt an falsch verlegten Rauchgasrohren liegen. Es könnte auch sein, dass die Parameter des Kamins und des Schornsteins einfach nicht zueinander passen, dann spielen die Rauchgasrohre bei Störungen kaum mehr eine Rolle. Sie können nichts daran ändern, wenn etwa die vom Hersteller angegebenen Tripelwerte nicht richtig sind und der Schornsteinfeger daraufhin den Schornstein falsch dimensioniert oder umgekehrt. Falsche Tripelwerte kommen aber in der Praxis eigentlich nicht vor, da sie ja von einem renommierten Prüfinstitut ermittelt wurden.

Sie selbst haben es jedoch mindestens in der Hand, die Rauchgasrohrführung zu optimieren, um Mängel in diesem Bereich wenigstens ausschließen zu können. Wenn der Schornsteinzug zu stark ist, können Sie ihn immer noch mit einer Drosselklappe drosseln. Zieht er zu wenig, dann lässt sich das Problem nicht so leicht beheben. Berücksichtigen Sie also bei der Anschaffung eines Kamins nach Möglichkeit den richtigen Anschluss der Rauchgasrohre an den Schornstein.

Ein weiterer an dieser Stelle passender Punkt soll hier kurz angesprochen werden. Er ist immer wieder Anlass für Beschwerden und Streitigkeiten, auch die Foren im Internet sind voll davon.

Was können Sie tun, wenn Sie eine der genannten Auswirkungen selbst bemerken?

Nehmen wir an, Sie haben beispielsweise ein neues Haus gebaut, der Schornstein ist nach Angaben des Schornsteinfegers in Ordnung und entsprechend der Aussagen Ihres Kaminherstellers müsste eigentlich alles gut funktionieren.

Oder aber Sie wollten Energie sparen und haben sich für den nachträglichen Einbau eines Kamins entschieden. Ein Edelstahl-Schornsteinrohr wurde im Nachhinein an der Hausfassade befestigt und bis über das Dach gezogen. Aber leider zieht nun beim Kaminbetrieb der Rauch immer in das Zimmer.

Na ja, eigentlich ist es im Detail egal, wie es zu der Misere gekommen ist. Die Frage lautet immer, was muss getan werden, um hier Abhilfe zu schaffen.

Da ein Schornstein aus Sicht des Bauherrn erst einmal zum Haus gehört und meistens vor dem Kamin da steht, kommt er für den Bauherrn als Ursache gedanklich kaum in Betracht. Viele Betroffene richten ihren Beschwerdebrief deshalb meist an den Kaminhersteller und fordern Abhilfe ein. Das hilft ihnen nur meist nicht weiter. Der Grund ist eigentlich simpel. Der Kaminhersteller beruft sich zu Recht darauf, dass er Ihnen die Tripelwerte genannt hat. Der Kamin wurde mit diesen Werten geprüft, sie wurden von der zertifizierten Prüfstelle ermittelt. Also muss der Schornstein falsch dimensioniert oder andere Anschlüsse des Kamins müssen fehlerhaft sein.

Der schwarze Peter wird somit einfach an den Schornsteinfeger weiter gereicht. Dieser beruft sich nun auf die Tripelwerte des Kaminherstellers und seine darauf basierenden Berechnungen, die auf jeden Fall korrekt sind, da sie mit einem zugelassenen Programm ermittelt wurden.

Jetzt können Sie einem Anwalt einschalten, um zu klären, warum das Zusammenspiel der Komponenten Kamin und Schornstein nicht funktioniert.

Glück haben Sie, wenn alle Komponenten aus einer Hand kommen, also Kamin, Schornstein und sämtliches Zubehör, wenn möglich wurden auch die Anschlüsse von dieser Firma installiert. Dann haben Sie einen Ansprechpartner auch für etwaige Forderungen. Aber leider ist das eine Ausnahme, schon allein wegen des „Monopols" der Schornsteinfeger.

Leider gibt es Fälle mit schlecht funktionierenden Kaminen immer wieder. Und wie gesagt, die Rauchgasführung haben Sie selbst in der Hand.

Ein weiterer, extrem wichtiger Bereich ist die Zuluftleitung, über die die Verbrennungsluft dem Kamin zugeführt wird.

10.4 Die Zuluftleitung: Problemverursacher und die Lösung des Problems

Feuer benötigt Sauerstoff für die Verbrennung. Deshalb muss einem Feuer in einem Kamin Verbrennungsluft zugeführt werden. Grundsätzlich gibt es hier drei Möglichkeiten:

1) Verbrennungsluft wird ohne eine besondere Zuluftleitung dem Aufstellraum entnommen.
2) Verbrennungsluft wird über einen Zuluftschacht aus einem Schornstein entnommen.
3) Verbrennungsluft wird über eine Zuluftleitung von draußen oder aus dem Keller dem Kamin zugeführt.

In jeden Fall ist Punkt 1 die schlechteste Wahl. Diesen Punkt sollten Sie vorher ausführlich mit dem Hersteller und vor allem auch mit dem Schornsteinfeger besprechen. Vielleicht ergibt sich ja doch noch eine andere Möglichkeit.

Punkt 2 ist ebenso gut wie Punkt 3. Hier ist lediglich der Weg für die Zuluft ein anderer.

Grundsätzlich ist die Wahl einer richtigen Zuluftleitung von draußen die beste Alternative. Sie kann dann beispielsweise wie folgt (Punkt 3) realisiert werden:

- Sie haben einen Keller, legen die Leitung von außen durch den Keller und führen sie durch die Kellerdecke dem Kamin zu.
- Sie haben keinen Keller und führen die Zuluftleitung unter der Betonplatte Ihres Hauses dem Kamin zu.

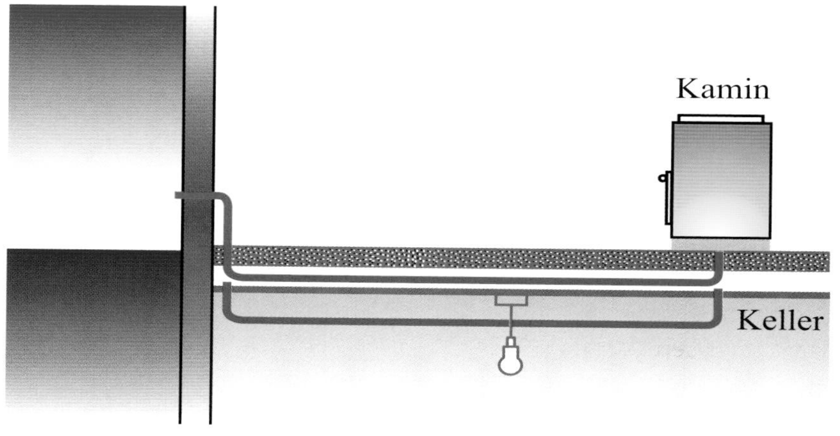

Skizze 22: Mögliche Zuluftleitung

Die Zuluftleitung hat immer eine gewisse Länge, einen bestimmten Durchmesser bzw. Querschnitt und vor allem, sie hat einen oder mehrere Bögen und Umlenkungen. Gerade aber diese Bögen und Umlenkungen erzwingen die Berechnung des erforderlichen Querschnittes der Zuluftleitung. Jeder Bogen und jede Umlenkung in der Zuluftleitung erhöhen den Widerstand einer Leitung, den die dort durchströmende Luft zu überwinden hat. Der sich durch die Art und Länge ergebende Gesamtwiderstand wird meist unterschätzt und eine Berechnung oftmals gar nicht durchgeführt. Dadurch kommt es oft zum Einbau einer zu kleinen Zuluftleitung. Die Auswirkungen können Sie dann im Kapitel 10.3 nachlesen.

Abb. 59 RIKA

Es ist egal, welche der drei Möglichkeiten Sie gewählt haben. Wenn Sie ein Problem mit dem Kamin haben, ziehen Sie unbedingt die Zuluftführung als Fehlerursache mit in Betracht. Ein erster simpler Test kann hier sofort aufzeigen, ob die Frischluftzufuhr als Fehlerquelle eine Rolle spielt.

Können Sie bei Ihrem Kamin eine Aschelade oder etwas Ähnliches herausziehen, um dadurch dem Feuer mehr Verbrennungsluft zuzuführen, dann testen Sie das. Bringt das eine Verbesserung des Flammenbildes, war vorher sehr wahrscheinlich die Zufuhr der Verbrennungsluft nicht ausreichend.

Beziehen Sie die Verbrennungsluft aus dem Aufstellraum, testen Sie (eventuell erst provisorisch mittels einer großen Leitung), ob eine Zuluftführung von draußen Abhilfe bringt. Vielleicht reicht es schon, die Terrassentür für einen Testbetrieb zu öffnen. Brennt das Feuer merklich besser, war die Zuluftführung vorher nicht ausreichend.

Viele Bauherren orientieren sich bei der Dimensionierung der Zuluftleitung an den geometrischen Gegebenheiten des Kaminanschlusses. Das ist leider fast immer falsch. Hat nämlich der Kamin einen Anschluss für eine Zuluftleitung von beispielsweise 60 mm Durchmesser, ist noch lange nicht gesagt, dass es ausreicht, die gesamte Zuluftleitung mit 60 mm Durchmesser zu verlegen. Vielmehr stellt die Stelle am Kamin mit den 60 mm Durchmesser nur eine Stelle in der gesamten Länge der Zuluftleitung dar. Diese Anschlussstelle besitzt einen gewissen

Widerstand, der aber grundsätzlich zu vernachlässigen ist und nur zu einem kleinen Widerstand der Gesamtleitung beiträgt.

Für den wirklichen erforderlichen Durchmesser der Zuluftleitung sollten Sie den Kaminhersteller fragen. Er kennt allerdings Ihr Haus nicht und kann damit wenig zur genauen Ausführung der erforderlichen Zuluftleitung sagen. Aber er kann Ihnen normalerweise den erforderlichen Mindestdurchmesser nennen. Die Zuluftleitung muss also eigentlich berechnet werden. Fragen Sie hierzu den Schornsteinfeger.

Im Zweifel allerdings gilt für die Zuluftleitung:

Sehen Sie die Zuluftleitung groß und besser noch größer vor.

Denn erstens wissen Sie nie, ob Sie nicht vielleicht irgendwann einen anderen Kamin anschließen wollen, der eine größere Zuluftmenge benötigt, und zweitens können Sie die Zuluftleitung im letzten Stück vor dem Kamin immer noch reduzieren bzw. die Zuluft durch den Feuerungsregler vermindern.

10.5 Der Schornsteinfeger

Betrachten Sie bitte den Schornsteinfeger als einen Freund und Helfer. Er ist es in der Tat. Ziehen Sie ihn unbedingt rechtzeitig schon im Vorfeld in Ihre Überlegungen zum Kaminkauf oder Hausumbau mit ein. Er berät Sie kostenlos und kompetent. Hier erhalten Sie

- eine unabhängige Beratung
- ausführliche Informationen zum sicheren Umgang mit Feuerungs- und Lüftungsanlagen
- Informationen zum Umweltschutz
- Informationen zum Brandschutz
- ...

Er kennt sich aus mit

- der Feuerungsverordnung
- der 1. BImSchV (1. Bundes-Immissionsschutzverordnung)
- der Energie-Einsparverordnung (EnEV)
- örtlichen Bestimmungen
- ...

Aber auch bei Problemen mit einer vorhandenen Feuerstätte berät Sie der Schornsteinfeger. Er misst beispielsweise auf Wunsch die Abgaswerte Ihrer Feuerstätte nach. Hegen Sie vielleicht Zweifel, ob der Zug des Kamins ausreicht, bestimmt er den Zug und sonstige wichtige Abgasparameter, die einen Rückschluss auf die Ursache der Probleme ermöglichen können.

Sobald Sie wissen, welchen Kamin Sie wollen, lassen Sie sich unbedingt die Tripelwerte geben, sofern diese nicht sowieso den Prospektunterlagen beiliegen. Mit den Tripelwerten und Prospektunterlagen gehen Sie zu dem für Sie zuständigen Schornsteinfeger. Er wird Sie beraten,

- welchen Schornstein Sie benötigen, ob ein eventuell vorhandener Schornstein ausreichend ist usw.
- wie Sie die Zuluftführung optimal gewährleisten
- welche Brandschutzmaßnahmen Sie beachten müssen
- ...

Ganz besonders wichtig für eine rechtzeitige Kontaktaufnahme mit dem Schornsteinfeger ist, dass der Schornsteinfeger normalerweise die Feuerungsanlage nach Fertigstellung des Einbaus abnehmen muss. Mit der Abnahme bescheinigt er auch die Brandsicherheit. Sie sollten diese Unterlagen sorgfältig aufbewahren oder besser noch Ihrer Versicherung zukommen lassen. **Die Versicherer verlangen nämlich die Abnahme der Feuerungsanlage durch den Schornsteinfeger.** Es mag nationale Besonderheiten in anderen Ländern Europas geben, was die Abnahmepflicht durch den Schornsteinfeger betrifft, aber letztlich möchten alle Versicherer einen Nachweis der Brandsicherheit von Feuerungsanlagen haben. Spätestens wenn der Schadenfall eingetreten ist, kann Ihnen das sonst schmerzlich bewusst werden. Bitte beachten Sie in diesem Zusammenhang, dass die Feuerungsanlage

- aus der Feuerstätte
- dem Verbindungsstück
- und der dazu gehörigen Abgasanlage

besteht.

10.6 Der Schornsteinbrand

Es kann immer mal zu einem Schornsteinbrand kommen, daher muss man gerade im Zusammenhang mit wasserführenden Kaminen darüber informiert sein. In letzter Zeit ist eine starke Zunahme von Schornsteinbränden festzustellen. Durch die Steigerung der Energiekosten greifen immer mehr Leute zu alternativen Heizmöglichkeiten wie Kaminen. Bei der Verfeuerung von festen Brennstoffen wie Holz oder Kohle fällt deutlich mehr Ruß an und dieser Rußanteil ist bei wasserführenden Kaminen sogar noch ungleich höher. Es resultiert daraus, dass

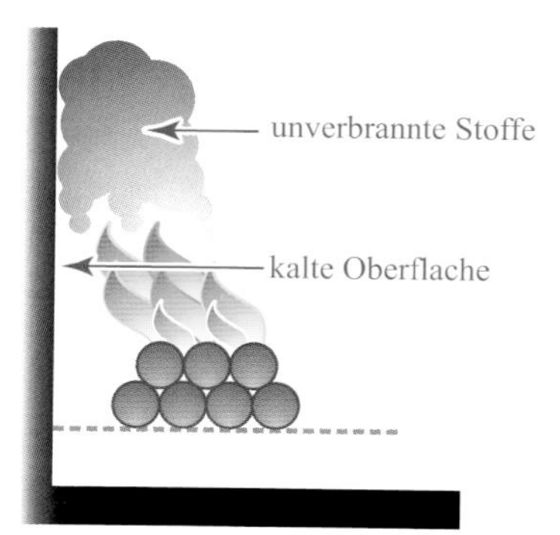

Skizze 23: Schlechte Verbrennungsumgebung

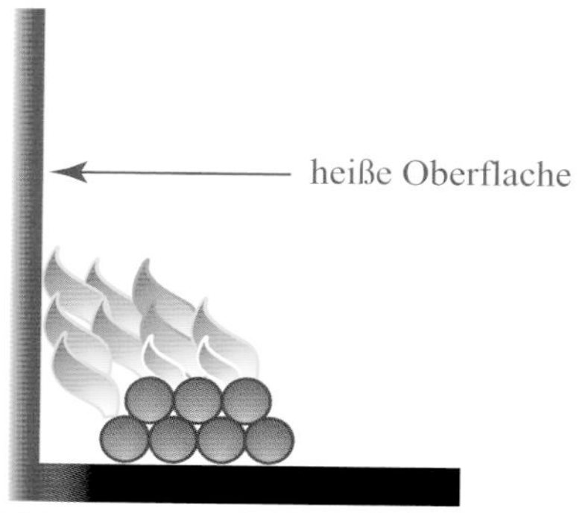

Skizze 24: Gute Verbrennungsumgebung

durch die Absenkung der Verbrennungstemperatur wegen der „kalten“ wasserführenden Wände der Brennstoff schlechter verbrennt.

Eine weitere, wenn nicht sogar die Hauptursache, die zur Entstehung von Schornsteinbränden führt, ist die Verfeuerung von zu feuchtem Holz. Oftmals beträgt der Feuchtigkeitsgehalt von Brennholz noch etwa 30 %, was einfach zu viel ist.

Bei guter Verbrennung ist der Ruß wirklich trocken und haftet nur recht locker an den Innenwänden des Schornsteins. Je weiter sich der Ruß „durchfeuchtet“, desto eher schlagen sich Teer- und Wasserdämpfe an den Innenwänden des Schornsteins nieder. Es entsteht so an der Innenwand des Schornsteins eine klebrige und schmierige Masse, deren Entfernung nicht immer möglich und auf keinen Fall leicht ist. Wenn die feuchten Anteile dieser Masse austrocknen, entsteht das, was man als Glanzruß bezeichnet. Dieser Ruß besteht aus reinem Kohlenstoff, der wirklich sehr gut brennt.

Man unterscheidet bei Schornsteinbränden die verschiedenen Brände nach

- Staubruß- und Flockenbränden
- Hartrußbränden
- Glanzrußbränden.

Bei Flocken- oder Staubrußbränden „wehen“ die brennenden Flocken aus dem Schornstein, hier muss auf den Schutz benachbarter Gebäude geachtet werden. Dieser Schornsteinbrand selbst kann relativ leicht bekämpft werden, indem mit einem Stahlbesen der Ruß von den Innenwänden abgefegt wird.

Während die Entfernung des Rußes bei einem Hartrußbrand kaum noch geht, ist es bei einem Glanzrußbrand überhaupt nicht mehr möglich. Damit ist der Glanzrußbrand der gefährlichste Schornsteinbrand. Die Temperaturen können hier 1.000 bis 1.400 °C und sogar noch mehr erreichen.

Bei diesen Temperaturen dehnt sich der Ruß um das sieben bis neunfache (oder sogar noch mehr) aus. Diese Tatsache kann einen Schornstein geradezu explodieren lassen.

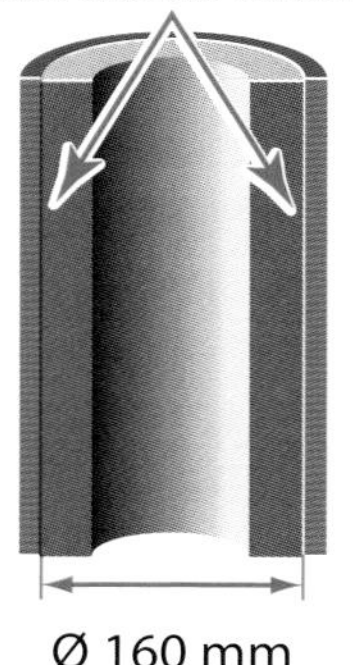

Skizze 25: Glanzruß an der Schornsteininnenwand

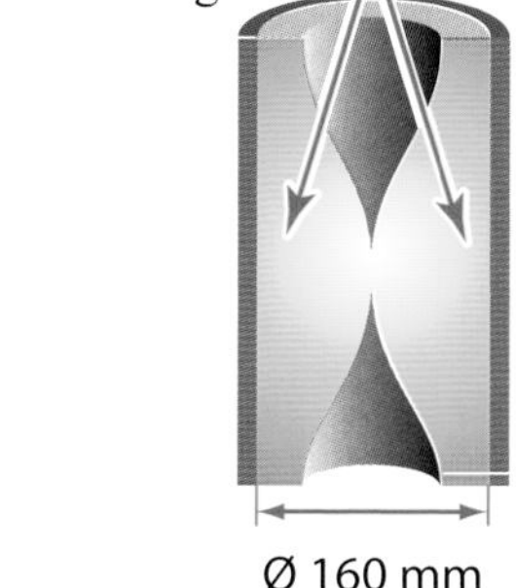

Skizze 26: Der Glanzruß hat Feuer gefangen

Anhand der folgenden Skizzen zeigt sich eindrucksvoll, wie sich eine relativ dünne Schicht Glanzruß bei Brandtemperaturen um die 1.000 °C so ausdehnt, dass sie den Schornsteinquerschnitt zumacht und damit Kräfte entstehen lässt, die den Schornstein während des Brandes zum Bersten bringt. Nun verläuft ein Schornstein durch alle Geschosse hindurch und man kann sich leicht vorstellen, wie die Folgen im Falle eines Brandes sein werden. Selbst wenn der Schornstein nicht auseinander reißt, ist die Gefahr, dass es zu einer Verqualmung des gesamten Hauses kommt, enorm.

Und selbst nachdem der Glanzruß abgebrannt ist, ist die Gefahr noch lange nicht gebannt. Der Ruß kann inklusive seiner „Nachheizphase" noch lange enorme Hitze erzeugen und halten. Der Schornstein kann die Hitze so intensiv weiterleiten, dass angrenzende Bauteile derart erwärmt werden können, dass sie selbst in Brand geraten. Auch nach dem akuten Brand muss deshalb alles ganz genau überwacht werden.

Einen Schornsteinbrand wird man aufgrund seiner besonderen Brandeigenschaften deshalb meistens „kontrolliert" abbrennen lassen und nicht löschen. Wobei kontrolliert hier eigentlich nur für genaue Beobachtung steht. Wirklich unter Kontrolle hat man einen solchen Brand nicht.

Genau aus diesem Grund wird heute, sofern die Notwendigkeit rechtzeitig erkennbar wird, der Schornstein „vorher" mit einer Art „Bohrwinde" gereinigt. Die Bohrwinde ist eine Art Bohrer, der in Abhängigkeit des Schornsteindurchmesser gewählt wird. Eine solche notwendige Aktion erfordert natürlich ein regelmäßiges Fegen und Kontrollieren des Schornsteins, was eigentlich selbstverständlich sein sollte.

Beim geringsten Verdacht eines Schornsteinbrandes sollten Sie sofort die Feuerwehr rufen.

Was Sie auf keinen Fall machen dürfen:

Niemals mit einem Schlauch oder Ähnlichem das Feuer im Schornstein mit Wasser löschen.

Abb. 60 wodtke

Das Wasser würde bei den hohen Temperaturen sofort verdampfen und aus 1 Liter Wasser können 1.500 Liter und mehr Wasserdampf entstehen. Dieses Volumen an Wasserdampf wird enormen Druck auf den Schornstein ausüben, so dass er regelrecht bersten wird und das Feuer eher verbreitet als gelöscht wird.

Vorbeugung:

Schauen Sie sich zusammen mit dem Schornsteinfeger Ihren Schornstein an, wenn er zum Fegen kommt. Besprechen Sie mit ihm, was er von dem Ruß an den

Innenwänden des Schornsteins hält. Dies ist meist der einzige Hinweis auf einen möglichen Schornsteinbrand.

Ansonsten sollten Sie unbedingt darauf achten, dass Sie Ihr Holz mindestens zwei Jahre trocknen lassen. Ein Holzfeuchtemessgerät können Sie bereits für ca. 20 EUR erwerben und es hilft Ihnen, die relative Feuchtigkeit des Holzes zu messen. Beträgt die Feuchtigkeit des Holzes noch deutlich über 20 %, ist es noch nicht ausreichend getrocknet und gefährdet Ihren Schornstein. Das ist besonders wichtig bei einem wasserführenden Kamin. Aber beachten Sie: Holz, das zwei Jahre zum Beispiel in der Garage gelagert wurde, ist zwar zwei Jahre alt, aber wahrscheinlich nicht trocken. Trocknen kann Holz nur, wenn ausreichend Wind um das Holz herum wehen kann. Auch Holz aus einfachen Holzstapeln, die dem Regen ausgesetzt sind, sind zum Verbrennen in einem Kamin nicht geeignet. Zum Trocknen

- muss das Holz dem Wind ausgesetzt sein und
- vor Regen geschützt lagern.

Abb. 61 RIKA

11. Prüfungen, Vorschriften und Abnahme der Feuerstätte

Abb. 62 PLEWA

Aufgrund des besonderen Gefährdungspotenzials von Kaminen, speziell auch von wasserführenden Kaminen, müssen die Hersteller natürlich Auflagen erfüllen und ihre Produkte prüfen lassen. Früher wurden die wasserführenden Kamine vorwiegend als Produkte betrachtet, die der Dampfkesselverordnung (DampfKV) und damit den Anforderungen der DIN 4702 Teil 1 unterlagen. Es gab keine speziellen Vorgaben für wasserführende Kamine, da sie quasi neu auf den Markt kamen, deswegen wurden sie wie normale Festbrennstoffkessel behandelt.

Da die Normen einem ständigen Wechsel unterliegen, wurden wasserführende Kamine zwischenzeitlich auch einmal wie Druckbehälter behandelt und nach den Vorgaben der Druckgeräterichtlinie geprüft. Im Zuge der Normenanpassung innerhalb der EU, der Harmonisierung der Normen, greifen mittlerweile immer mehr EN-Normen. In Deutschland werden sie DIN EN-Normen genannt. Die geltenden Vorgaben für Normen und wann diese für welche Geräte anzuwenden sind, ist selbst für einen Fachmann nicht mehr einfach zu beherrschen. So gab es zum Beispiel lange Zeit Bauartzulassungen für wasserführende Kamine, die der Zuständigkeit der Bezirksregierungen unterstanden. Bezirksregierungen sind zwischenzeitlich nicht mehr zuständig, zumindest nicht mehr alleine. Die Bauartzulassungen sind geblieben. Als potenzieller Kunde können Sie aber kaum erkennen, ob die Nennung der Bauartzulassung eines Herstellers ein ausreichendes Kriterium für eine gültige Prüfung seiner Produkte ist.

Eine relativ einfache Möglichkeit ist die frei zugängliche Einsicht in die Bauregellisten. Sie können sie im Internet beim Deutschen Institut für Bautechnik in Berlin (**www.dibt.de**) einsehen. Leider müssen Sie sich dort erst einmal registrieren. Das ist zwar kostenlos, aber meiner Meinung nach eigentlich etwas hinderlich. Wenn der Hersteller mit seiner Bauartzulassung nicht in den dortigen Bauregellisten genannt ist, sollten Sie diesbezüglich zumindest nachforschen und nachfragen.

Allerdings haben sich im Zuge der Harmonisierung die Spielregeln für die Zulassungen der Herstellerprodukte geändert. So muss ein wasserführender Kamin nur noch von einer anerkannten Prüfstelle nach der EN-Norm geprüft werden. Besteht der Hersteller diese Prüfung, darf er das Produkt innerhalb von Europa in den Verkehr bringen. Nationale Besonderheiten wie spezielle Abgaswerte müssen natürlich jeweils nachgewiesen werden. So hat beispielsweise Österreich sehr strenge Vorgaben. Ähnliche Vorgaben gelten regional begrenzt auch in Deutschland. So müssen etwa in Regensburg oder München die speziellen Regensburger bzw. Münchener Vorgaben nachgewiesen werden, sofern dort ein Kamin abgenommen werden soll. Solche mit dieser EN-Norm zugelassenen Produkte stehen nicht mehr in den Bauregellisten des Deutschen Institutes für Bautechnik.

Außerdem werden die Emissionsbelastungen von Kaminen in ihrer aktuellen Wahrnehmung als zu schädlich eingestuft. Mit Blick auf die Themen Klimawandel, Umweltschutz und Feinstaub werden die Emissionen von Kaminen in Öffentlichkeit und Politik verschärft wahrgenommen. Das spiegelt sich dann in den entsprechenden Gesetzen, Normen und Verordnungen wider. Wie alles politisch geregelte in diesem Bereich sollen die Anstrengungen dem Klimaschutz und vergleichbaren Zielen dienen. Unter dem Strich kostet es Sie auf jeden Fall mehr Geld.

Diese neueren EN-Normen sind:

- EN 13229 – Kamineinsätze einschließlich offene Kamine für feste Brennstoffe
- EN 13240 – Raumheizer für feste Brennstoffe
- EN 12815 – Herde für feste Brennstoffe
- EN 14785 - Häusliche Feuerstätten zur Verfeuerung von Holzpellets. Anforderungen

Je nach Produkt können auch die folgenden Normen interessant sein:

- EN 12809 – Heizkessel für feste Brennstoffe
- DIN 18841 – Überwachungseinrichtungen für den gemeinsamen Betrieb von raumluftabhängigen Feuerstätten und raumlufttechnischen Anlagen
- EN 1443 – Abgasanlagen – Allgemeine Anforderungen
- EN 13084 – Freistehende Schornsteine
- EN 14989 – Abgasanlagen und Zuluftschächte für raumluftunabhängige Feuerstätten – Anforderungen und Prüfverfahren
- ...

Die jeweiligen Normen zu kennen und sei es auch nur von deren Existenz zu wissen, ist für den interessierten Kaminkunden als Laien kaum möglich und nötig. Sie sollten sich lediglich vom Hersteller die Norm nennen lassen, nach der das Produkt geprüft und zugelassen wurde. Ihr Schornsteinfeger kennt sich da aus und kann Ihnen bei Fragen weiter helfen. Gerade auch der Bereich der Übergangszeiten, in denen es zwar die neueren Normen bereits gibt, aber Zulassungen nach älteren Normen noch für eine gewisse Übergangsfrist gelten, macht diese Thematik etwas undurchschaubar.

Wichtig sind in diesem Zusammenhang noch

- das CE-Zeichen oder
- das Ü-Zeichen.

Eines der beiden Zeichen sollte Ihr Wunschkamin auf jeden Fall aufweisen. Darauf sollten Sie achten.

Wie Sie bereits wissen, muss der Schornsteinfeger die Feuerungsanlage abnehmen und deren Brandsicherheit bestätigen. Wenn Ihr Wunschkamin nicht mit der entsprechenden Zulassung und dem CE-Zeichen aufwarten kann, kann es passieren, dass der Schornsteinfeger die Abnahme verweigert. Leider kommt so etwas immer wieder einmal vor. Wenn Sie das Geld für Ihren Wunschkamin bereits bezahlt haben, wird es für Sie sehr schwer werden, es wieder zurück zu bekommen.

11.1 Die Novellierung der 1. BImSchV

Unterscheidung

Bitte verwechseln Sie hier nicht die Verordnung mit dem Gesetz. Das Bundes-Immissionsschutzgesetz ist das Gesetz zum Schutz vor schädlichen Umwelteinwirkungen durch Luftverunreinigungen, Geräusche, Erschütterungen und ähnliche Vorgänge. Das Gesetz regelt bisher 33 Rechtsverordnungen, u.a. die 1. BImSchV.

Die **1. BImSchV** – erste Verordnung zur Durchführung des Bundes-Immissionsschutzgesetzes ist die Verordnung über kleine und mittlere Feuerungsanlagen. Diese Verordnung ist die Basis für die Errichtung, die Beschaffenheit und für den Betrieb von Feuerungsanlagen, die keiner Genehmigung nach § 4 des Bundes-Immissionsschutzgesetzes bedürfen. Die 1. BImSchV ist deshalb auch die Grundlage für den Schornsteinfeger zur Beurteilung von Feuerungsanlagen. Die 1. BImSchV ist nun im Zuge einer Novellierung mit Wirkung zu Anfang 2008* verändert worden. Welche wesentlichen Änderungen damit einhergehen und welche Auswirkungen das für aktuelle und zukünftige Kaminbetreiber mit sich bringt, darum soll es in diesem Kapitel gehen.

*) Bei Drucklegung noch nicht genauer bekannt!

11.2 Gründe für die Novellierung der 1. BImSchV

Bei der 1. BImSchV geht es, wie der Name bereits sagt, primär um die Immissionen von Feuerungsanlagen, genauer um die für Mensch und Umwelt schädlichen Stoffe in den Abgasen von Feuerungsanlagen. Täglich gehen viele Beschwerden, die die Abgase von benachbarten Feuerungsanlagen betreffen, beim Bundesministerium für Umwelt,

Naturschutz und Reaktorsicherheit (BMU) ein. Die Beschwerden beziehen sich darauf, dass

- es „stinkt"
- man die Fenster nicht mehr zum Lüften öffnen kann
- es Ängste um die Gesundheit gibt usw.

Abb. 63 CLAM

Die bisherige 1. BImSchV regelte im Wesentlichen Feuerungsanlagen ab 15 kW Nennwärmeleistung. Damit waren aber der größte Teil der Kaminöfen von dieser Verordnung nicht nennenswert betroffen. Um

- den Beschwerden vieler Leute, aber
- besonders auch um dem Klimaschutz gerecht zu werden und
- nicht zuletzt wegen der Überschneidung mit anderen EU-Normen

erfolgte nun eine Novellierung der 1. BImSchV.

Nach Erkenntnissen der Bundesregierung sind kleine und mittlere Feuerungsanlagen der Haushalte und Kleinverbraucher eine bedeutende Quelle für verschiedene Luftschadstoffe. Die Feinstaubemissionen in Deutschland durch private und gewerbliche Holzverbrennung tragen zu etwa 13 % zu den gesamten Feinstaubemissionen in Deutschland bei und liegen damit in derselben Größenordnung wie die motorischen Emissionen des Straßenverkehrs. Wesentliche Merkmale der Novellierung betreffen deshalb

- die Feinstaubelastung
- den Kohlenstoffmonoxidausstoß sowie
- polyzyklische aromatische Kohlenwasserstoffe (PAK).

Abb. 64 HWAM

Vor allem mit Festbrennstoffen (primär Holz, Kohle) befeuerte Kleinfeuerungsanlagen tragen zu diesen Emissionen bei. Wegen des starken und anhaltenden Booms bei Holzfeuerungsanlagen ist hier mit einem Anstieg der Emissionen zu rechnen. Um den Anstieg der Emissionen zu bremsen, werden Anforderungen an den Betrieb von Feuerungsanlagen als Steuerungsinstrument herangezogen. Bei der Novellierung der 1. BImSchV ging es also in erster Linie darum, die Anforderungen an den verbesserten Stand der Technik der Emissionsminderung anzupassen, und damit darum, den technischen Weiterentwicklungen Rechnung zu tragen.

Die Zielsetzung für die Novellierung der 1. BImSchV ist damit als „gute Sache" zu akzeptieren. Ob die Umsetzung dem erklärten Ziel gerecht wird, bleibt abzuwarten.

11.3 Wesentliche Änderungen der 1. BImSchV

In Deutschland gibt es ca. 15 Millionen Kleinfeuerungsanlagen mit festen Brennstoffen. Davon sind jedoch nur ca. 800.000 wasserführende Kamine. Von der Novellierung der 1. BImSchV sind also ca. 15 Millionen aktive Kleinfeuerungsanlagen und natürlich alle Neuanschaffungen betroffen. Aber wie, wo und wann genau sind diese hier betroffen? Welche Änderungen sind zu beachten und haben einen wesentlichen Charakter?

Nach derzeit geltender Rechtslage müssen Feuerungsanlagen in privaten Haushalten nicht genehmigt werden. Was jedoch keineswegs bedeutet, dass es nicht definierte Anforderungen an deren Betrieb und Errichtung gibt, die eben unter anderem in der 1. BImSchV geregelt sind. Da der größte Teil der Holzfeuerungsanlagen Einzelraumfeuerungsanlagen sind, also etwa Kamin- oder Kachelöfen mit einer Nennwärmeleistung unter 15 kW, wurde in der neuen 1. BImSchV der Begriff „Einzelraumfeuerstätten" eingeführt, damit diese auch entsprechend erfasst werden können.

Wesentliche Änderungen für alle Feuerungsanlagen sind:

- Verbot des Einsatzes von Torfbriketts und Brenntorf in kleinen und mittleren Feuerungsanlagen
- Getreidekörner und ähnliche Brennstoffe sind mit in die Brennstoffliste aufgenommen worden
- Verschärfung der Emissionsgrenzwerte
- Berücksichtigung von Feuerungsanlagen ab 4 kW Nennwärmeleistung (bei Einzelraumfeuerstätten ab 8 kW)
- Änderung der Überwachungsregelungen
- Übergangslösungen für Altanlagen
- Neue Feuerungsanlagen mit flüssigem Wärmeträgermedium sollen mit einem Wasserwärmespeicher betrieben werden

Gab es bisher keine emissionsbegrenzenden Anforderungen für Einzelraumfeuerungen, so müssen sich diese demnächst den strengeren Grenzwerten stellen. Auch wenn in der Praxis eine Bescheinigung über die Einhaltung der Grenzwerte des Herstellers gegenüber dem

Schornsteinfeger ausreichen wird, so müssen sich die Feuerungsanlagen definierten Prüfstandskriterien unterwerfen.

Wesentlich für kaufinteressierte Kaminfreunde ist noch ein folgender Aspekt:

Als Übergangsregelung für Einzelraumfeuerungsanlagen wird in der 1. BImSchV festgelegt, dass die Einhaltung von Emissionsgrenzwerten nachgewiesen werden muss. Können Sie das nicht mit einer Herstellerbescheinigung, dann erfolgt der Nachweis durch Messungen. Einzelraumfeuerungsanlagen, die mit einer Herstellerbescheinigung die Emissionsgrenzwerte nachweisen können, sind:

- Feuerstätten nach EN 13240 (Raumheizer)
- Feuerstätten nach EN 13229 (Kamin- und Kachelofeneinsätze)
- Feuerstätten nach EN 14785 (Pelletöfen)

Kamine, die nicht nach diesen EN-Normen geprüft wurden und Kamine, die aus welchen Gründen auch immer, keine Herstellernachweise zu den Emissionsgrenzwerten vorweisen können, unterliegen einer Messpflicht um so die Einhaltung der Emsissionsgrenzwerte nachzuweisen. **Verantwortlich im Sinne der 1. BImschV ist hier der Betreiber.** Ergeben die Messungen, dass die Grenzwerte nicht eingehalten werden, so ist die Anlage bis zu einem (je nach Anschaffungsdatum der Feuerstätte) bestimmten Datum nachzurüsten oder stillzulegen.

Nachrüsten meint in diesem Fall, dass die Anlage nach dem Stand der Technik so nachzurüsten ist, dass die Grenzwerte eingehalten werden. In der Regel geht man von dem Einbau einer Filtereinlage aus.

Vorsicht:

Der beste und teuerste Filter nützt Ihnen gar nichts, wenn der Schornsteinzug dann nicht mehr ausreichend gegeben ist. Wissen Sie also bereits, dass Ihr Schornsteinzug leider nicht der beste ist, dann lassen Sie von einem solchen Filtereinbau unbedingt die Finger. So ein Filter ist nicht billig und die Montagekosten dürfen auch nicht vergessen werden. Liebäugeln Sie dann besser mit einem zu Ihrem Schornsteinzug passenden neuen Kamin.

Fragen Sie also unbedingt vor dem Kauf eines wasserführenden Kamins nach den entsprechenden EN-Normen, um möglichen Problemen im Zusammenhang mit der Messpflicht zu umgehen.

Mit dem Inkrafttreten der 1. BImSchV werden also strengere Emissionsgrenzwerte gelten. Sie werden in einer 2. Stufe - wahrscheinlich ab dem 1.1.2015 - nochmals deutlich reduziert. Die Werte werden für Kamine ab dem Inkrafttreten dieser 1. BImSchV gelten. Wichtig dabei ist, dass es für bestehende Anlagen einen langen Übergangszeitraum gibt und damit einen Substanzschutz bestehender Anlagen.

Eine Verteuerung bringt die zukünftige Vorgabe, wasserführender Kamine nur mit Warmwasserspeichern bzw. Pufferspeichern betreiben zu dürfen, mit sich. Da die meisten Interessenten wasserführender Kamine aber ohnehin einen Pufferspeicher in Betracht ziehen, alleine aus Sicherheitsgründen, ist das auch kein wirklicher Minuspunkt.

Jedenfalls führen die Änderungen im Rahmen der Novellierung der 1. BImSchV dazu, dass sich auch mehr Privatleute die 1. BImSchV etwas näher ansehen werden. Auch wenn sie nicht für den Privatmann gedacht ist, sondern eine Grundlage für Schornsteinfeger und Hersteller sein soll, so werden Diskussionen mit dem Schornsteinfeger das demnächst ändern können.

12. Förderprogramme und Fördermöglichkeiten

Maßnahmen zur Energieeinsparung und Nutzung erneuerbarer Energien fördert der Staat. Fördergeldgeber sind dabei in erster Linie:

- Bund
- Länder
- Gemeinden
- Energieversorger.

Zum Beispiel werden Pelletöfen gefördert, um die Umweltbelastung zu reduzieren, dazu tragen Pelletöfen mit besserer Effizienz bei hohem Wirkungsgrad in der Tat bei. Förderprogramme der Landesregierungen unterstützen also Maßnahmen wie energieeinsparende und umweltschonende Heiztechniken. Die Zahl der Förderprogramme ist recht groß. Zu beachten ist hierbei stets der Grundsatz:

Zunächst muss ein Antrag auf Bewilligung der Förderung gestellt werden.

Da Fördergelder in den heutigen Zeiten immer mehr zurückgefahren und gekürzt werden, sollten Sie speziell, je nach Bundesland, zu dem von Ihnen geplanten Investitionszeitpunkt nach Fördermöglichkeiten fragen. Wichtige Internetlinks für Deutschland sind hierbei:

- **www.kfw.de** (Kreditanstalt für Wiederaufbau)
- **www.bmwi.de** (Bundesministerium für Wirtschaft und Technologie)
- **www.bafa.de** (Bundesamt für Wirtschaft und Ausfuhrkontrolle)
- **www.energiefoerderung.info** (BINE Informationsdienst; wird realisiert in Partnerschaft mit der Deutschen Energie-Agentur GmbH)
- **www.umweltbundesamt.de**
- **www.bio-energie.de** (Fachagentur Nachwachsende Rohstoffe e.V. (FNR))

Teilweise gibt es auch regionale Förderprogramme, nach denen Sie sich selbst in Ihrer Region erkundigen sollten. Oftmals ist eine Förderung von Kaminprodukten gebunden an

- spezielle Prüfungen
- spezielle Umweltzeichen wie „Blauer Engel".

Welche Besonderheit jeweils gefordert wird, hängt vom Förderprogramm ab. Hier ist es an Ihnen, sich genauer zu informieren. Fragen Sie den Hersteller Ihres Wunschkamins, ob er Voraussetzungen für eine spezielle Förderung erfüllt. Im Folgenden erhalten Sie eine Übersicht wichtiger Anlaufstellen, wenn es um Förderungsmöglichkeiten geht. Allerdings zeigt die Praxis, dass es oftmals Förderprogramme gibt, die aber leider über kein Geld mehr verfügen. Informieren Sie sich deshalb bitte ganz genau, so dass Sie am Ende dann nicht enttäuscht werden.

12.1 Ansprechpartner für deutsche Förderprogramme: Der Bund

Bundesamt für Wirtschaft und Ausfuhrkontrolle (BAFA)
Holger Beutel
Referat 222-2
- Presse-und Öffentlichkeitsarbeit-
Frankfurter Straße 29 – 35
65760 Eschborn
Telefon: 06196 908-712
Telefax: 06196 908-496
Internetadresse: **www.bafa.de**

Kreditanstalt für Wiederaufbau (KfW)
Palmengartenstraße 5-9
60325 Frankfurt am Main
Tel: 069 7431-0
Fax: 069 7431-2888
Internetadresse: **www.kfw.de**

Bundesumweltministerium
Referat Öffentlichkeitsarbeit
11055 Berlin
Telefon: 030 / 18 305-0
Telefax: 030 / 18 305-2044
Internetadresse: **www.bmu.de**

Fachagentur Nachwachsende Rohstoffe e.V. (FNR)
Hofplatz 1
18276 Gülzow
Telefon: 0 38 43/69 30-0
Fax: 0 38 43/69 30-1 02
Internet: **www.fnr.de**

12.2 Ansprechpartner für deutsche Förderprogramme: Die Länder

Baden-Würtemberg:

KEA Klimaschutz- und Energieagentur
Baden-Würtemberg GmbH
Griebachstraße 10
D-76185 Karlsruhe
Tel.: 07 21 / 98 47 1-0
Internetadresse: **www.kea-bw.de**

Bayern:

Technologie- und Förderzentrum im Kompetenzzentrum für Nachwachsende Rohstoffe
Schulgasse 18
D-94315 Straubing
Tel.: 0 94 21/ 300-210
Internetadresse: **www.tfz.bayern.de**

Brandenburg:

Ministerium für Ländliche Entwicklung,
Umwelt und Verbraucherschutz
Referat 02 - Presse und Öffentlichkeitsarbeit
Heinrich-Mann-Allee 103
D-14473 Potsdam
Tel.: 03 31 / 86 6 - 0
Internetadresse: **www.mluv.brandenburg.de**

Bremen:

Bremer Investitions-Gesellschaft mbH
Kontorhaus am Markt
Langenstraße 2-4 (Eingang Stintbrücke 1)
D-28195 Bremen
Tel: 04 21 / 96 00 - 10
Internetadresse: **www.bia-bremen.de**

Hessen:

Hessisches Ministerium für Umwelt,
ländlichen Raum und Verbraucherschutz
Mainzer Straße 80
D-65189 Wiesbaden
Tel.: 06 11 / 8 15-0
Internetadresse: **www.hmulv.hessen.de**

Niedersachsen:

Niedersächsische Landestreuhandstelle
Postfach 37 07
D-30037 Hannover
Tel.: 05 11 / 3 61-57 73
Internetadresse: **www.lts-nds.de**

Nordrhein-Westfalen:

Bezirksregierung Arnsberg
Seibertzstr. 1
59821 Arnsberg
Tel.: 0 29 31/82 - 0
Internetadresse: **www.bezreg-arnsberg.de**

Rheinland-Pfalz:

Ministerium für Umwelt, Forsten u. Verbraucherschutz (MUFV)
Kaiser-Friedrich-Straße 1
D-55116 Mainz
Tel.: 0 61 31 / 16-0
Internetadresse: **www.mfuv.rlp.de**

Saarland:

Ministerium für Umwelt
Keplerstraße 18
D-66117 Saarbrücken
Tel.: 0681 / 501-4690
Internetadresse: **www.umwelt.saarland.de**

Sachsen:

Sächsisches Landesamt für Umwelt und Geologie
Energieeffizienzzentrum
Zur Wetterwarte 11
D-01109 Dresden
Tel.: 03 51 / 89 28-0
Internetadresse: **www.umwelt.sachsen.de**

Schleswig-Holstein:

Investitionsbank Schleswig-Holstein
Fleethörn 29-31
D-24103 Kiel
Tel.: 04 31 / 99 05 - 0
Internetadresse: **www.lb-sh.de**

Thüringen:

Thüringer Ministerium für Landwirtschaft,
Naturschutz und Umwelt
- Presse/Öffentlichkeitsarbeit -
Beethovenstraße 3
Postfach 10 21 53
D-99096 Erfurt
Tel.: 03 61-3 79 00
Internetadresse: **www.thueringen.de/de/tmlnu**

13. Holz & Co

„10 Raummeter Brennholz zu verkaufen" ➔ Dieses Zeitungsinserat verspricht viel, vor allem

- kein mühsames Bäume fällen im Wald
- kein umfangreiches Zerkleinern des gefällten Baumes
- keinen mühsamen Holztransport aus dem Wald heraus mit dem Anhänger.

Abb. 65 wodtke

Auf jeden Fall: gesparte Zeit und Mühe. Bei der Besichtigung des Brennholzes konnte man das Holz unter den ganzen Stein- und Schutttrümmern kaum ausmachen. Erste Sortierversuche sorgten für Verletzungen durch Holzsplitter, Nägel und Schrauben, die fest mit dem Holz verbunden waren. Von ersparter Mühe keine Rede. Offensichtlich stellt sich hier und überhaupt die Frage, was man unter Brennholz versteht.

Auf jeden Fall sollten beim Holzkauf die folgenden Punkte geklärt werden:

Welches Holz gibt es hier zu kaufen?
Wird Laubholz, Nadelholz oder anderes Holz angeboten?

Wie frisch ist das Holz? Welche Qualität hat es?
Müssen Sie selbst die Bäume noch fällen? Wenn nein, wie lange lagert das Holz schon? Wenn es bereits länger lagert, war die Lagerstätte gut abgedeckt und ausreichend belüftet?

Welcher Verarbeitungszustand wird angeboten?
Handelt es sich um kurze Baumstücke oder etwa schon um Scheitholzstücke? Oder handelt es sich um bereits vom Forstamt gestapelte zwei Meter lange Baumstämme?

Wie ist das Holz zugänglich?
Müssen Sie wie im obigen Beispiel erst den Bauschutt zur Seite räumen? Müssen Sie vielleicht erst zwei Bachläufe überqueren, durch Unterholz schlüpfen und den Morast im Wald überwinden?

Um welche Holzmenge handelt es sich?
Oftmals werden einfach leise und unverständlich x Meter Holz angeboten. Aber sind es Raummeter oder Festmeter? Oder handelt es sich um Schüttraummeter? Na ja, und zum Schluss:

Was kostet das Holz?
Regional gibt es hier je nach Holzvorkommen erhebliche Unterschiede im Preis. Ebenso sind zeitlich große Preisunterschiede möglich. So kann man oftmals nach einem heftigen Sturm günstiges Holz erwerben, das bereits vom Wind gefällt wurde.

Um auf das obige Beispiel zurück zu kommen: Egal, welches Holz hier angeboten wird. Wer auch nur etwas von der Arbeit zur Scheitholzgewinnung versteht, und das wird jeder von sich behaupten, der einmal Holz aus dem Wald geholt und zerkleinert hat, wird Ihnen niemals einen Schüttraummeter Buchenholz für unter 45,- € anbieten. Und egal, wie viele „dumme“ Bauern Sie abfahren, Sie werden es einfach nicht günstiger bekommen. So dumme Bauern gibt es nämlich nicht.

Auf jeden Fall sollten Sie die folgenden Begriffe unterscheiden können.

Ein **Ster** ist die in Süddeutschland übliche Bezeichnung für einen **Raummeter**.

Ein **Raummeter** ist die in einen Kasten passende Holzmenge (Scheite oder Rundlinge mit Luft), der 1 m^3 (= 1 m x 1 m x 1 m) umfasst.

Wer den Raummeter Holz kauft, hat damit also nicht tatsächlich einen Kubikmeter Holz erworben, denn im Raummeter sind zwischen den eingeschichteten Holzstücken mehr oder weniger große Lufträume. Eine unverbindliche Faustregel lautet: 1 m^3 (Festmeter) Rundholz entspricht etwa 1,25 Ster (Raummeter).

Wird das Holz abgeschnitten und erneut aufgerichtet, entsteht durch die engere Schichtung und den Verlust des Sägemehls ein weiterer Maßverlust. Man spricht nun von einem Ster (RM) Stückholz. Unverbindliche Faustregel: 1 Ster (RM) Scheit- bzw. Rundholz entspricht etwa 0,85 Ster (RM) Stückholz.

Da eine andauernde Aufschichtung des Stückholzes für alle sehr unwirtschaftlich ist, wird beim Transport meist das Stückholz geschüttet. Jetzt spricht man von einem so genannten **Schüttraummeter (SRM)**. Unverbindliche Faustregel: 1 Ster (RM) Stückholz entspricht etwa 1,2 bis 1,3 Schüttraummeter (SRM).

Kaminholz wird in der Hauptsache im ofenfertigen also im geschnittenen, gespaltenen und extra trockenem Zustand bereitgestellt, das heißt meistens in den Längen 25 cm oder 33 cm. Deshalb wird ofenfertiges Holz in Schüttraummetern (SRM) oder im verpackten Zustand nach Gewicht gehandelt.

<u>Vorsicht:</u> Beim Kauf von normalem Brennholz nach Gewicht können in 100 kg Holz bis zu 50 kg Wasser enthalten sein!

Wichtige Parameter für die Holzverbrennung:

Heizwert
ist die Energie, die bei einer vollständigen Verbrennung abgegeben wird, wenn Rauch- oder Abgas bei konstantem Druck bis auf die Bezugstemperatur zurückgekühlt werden. Der aus der Verbrennung entstandene Wasserdampf bleibt hierbei aber gasförmig. Früher wurde dieser Wert als „unterer Heizwert Hu" bezeichnet. Der Heizwert eines Brennstoffes war in früheren Zeiten deshalb wichtig, da es zwingend notwendig war, den Wasserdampf im Abgas durch hohe Abgastemperaturen gasförmig zu belassen, um eine mögliche Korrosion des Heizkessels oder ein Versotten des Schornsteines zu verhindern.

Brennwert
ist die Energie, die bei einer vollständigen Verbrennung abgegeben wird, wenn das Abgas bei konstantem Druck bis auf die Bezugstemperatur zurückgekühlt wird. Der Brennwert beinhaltet also zusätzlich die durch Kondensation des entstandenen Wasserdampfes freiwerdende Energie, die Kondensationswärme. Früher wurde dieser Wert als „oberer Heizwert Ho" bezeichnet.

Der Heizwert wird im Wesentlichen durch

- den Wassergehalt (Feuchtigkeit des Holzes)
- und das Gewicht (Dichte des Holzes)

bestimmt. Das Wasser, das im Holz enthalten ist, verdampft im Feuer. Dabei wird Energie verbraucht. Diese Energie schmälert den Heizwert.

13.1 Brennholz und Lagerung

Das wirklich mühsam im Wald geschlagene Holz ist nun endlich in passenden 33 cm langen Stücken bei Ihnen zu Hause angekommen. Der vor zwei Wochen bestellte Holzspalter ist auch geliefert worden. Die 33 cm langen Holzstücke konnten Sie so relativ entspannt zu Scheitholzstücken verarbeiten. Sie haben es schön an der Garage gestapelt und zum Trocknen mit einer Plastikplane abgedeckt. Nach knapp einem Jahr schauen Sie sich das Holz genauer an und stellen fest, dass es überall mit Schimmel bedeckt ist. So hatten Sie sich das nicht gedacht. Was haben Sie bloß falsch gemacht?

Na ja, das Holz wurde jedenfalls nicht richtig gelagert. Es gibt vier Grundsätze, die Sie bei der Lagerung von Holz beachten müssen, dann kann eigentlich nichts passieren:

1) Der Wind muss überall um das Holz herum wehen können.
2) Regen sollte weitgehend vom Holz ferngehalten werden.
3) Spalten Sie auch Astholz, selbst wenn es wegen der Dicke eigentlich nicht erforderlich wäre.
4) Lassen Sie das Holz am besten mindestens zwei Jahre so trocknen. Ansonsten ist der Restfeuchtegehalt einfach noch zu hoch.

Der Regen darf höchstens die Schnittflächen berühren, niemals die Längsflächen. Eine Plastikplane ist grundsätzlich nicht zur Abdeckung von Holz geeignet. Sie liegt zu dicht auf und lässt nicht genügend Wind durch die Holzstapel wehen. Idealerweise lagern Sie das Holz locker gestapelt unter einem passend großen Carport oder Ähnlichem. Lagern Sie das Holz nicht direkt auf dem Boden. Legen Sie Paletten auf den Boden und stapeln Sie das Holz darauf, damit ausreichend Wind unter dem Holz durchwehen kann.

Kaufen Sie sich am besten einen Holzfeuchtemesser. Damit können Sie die Restfeuchte leicht selbst bestimmen. Aber Vorsicht: Das Holzäußere trocknet ohne Regeneinfluss sehr schnell auf ca. 17-18 % Restfeuchte herunter. Dieser Wert ist aber nicht maßgebend. Idealerweise spalten Sie das Holz einmal und messen mittig in der frischen Spaltfläche. 20 % oder etwas weniger sind ideal. Weniger als 15 % werden Sie kaum erreichen, da dann das Holz wieder die normale Luftfeuchtigkeit der Umgebung aufsaugt.

Abb. 66 Carport mit Holz

Abb. 67 Carport mit Holz

13.2 Pellets – der etwas andere Brennstoff

Die Hersteller von Festbrennstoffkesseln und Kaminen haben längst reagiert und sind auf die „Vergreisung" der Bevölkerung vorbereitet. Ist man jung und kräftig, hat den Wald in der Nähe und natürlich etwas Zeit, holt man sich sein Holz noch selbst aus dem Wald. Mit steigendem Alter und zunehmender Erfahrung weiß man, dass diese Art der Holzbesorgung Schwerstarbeit ist und man liebäugelt immer mehr mit den „neuen" Pellets.

Erst mit den Holzpelletöfen hat die Festbrennstoffheizung das Bedien- und Regelungsniveau moderner Gas- und Ölkessel erreicht. Möglich wurde dieser Fortschritt durch Sägemehlpresslinge, die Pellets. Erst nach der Zulassung von Pellets als Brennstoff 1996 in Deutschland kamen die Holzpellets über Kanada, Schweden und Österreich nach Deutschland. So waren 1998 in Deutschland gerade einmal etwa 200 Pellet-Anlagen installiert. Immerhin erreichen Sie pro Kilogramm einen Heizwert von ca. 4,9 kWh, was dem Heizwert von 0,5 Liter Heizöl entspricht.

Das Verbrennen der Holzpellets geschieht in drei Phasen:

- Phase 1: Zünden durch einen kleinen Funken
- Phase 2 : Befreien der Pellets von der Restfeuchte durch Pyrolyse (Entgasung des Holzes) mit Hilfe einer Art Heißluftfön bei Temperaturen bis zu 600 °C
- Phase 3: Start der eigentlichen Verkokung durch langsame Verbrennung der entstehenden Holzkohle.

Als Endprodukt bleibt Asche. Wichtig dabei ist, dass in allen drei Phasen genügend Sauerstoff vorhanden ist, denn sonst erfolgt die Verbrennung nicht rückstandsfrei. Meist wird deshalb die Verbrennung auf zwei Arten durchgeführt:

- mittels eines Gebläses für die Pyrolyse
- mittels eines Gebläses für die eigentliche Verbrennung

Um eine vorzeitige Wärmeabgabe möglichst zu verhindern, wird der Feuerungsraum normalerweise mit Schamottsteinen ausgekleidet.

In Österreich wird das trockene Sägemehl als Basis für die Pelletherstellung bereits knapp. Hier wird deshalb schon auf feuchtes Material zurückgegriffen, dem vor dem Pressen das überschüssige Wasser mühsam entzogen wird. Noch ist dies in Deutschland, aufgrund der im Vergleich zu Österreich relativ geringen Stückzahlen der installierten Pelletöfen, nicht der Fall. Doch zeigt das Beispiel Österreich, dass man in naher Zukunft wohl nicht mit fallenden Pelletpreisen rechnen kann.

Ausführliche Informationen und nützliche Broschüren zum Thema Pellets erhalten Sie auch bei:

Deutscher Energie-Pellet-Verband e.V. (DEPV)
Tullastraße 18
D-68161 Mannheim
Tel.: (06 21) 7 28 75 23
Internetadresse: **www.depv.de**

14. Produktpräsentationen von Herstellern

Auf den folgenden Seiten stellen einige Hersteller ihre Produktauswahl zu wasserführenden Kaminen vor. Sie sind hier ohne Wertung und in alphabetischer Reihenfolge sortiert.

Sie können sich so ausführlich ein Bild über wasserführende Kamine namhafter Hersteller machen.

Neben der Übersicht aktueller Produkte wasserführender Kamine mit deren Produktbildern finden Sie hier

- technische Daten
- durchgeführte Prüfungen
- Modellvarianten
- Produktbeschreibungen.

Bitte beachten Sie, das es sich hierbei lediglich um eine Auswahl von Herstellern handelt. Mein Dank gebührt an dieser Stelle den Herstellern, die mit ihrer Produktpräsentation in meinem Buch zu einem guten Überblick über wasserführende Kamine beigetragen haben. Der Leser hat somit die Möglichkeit, einen tiefen und umfangreichen Einblick über die Produktvielfalt wasserführender Kamine zu erhalten.

Stand: November 2007

Zwischenzeitliche Änderungen sind möglich.

Hersteller:

Ulrich Brunner GmbH
Zellhuber Ring 17-18
D-84307 Eggenfelden

Tel.: +49 (0) 87 21 / 7 71-0
Fax: +49 (0) 87 21 / 7 71-10

Internet: **www.brunner.de**
eMail: **info@brunner.de**

Wasserführende Kamine – Bezeichnungen/Typ:

- **Kesselmodule mit aufgesetztem Wärmetauscher HKD 2, HKD 5.1 – mit RF 55 / 66 Serie und KK Standard**
- **Kesselkörper – HKD 4.1 HWM**
- **Kesselkörper mit integriertem Wärmetauscher**
  - HKD 4.1 SK
  - B4, B5, B6
- **Kaminkessel – 62/76**
- **Kachelofen mit Kesselfunktion**

Technische Daten:

Nennwärmeleistung: bis zu 12 kW
Wasserwärmeleistung: bis zu 70 %

Sonstiges:

- DIN+ (Erfüllung der Regensburger und Münchener Norm)
- Raumluftunabhängiger Betrieb durch Zuführung von Außenluft

Brunner bietet 3 grundlegende Konzepte der Warmwassererzeugung an mittels

- Kamineinsatz mit Heizgaswärmetauscher
- Kamineinsatz als Kesselkörper mit nachgeschaltetem Heizgaswärmetauscher
- Kamineinsatz als Kesselkörper mit integriertem Wärmetauscher

Produktbeschreibung:
BRUNNER bietet Ihnen eine Vielzahl von Kaminen auf technisch anspruchsvollem Niveau, die keine Wünsche offen lassen.

- Heizkamine
- Warmluftkamine
- Speicherkamine
- Kachelöfen
- Pelletöfen
- wasserführende Kamine

So lenken z.B. BRUNNER Kesselmodule die während des Abbrandes frei werdende Hitze durch einen direkt über den Brennraum aufgesetzten Wärmetauscher. Mit perfekter Kaminoptik werden hier bis zu 35 % der nutzbaren Wärmemenge für die Heizungsunterstützung zur Verfügung gestellt.

Kompaktkamin KK Rund-Variante

Oder der BRUNNER Kaminkessel: Eine Kaminfeuer-Atmosphäre als Zentralheizung. Viel sichtbares Feuer und maximaler Kesselertrag mit den Anfordernissen an einen hohen Heizwasserertrag. Der Kesselkörper mit integriertem Warmwasserwärmetauscher nutzt bis zu 60 % der zur Verfügung stehenden Wärmemenge. Damit lassen sich Kachelofenzentralheizungen in Gebäuden mit einem Wärmebedarf bis zu 6 kW realisieren. Der Clou: Beheizt wird dieser Kamin natürlich mit Holz, doch neueste Pellettechnik lässt das Kaminfeuer auch bei Abwesenheit als automatische Zentralheizung weiterarbeiten.

Kompaktkamin KK Eck-Variante

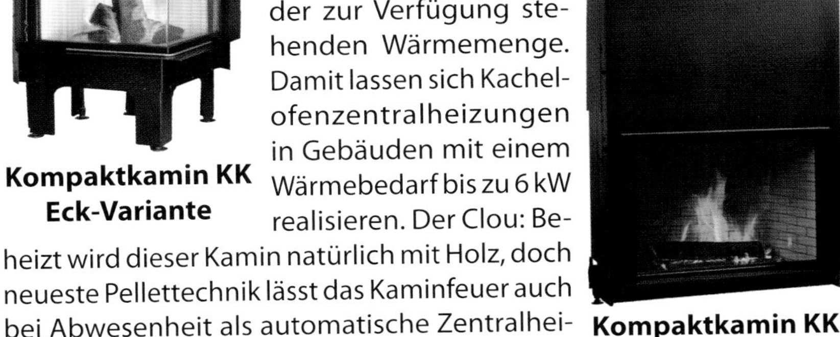

Kompaktkamin KK Stil-Variante

Das Pelletmodul: Der Traum vom automatischen Kachelofen - gleichzeitig Heizen mit Scheitholz und Holzpellets

Pelletmodul HKD

Als Besonderheit erzeugt das Pelletmodul ein Feuer mit lang anhaltend hoher Leistung, das in seiner Wirkung einem vollständigen Abbrand mit Scheitholz entspricht. Dadurch ist gewährleistet, dass die erforderliche Heizgasmenge für die Nachheizflächen in beiden Betriebsarten immer zur Verfügung steht.

Ein Kachelofen heizt das ganze Haus:

Es gibt sie noch oder jetzt erst recht wieder Kachelöfen, mit denen man sich an der Atmosphäre des Holzfeuers erfreuen kann und dabei gleichzeitig Kachelofenwärme und Kesselleistung für die Zentralheizung erzeugt.

BRUNNER hat Systeme entwickelt, die exakt auf die verschiedenen Anwendungen abgestimmt sind. So können bestehende Heizungen mit unterstützt werden oder sogar ganze Einfamilienhäuser mit Kachelofenkesseln beheizt werden.

In Verbindung mit dem Pelletmodul und der Ofensteuerung ergibt sich damit ein bisher noch nie gekannter Komfort einer Kachelofenheizung.

Besonders die vielfältigen Möglichkeiten einer **Brunner-Kachelofenheizung** lassen keine Wünsche mehr offen.

Brunner - Kachelofen mit Kesselmodul
Verkleidung: weiß verputzt

Zur Unterstützung Ihrer Heizungsanlage kann ein **aufgesetzter Wärmetauscher** dienen. Er nimmt wie ein Durchlauferhitzer die Wärme der Heizgase auf und führt diese in Form von heißem Wasser dem Pufferspeicher zu. Ob in der Ausführung als **Kesselmodul** oder als **W-Konzept**: Informieren Sie sich, welche Ausführung dem für Sie passenden Wunschkonzept entspricht.

Ihre Heizungsanlage kann auch mittels einem integrierten Wärmetauscher, der von den Heizgasen permanent durchströmt wird, gespeist werden. Unsere Kompaktkessel **B5** und **B6** mit kleinem Brennraum sind ideal für den Umbau einer bestehenden Kachelofenanlage zur Heizwassererzeugung. Oder der gedämmte **Kaminkessel 62/76** mit großer Doppelglasscheibe. So viel Heizwasser wie möglich bei maximaler Sichtscheibenausführung.

Kompaktkessel B4 / B5 / B6

Brunner: Kompaktkessel B4

Unsere Kompaktkessel **B4, B5, B6** sind Raumwunder für Scheitlängen von 33 - 50 cm. Zwei unterschiedliche Brennraumgrößen stehen zur Verfügung:

B5/B6: Der Brennraum für Scheitlängen bis 35 cm eignet sich bestens für die Nachrüstung von Kesseltechnik in bestehende Ofenanlagen. Als Kachelofen wird er bei Gebäuden bis zu einer Heizlast von 6 kW eingesetzt.

B4: Ein Kesselkörper mit integriertem Wasserwärmetauscher und Reinigungsmechanik. Er ist kombinierbar mit aufgesetzter oder nebenstehender Speicher- oder Warmluftnachheizfläche. Der **B4** besitzt einen leistungsstarken Brennraum für Scheitlängen bis 50 cm und eine integrierte Reinigungsmechanik.

Der **B4** wird für die Kachelofenheizung bei Gebäuden mit einer Heizlast bis zu 9 kW eingesetzt. Eine aufgesetzte oder nebenstehende Speicher- oder Warmluftnachheizfläche ist erforderlich.

Bei allen Varianten liegt der Heizwasseranteil zwischen 50-60 %.

Einbaubeispiele:

Lassen Sie sich inspirieren. So definiert sich der „Mensch", wenn es um die Holzfeuer-Atmosphäre von Kaminen oder Kachelöfen geht. Er möchte immer mehr Feuer sehen und gleichzeitig einen auf seine Bedürfnisse abgestimmten und optimierten Wärmeeffekt erzielen. Also Lösungen, welche die Räume nicht überheizen, mit großer, möglichst hochschiebbarer und stets sauberer Sichtscheibe in bezahlbarer Qualität.

Kompaktkamin Standard 57/55

Mit der Serie „**Romatikfeuer**" werden höchste Ansprüche an Funktionalität und Langlebigkeit mit Holz beheizter Kaminanlagen erfüllt.

Kompaktkamin 51/55p Schiebetür prisma schwarz

Auch in der Serie **Kompakt-Kamine** steckt all das Wissen und Können sowie unser eigener Anspruch, mit dem wir uns über Jahrzehnte den Ruf erarbeitet haben, die hochwertigsten Feuerungen zu bauen, die heute angeboten werden.

So ist es fast ein Versprechen an den Kunden, mit den Kamineinsätzen von BRUNNER eine der besten Kaminfeuerungen eingebaut zu bekommen, die heute angeboten werden. Dichtheit, Regelbarkeit des Feuers, saubere Sichtscheibe und wählbare Wärmeeffekte sind die entscheidenden Faktoren für die Serie Kompakt-Kamine.

KK 57/82/481 Eck

Hersteller:

CLAM - Soc. coop.
Zona industriale
06055 Marsciano
Perugia - Italien

CAMINETTI CLAM®
idee che **sprigionano** calore

Tel.: +39 075 874001
Fax: +39 075 8740031

eMail: **clam@clam.it**
Internet: **www.clam.it**

Ansprechpartner für Deutschland:

Kamin+Fliesen Haus
Anton-Ulrich-Straße 25/27
D-98617 Meiningen

Tel.: +49 (0) 36 93 / 50 50 71
Fax: +49 (0) 36 93 / 50 50 73

eMail: **info@kamin-und-fliesenhaus.de**
Internet: **www.kamin-und-fliesenhaus.de**

Wasserführende Kamine – Bezeichnungen:

- **TermoFavilla**
  Typen: T75, T/85, T/PAN
- **Pellet-Kaminofen Niagara**

TermoFavilla

Die Wasser-Thermokamine für die Wohnungsbeheizung von Clam erfüllen die deutschen Zulassungsvoraussetzungen nach CE-Kennzeichen.

TermoFavilla Kamine sind eine Feuerstelle mit Wärmetauscher. Sie sind in der Lage, Heizkörper und Thermokonvektoren eines ganzen Wohnhauses zu versorgen und benutzen dabei einen wirtschaftlich erneuerbaren und umweltfreundlichen Brennstoff wie das Holz.

TermoFavilla – Kamine gehören zu den marktbesten Kaminen, was die Materialien sowie die extrem rationelle Konstruktion betrifft: alle hydraulischen Teile sind zugänglich mit Vorrichtungen für einen schnellen Anschluss und eine ebenso einfache Wartung.

Zu den Kamineinsätzen **TermoFavilla** gehören vier Serien:

- **T/75 - T/75C - T/75CS**
- **T/85 - T85C - T/85CD**
- **T/TPAN - T/PAN C - T/PAN CS**
- **T/85 S.D. - T/85 S.D. C - T/85.D. CS**

CLAM TermoFavilla - T85 S.D.

Unter dem Kamineinsatz ist die komplette Pumpen- und Anschlussgruppe vorinstalliert. Einfach Vor- und Rücklauf montieren, elektrisch anschließen und losheizen.

Die riesigen, selbstreinigenden Glaskeramikscheiben der **TermoFavilla** Kamine in einer drehbaren und hochschiebbaren Tür erlauben einen grandiosen Blick auf das Feuer. Die Panoramascheibe beim T/PAN erlaubt den perfekten Blick auf das Feuer von allen Seiten.

Ein motorisiertes Ventil reguliert die Verbrennungsluftzufuhr und wird über das serienmäßige Schaltfeld gesteuert.

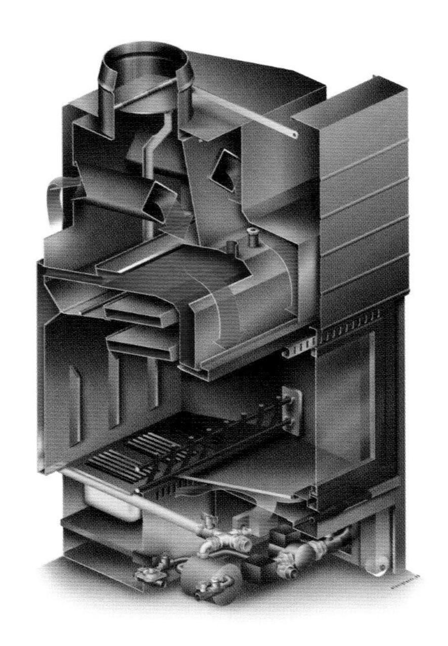

CLAM - TermoFavilla-Serie
Ausgereifte Technik

Der obere Teil der Kamineinsätze ist im Bereich des Rauchfangs aus Cortenstahlblech gefertigt, das über eine sehr hohe Korrosionsbeständigkeit verfügt. Für die Wärmetauscher wurde Blech mit einer sehr hohen Wärmeleitfähigkeit verwendet, um die Wassererwärmung zu beschleunigen.

Dank der automatischen Verbrennungskontrolle optimiert **TermoFavilla** den Holzverbrauch mit einem Wirkungsgrad von 81,5 % (Modell T/85).

TermoFavilla Kamine von Clam eignen sich als alleinige Heizanlage oder zur Integration in die vorhandene Zentral-Heizungsanlage mit integrierter Warmwasseraufbereitung.

TermoFavilla - Übersicht:

Technische Daten:		T75	T85	T/PAN
Gesamtwärmeleistung	[kW]	29,4	34,5	30,1
Nennwärmeleistung Wasser	[kW]	17,1	20,5	16,0
Raumheizvermögen	[kW]	6,3	7,6	6,7
Globaler Wirkungsgrad	[%]	79,6	81,5	75,5

Die Grundtypen der **TermoFavilla** zur Ansicht:

Wasserführende Kamineinsätze mit integriertem Corten-Stahl-Wärmetauscher, als Einzelfeuerstätte.

TermoFavilla - T75

TermoFavilla - T85

TermoFavilla - T/PAN

CLAM Pellet-Kaminofen Niagara

Clam wasserführender Pellet-Kaminofen Niagara

Technische Daten:		Niagara
Gesamtwärmeleistung	[kW]	24
Nennwärmeleistung Wasser	[kW]	16,8
Raumheizvermögen	[kW]	5,3
Globaler Wirkungsgrad	[%]	> 90
Kapazität Pelletbehälter	[kg]	45 kg

Der Pellet-Kaminheizofen kann in zwei Ausführungen geliefert werden:

1) **Standardausführung**: Der Pellet-Kaminheizofen produziert Warmwasser für das Heizungssystem.
2) **Sonderausführung mit Sanitärwasserkit**: Zusätzlich zum Warmwasser für das Heizungssystem produziert der Pellet-Kaminheizofen Sanitärwarmwasser (Brauchwasser).

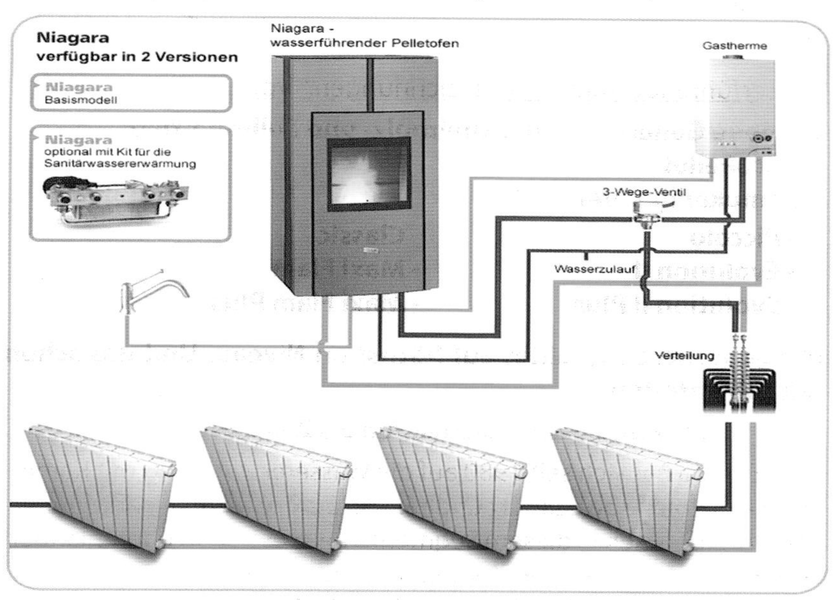

Der Pelletkaminofen für die Ewigkeit!

<u>Geprüft nach:</u>

- EN 14785 Häusliche Feuerstätten zur Verfeuerung von Holzpellets. Anforderungen
- Richtlinie 89/336/EWG (EMV-Richtlinie) und nachfolgende Änderungen
- Richtlinie73/23/EWG (Niederspannungs-Richtlinie) und nachfolgende Änderungen

Hersteller:

CTM-Heiztechnik GmbH
Hochstrasse 51
D-78183 Hüfingen

Tel.: +49 (0) 771 / 89 66 97-0
Fax: +49 (0) 771 / 89 66 97-29

Internet: **www.ctm-heiztechnik.de**
eMail: **info@ctm-heiztechnik.de**

Wasserführende Kamine – Bezeichnungen/Typ:

Die neue Generation für Scheitholz- und Pelletbetrieb

- **EcoPellet**

Thermokamin-Öfen

- **Piccolo**
- **Evolution II**
- **Evolution II Plus**
- **Classic**
- **Maxi Flam**
- **Maxi Flam Plus**

Wir garantieren Qualität auf höchstem Niveau. Und das schon seit Jahrzehnten.

Der Kamin- und Kachelofen als Zentralheizung

CTM Europa hat sich seit 1980 auf die Wassererwärmung mit Kamin- und Kachelöfen spezialisiert und zählt in Europa zu den marktführenden Unternehmen in diesem Segment. Aus dieser jahrzehntenlangen Erfahrung und der engen Kooperation mit dem Handwerk hat CTM ein sehr hohes Qualitätsniveau erreicht. Basierend auf diesem Know-how konnte nun erfolgreich eine konsequente Weiterentwicklung der Öfen für die Verbrennung von Pellets und Scheitholz in Kombination realisiert werden.

Die Werksproduktion ist nach UNI EN ISO 9001/2000 durch die DNV zertifiziert und garantiert somit eine gleich bleibende Qualität der Planungs- und Produktionsprozesse. Als einer der wenigen Hersteller dieser Produktpalette in Europa gibt CTM eine **Kesselgarantie von 10 Jahren**.

CTM - EcoPellet®

Pellet und Scheitholz ...
Intelligent bis ins Detail

In dem **EcoPellet®** Thermokamin-Ofen® kann wahlweise Scheitholz oder Pellets in ein und demselben Brennraum verfeuert werden. Nach dem Abbrand der Holzscheite übernimmt der Pelletbrenner vollautomatisch diese Aufgabe und sorgt für eine weitere, kontinuierliche Energieerzeugung. Der CTM EcoPellet® moduliert zwischen 12 kW und 20 kW.

Neben dem warmen, wohligen Kachelofenerlebnis gibt der **EcoPellet®** auch noch reichlich Energie für die Zentralheizung und das Brauchwasser ab. An einen Pufferspeicher angeschlossen kann hiermit ein ganzes Haus mit Wärme versorgt werden.

Technische Daten EcoPellet®		**Holz**	**Pellets**
Gesamtwärmeleistung	[kW]	13,5	13,4
Wasserwärmeleistung	[kW]	10,9	10,8
Externe Außenluftzufuhr		Ja	auf Anfrage
Abmessungen H/B/T	[mm]	1640 / 1080 / 775	
Gewicht	[kg]	298	
Holzscheitlänge	[cm]	55	-

Der **EcoPellet®** amortisiert sich in kürzester Zeit und ist damit für den Häuslebauer eine attraktive Alternative zu konventionellen Heizungsanlagen oder Kachelöfen. Auch ein nachträglicher Einbau ist problemlos möglich. Wie bei allen Modellen von CTM gilt auch hier:

CTM - EcoPellet®
Einbaubeispiel

10 Jahre Kesselgarantie

Der **EcoPellet®** kann ganz nach individuellen Wünschen der Raumgestaltung ummauert werden. Auch ein nachträglicher Einbau ist problemlos möglich.

Die gewünschten Temperaturparameter werden an der elektronischen Steuerung vorgegeben. Sobald die Temperatur im Raum unter die Voreinstellung sinkt und kein Scheitholz nachgelegt wird, gelangen die Pellets über eine Transportschnecke in den Brennertopf und werden dann dort vollautomatisch gezündet. Die Pelletzufuhr wird gestoppt, sobald wieder Scheitholz zum Brennen aufgelegt wird.

Die Zufuhr der Pellets erfolgt über eine Förderschnecke unterhalb des Brennraums. Der Jahresvorrat an Pellets wird z.B. in einem Erdtank oder im Keller aufbewahrt. Über eine Förderschnecke oder ein Saugzuggebläse gelangen die Pellets dann in den Tagesvorratsbehälter. Natürlich kann der Tagesvorratsbehälter auch per Hand aufgefüllt werden.

Kachelofen mit Pellet – das unabhängige Energiekonzept

Mit dem vollautomatischen **EcoPellet®** Thermokamin-Ofen wird ein ganzheitliches, unabhängiges Energiekonzept für private Haushalte möglich. Denn für eine kontinuierliche Energieversorgung muss der Hausherr nun nicht mehr permanent ein Scheitholz-Feuer in Brand halten. Bei spontanen Kurzreisen oder auch längerem Urlaub sorgt das Pelletfeuer für die Energiezufuhr. Angeschlossen an einen Pufferspeicher kann ein ganzes Haus mit Wärme versorgt werden. Dieses System macht in Kombination mit einer Solaranlage unabhängig von Öl und Gas. So gibt es mit dem **EcoPellet®** Thermokamin-Ofen neben dem warmen, wohligen Kachelofenerlebnis auch noch reichlich Energie für die Zentralheizung und das Brauchwasser.

CTM-Thermokaminöfen

Die CTM-Thermokamin-Öfen sind mit einer feuerfesten Sichtscheibe ausgerüstet, somit kann man das wohlige Flammenspiel des knisternden Kaminfeuers im gesamten Wohnraum genießen. Neben diesem visuellen Augenschmaus bietet ein CTM-Thermokamin-Ofen auch noch große wirtschaftliche Vorteile. Der Thermokamin-Ofen ist ein wasserführender Heizkessel, der das Herzstück des Kamin- oder Kachelofens ist. Der Ofen hat ein optimales Leistungssplitting bezüglich der Wärmenutzung. Mehr als ¾ der erzeugten Energiemenge wird an die Wasserseite zur Nutzung der Zentralheizung und zur Gewinnung von Brauchwasser abgegeben. Circa ¼ geht als Konvektions- und Strahlungswärme an den Wohnraum. CTM-Thermokamin-Öfen erreichen Wirkungsgrade von über 80%. Ein hoher Wirkungsgrad spart Ihnen somit Holz als Brennstoff und erhöht dadurch die Effizienz Ihrer Heizanlage. Für Niedrig- und Passivhäuser bietet CTM auch einen passenden Thermokamin-Ofen, da für deren Wohnräume ein deutlich geringerer Wärmebedarf erforderlich ist. (**PLUS-Versionen**)

Technische Daten CTM-Thermokaminofen		**Piccolo**	**Evolution II**		**Evolution II Plus**	
			Var. 1*	**Var. 2***	**Var. 1***	**Var. 2***
Gesamtwärmeleistung	[kW]	14,9	14,9	18,9	14,9	18,9
Wasserwärmeleistung	[kW]	10,0	10,5	14,5	11,9	15,9
Holzscheitlänge	[cm]	33	55	55	55	55
Gewicht	[kg]	220	290	290	290	290
Externe Außenluftzufuhr		nein	ja	ja	ja	ja

Technische Daten CTM-Thermokaminofen		**Classic**	**Maxi Flam**		**Maxi Flam Plus**	
			Var. 1	**Var. 2**	**Var. 1**	**Var. 2**
Gesamtwärmeleistung	[kW]	17,0	14,9	18,9	14,9	18,9
Wasserwärmeleistung	[kW]	12,5	10,5	14,5	11,9	15,9
Holzscheitlänge	[cm]	33	55	55	55	55
Gewicht	[kg]	267	290	290	290	290
Externe Außenluftzufuhr		nein	ja	ja	ja	ja

* Modelle sind jeweils in 2 Leistungsvarianten erhältlich

CTM - Piccolo®

Kleine Ausmaße....große Leistung

Die kompakte Technik ermöglicht den Einsatz dieses fertig verkleideten Thermokamin-Ofens, speziell in kleiner dimensionierten Räumen. Zur Verfügung stehen verschiedene Design-Varianten. Hierbei kann man das Aussehen dem Stil der Einrichtung und dem Charakter jedes Raumes anpassen.

Die optimale Wärmenutzung eines guten Ofens hängt nicht allein vom richtigen Brennstoff, sondern auch von der optimalen Technik des Ofenkörpers ab. Der Wirkungsgrad herkömmlicher Kamin- und Kachelöfen liegt bei ca. 50 – 65 %. CTM Thermokamin-Öfen erreichen Wirkungsgrade von über 80%. Ein hoher Wirkungsgrad spart Ihnen somit Holz als Brennstoff und erhöht dadurch die Effizienz Ihrer Heizanlage. Je höher der Wirkungsgrad, desto vollkommener ist die Verbrennung. Dadurch entsteht natürlich ein geringer Ascheanfall. Die perfekte Luftführung mit oberem Abbrand, unterteilt in Primär- und Sekundärluft, gewährleistet eine saubere, umweltfreundliche Verbrennung mit niedrigen Emissionen. CTM bietet für jeden Energiebedarf und für jedes Haus den passenden Ofen. Wir beraten Sie individuell, welcher Einsatz für Ihr Haus verwendet werden kann.

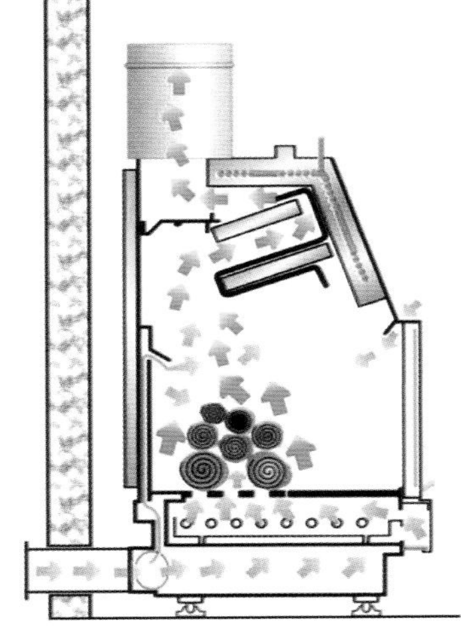

CTM - Luftdurchgänge

CTM - Evolution II®

CTM – Evolution II®

Der Evolution II verkörpert ein Konzept, das sich an Behaglichkeit und Lebensqualität orientiert. Dieser Mehrwert ist eine lohnende Investition. Leistungsvarianten modulieren zwischen 14,9 kW und 18,9 kW.

Der Premium-Heizeinsatz hat eine lange Lebensdauer. Sorgfältig gefertigt aus hochwertigem Qualitätsstahl und nicht nur aus einfachem Gusseisen.

Die perfekte Luftführung, mit Primär- und Sekundärluft, gewährleistet eine saubere umweltfreundliche Verbrennung.

- Hohe wasserseitige Leistung für Heizungs- und Brauchwasser
- Behagliche Strahlungs- und Konvektionswärme
- Externe Verbrennungsluftzufuhr möglich
- Individuelle Gestaltungsmöglichkeiten
- In Verbindung mit Solar: Unabhängigkeit von Öl und Gas
- Kombinierbar mit allen Heizungssystemen
- Nachträglicher Einbau problemlos möglich
- 10 Jahre Garantie
- Bewährte Technik seit über 25 Jahren

CTM - Classic®
Einbaubeispiel

CTM - Classic®

Das unaufdringliche Erscheinungsbild des Modells **Classic®**, verbunden mit hoher Wirtschaftlichkeit in Funktion und Technik, versprechen Gemütlichkeit und sparsames Heizen. Mit einem CTM-Thermokamin-Ofen gibt es neben dem warmen, wohligen Kachelofenerlebnis auch noch reichlich Energie für die Zentralheizung und das Brauchwasser.

Egal für welchen CTM Thermo-Kamin-Ofen Sie sich entscheiden, Sie erhalten ein Markenprodukt, welches in Funktionalität und Wirtschaftlichkeit begeistert.

Unser Know-how und über 25 Jahre Erfahrung bei der Produktion von wasserführenden Kamineinsätzen garantieren Sicherheit und Qualität. Der Thermokamin-Ofen **Classic®** hebt sich insbesondere durch seine robuste Erscheinung und ein attraktives Preisleistungsverhältnis von den anderen CTM-Modellen ab.

CTM - Classic®

CTM - Maxiflam®

CTM – Maxiflam®

Design und Ästhetik, Maxiflam® gewährleistet großzügige Einblicke, flackerndes Feuerlicht und angenehme Wärme. Dieser Kamin ist der Inbegriff von Attraktivität und Wirtschaftlichkeit. Der Gestaltungsvielfalt mit klaren und geradlinigen Lösungen sind beim Modell Maxiflam® keine Grenzen gesetzt.

CTM Thermokamin-Öfen geben mehr als 2/3 der erzeugten Energie an die Zentralheizung ab.

Mit diesem wasserführenden Einsatz für die Unterstützung der Zentralheizung verleihen Sie Ihrem Wohnraum einen unverkennbaren Stil und Charakter. Über die große Scheibe wird wohltuende Wärmestrahlung an den Raum abgegeben, durch das ausgewogene Verhältnis zwischen Strahlungswärme und wasserseitiger Energie wird der Aufstellraum optimal geheizt. Durch die hohe Leistungsabgabe an das Heizungs- und Warmwassersystem sparen Sie bares Geld, während Sie wunderschöne, gemütliche Stunden mit einem Kaminfeuer genießen. Mit den Leistungsstufen von 14,9 und 18,9 kW können sogar große Einfamilienhäuser geheizt werden.

Lassen Sie Ihrer Fantasie freien Lauf und realisieren Sie Einbauten, ohne Kompromisse. Lassen Sie sich von unseren Einbaubeispielen inspirieren.

CTM - Evolution II®
Einbaubeispiel

- **Solarenergie und CTM Thermokamin-Öfen**
- **Optimierter Energieverbrauch**
- **Perfekt abgestimmte Systeme**

Das Wärmepotential der Sonne ist unerschöpflich. Jährlich strahlt sie ein Tausendfaches mehr an Energie auf die Erde, als die gesamte Menschheit verbrauchen kann. Jede Kilowattstunde Energie, die wir durch Sonnenenergie erzeugen, ist ein Gewinn für unsere Umwelt. Solartechnik in Verbindung mit den original CTM Thermokamin-Öfen sind die idealen Energieerzeuger für Sommer als auch Winter. In Verbindung mit einem Pufferspeicher und einer optimal aufeinander abgestimmten Steuerung der gesamten Anlage erzielt man eine Senkung der Energiekosten bis zu 100%. Der Vorteil des Bauherren liegt in der kompletten Systemlieferung von Thermokamin-Ofen, Speicher, Kollektor, Pumpengruppe und Steuerung und hat somit die Sicherheit, ein optimal aufeinander abgestimmtes System für eine unabhängige Energieerzeugung zu erhalten.

CTM Einbaubeispiel

CTM Einbaubeispiel

Hersteller:

Ecoforest
BIOMASSA ECO-FORESTAL DE VILLACAÑAS; S.A.
Puerto Rico 14
E-36204 Vigo/Spanien

Tel.: 0034 986 417 700

Internet: **www.ecoforest.es**
eMail: **info@ecoforest.es**

Importeur für Deutschland:

Henning Räker –Elisabete G. R. Räker
Am Pfarrhof 1a
D-37627 Heinade

Tel: +49 (0) 55 32 / 57 89

Internet: **www.ecoforest.de**
eMail: **kontakt@ecoforest.de**

Wasserführende Kamine – Bezeichnungen/Typ:

Holzpelletöfen der neuesten Generation:

- **Cantina Hidrocopper**
- **Hidrocopper**
  - ♦ **super**
  - ♦ **agua**
  - ♦ **mini**

Als Option: Alle Hidrocopper können mit einem Brauchwasserbereiter ausgerüstet werden.

Holzpelletkamineinsatz der neuesten Generation:

- **Hidrocopper Kamineinsatz**

Cantina Hidrocopper

Wasserführender Holzpelletofen der neuesten Generation

Der **Cantina Hidrocopper** enthält:

- ★ Eine moderne Steuerung
- ★ Einen 8 Liter Ausgleichsbehälter
- ★ Ein mechanisches Sicherheitsventil
- ★ Einen sehr laufruhigen Lüfter
- ★ Eine Umwälzpumpe
- ★ Eine Fernbedienung
- ★ Einen Raumtemperaturfühler
- ★ 2 Jahre Garantie

Technische Daten:		**Cantina Hidrocopper**
Nennwärmeleistung:	[kW]	max. 24
Wasserwärmeleistung:	[kW]	ca. 20
Strahlungswärmeleistung:	[kW]	ca. 4
Abgastemperatur:	[°C]	80 - 240
Brennstoffverbrauch:	[kg/h]	1,4 - 5,2
Größe des Pellets-Vorratsbehälters:	[kg]	56
Nettogewicht:	[kg]	190
Gesamtwirkungsgrad:	[%]	über 90

Hidrocopper super

Wasserführender Holzpelletofen der neuesten Generation

Die **Hidrocopper** enthalten:

- ✶ Eine moderne Steuerung
- ✶ Einen sehr laufruhigen Lüfter
- ✶ Einen 8 Liter Ausgleichsbehälter
- ✶ Eine Umwälzpumpe
- ✶ Ein mechanisches Sicherheitsventil
- ✶ Einen Raumtemperaturfühler
- ✶ Eine Fernbedienung
- ✶ 2 Jahre Garantie

Farben: Anthrazit und Bordeaux

Technische Daten:		Hidrocopper		
		super	**agua**	**mini**
Nennwärmeleistung:	[kW]	max. 29	max. 24	max. 18
Wasserwärmeleistung:	[kW]	ca. 24	ca. 20	ca. 15
Strahlungswärmeleistung:	[kW]	ca. 5	ca. 4	ca. 3
Abgastemperatur:	[°C]	80 - 240	80 - 240	80 - 240
Brennstoffverbrauch:	[kg/h]	1,4 - 6,2	1,4 - 5,2	1,1 - 3,8
Größe des Pellets-Vorrats-behälters:	[kg]	60	40	30
Nettogewicht:	[kg]	215	189	154
Gesamtwirkungsgrad:	[%]	über 90	über 90	über 90

Hidrocopper agua

Farben: Anthrazit und Bordeaux

Hidrocopper mini

Farben: Creme, Anthrazit und Bordeaux

Hidrocopper Kamineinsatz

Wasserführender Holzpelletkamineinsatz der neuesten Generation

Der **Hidrocopper Kamineinsatz** enthält:

- Eine moderne Steuerung
- Einen sehr laufruhigen Lüfter
- Einen 8 Liter Ausgleichsbehälter
- Eine Umwälzpumpe
- Ein mechanisches Sicherheitsventil
- Einen Raumtemperaturfühler
- Eine Fernbedienung
- 2 Jahre Garantie

Technische Daten:		**Hidrocopper Kamineinsatz**
Nennwärmeleistung:	[kW]	max. 16
Wasserwärmeleistung:	[kW]	ca. 13
Strahlungswärmeleistung:	[kW]	ca. 3
Abgastemperatur:	[°C]	80- 240
Brennstoffverbrauch:	[kg/h]	0,9 - 3,4
Größe des Pellets-Vorratsbehälters:	[kg]	32
Nettogewicht:	[kg]	110
Gesamtwirkungsgrad:	[%]	über 90

Die Firma Ecoforest war der erste Pelletofen-Hersteller in Europa

... und ist mit über 75.000 verkauften Exemplaren in Europa auch einer der Erfolgreichsten.

Von der Idee bis zur Umsetzung alles unter einem Dach. Von der permanenten Weiterentwicklung über die Produktion bis zu einem guten Kunden-Service.

Eine Serienproduktion und das Qualitätsbewusstsein der Mitarbeiter garantieren höchste Qualität der Pelletöfen.

Dieses wurde durch die Zertifizierung mit ISO 9001 bestätigt.

Das Vertriebsnetz der Firma Ecoforest erstreckt sich über ganz Europa. Aus diesem Grund sind alle Öfen mit einer Menüführung in 7 Sprachen ausgestattet.

Hersteller:

EN-TECH
Energietechnikproduktion GmbH
Gewerbezone 3
A-9300 St. Veit/Glan - Hunnenbrunn
Österreich

Tel.: +43 (0) 42 12 / 7 22 99-0
Fax: +43 (0) 42 12 / 7 22 99-30

Internet: **www.en-tech.at**
eMail: **office@en-tech.at**

Wasserführende Kamine – Bezeichnungen/Typ:

Pel'Camino PC 11
wasserführender Kamin

Technische Daten:		**Pel'Camino PC 11**
Nennwärmeleistung:	[kW]	11
Wasserwärmeleistung:	[kW]	2,2 - 8,0
Strahlungswärmeleistung:	[kW]	1,2 - 3,0
Nettogewicht:	[kg]	173
Gesamtwirkungsgrad:	[%]	91,8
Wasserseitiger Wirkungsgrad	[%]	72,7
Wandstärke Wasserteil	[mm]	3

Prüfungen/Zulassungen:

ÖNORM EN 303-5 am 24.08.2004

Garantie: 2 Jahre

Produktbeschreibung:

Der Zentralheizungs-Kaminofen **Pel'Camino PC 11** ist als Etagen- oder Zentralheizung einsetzbar.

Der Wärmetauscher erlaubt eine Leistung von bis zu **11 kW**. Eine Rücklaufanhebung ist bereits integriert. Aus dem integrierten Vorratsbehälter (ca. 45 l Inhalt) werden die Pellets vollautomatisch in die Brennkammer gefördert. Die Zündung erfolgt elektrisch. Die Verbrennung in der Spezialbrennschale wird elektronisch geregelt.

EN-TECH: Pel´Camino PC 11

Funktion & Design:

Der Pelletkaminofen PC 11 bietet Schönheit, Eleganz und zeitgemäßes Design sowie beste Qualität und ausgereifte Technik für höchsten Heizkomfort. Die zentrale Steuereinheit ist unter dem Deckel des Vorratsbehälters positioniert und gewährleistet eine geregelte Verbrennung mit hohem Wirkungsgrad.

Hersteller:

Firetube GmbH
Esslinger Strasse 56
D-73765 Neuhausen

Tel.: +49 (0) 71 58 / 94 61 22
Fax: +49 (0) 71 58 / 94 61 21

Internet: **www.firetube.de**
eMail: **info@firetube.de**

Wasserführende Kamine – Bezeichnungen/Typ:Hersteller:

- **Neu: firetube-PS-water**
- **firetube-water**

Technische Daten:

Technische Daten:	**Firetube-PS-water Pelletbetrieb**	**Firetube-PS-water Scheitholzbetrieb**
Nennwärmeleistung	15 kW	13 kW
Wasserwärmeleistung	11 kW	7 kW
Raumwärmeleistung	4 kW	6 kW
CO bei 10% O_2	0,018 Vol %	0,23 Vol %
Wirkungsgrad	80 %	80 %

Preise auf Anfrage

Technische Daten:	**firetube water**
Leistung	7 kW
Wasserinhalt	11 Liter
Gewicht water Modul	75 kg
Gewicht komplett mit firetube	230 kg
Maße LxBxH [cm]	46,5 x 46,5 x 168

Preis auf Anfrage

Der firetube-water als Zentralheizung

firetube-water

Firetube bietet seit März 2005 ein wasserführendes Heizkonzept auf der Basis von Kachelofen-Heiztechnik an.

Das Besondere daran ist, dass Firetube diese Ofenkreation des „Kaisers neue Kleider" schneiderte. So kann er also mit nackter Technik als Kaminofen glänzen, oder man verhüllt ihn im Ofenkleid. Die runde Ofentür lädt gerade dazu ein, mit Ofenhüllen kreativ in der Gestaltung zu spielen.

Die Firetube-Verbrennungs-Philosophie basiert auf der Verbrennung von Holz mit hohen Temperaturen. Im Brennraum wird dem Feuer bewusst wenig Wärme entzogen. So erzielt Firetube eine einwandfreie Verbrennung.

Die natürliche Form der Flamme ist hier Leitbild für den runden Feuerraum. Der Brennraum aus hochfeuerfestem Pyrobeton verpasst dem Feuer das passende Korsett, an dem nichts zwickt und zwackt.

Erst in der Nachheizfläche, dem firetube-water-modul, wird dem ausgebrannten Heizgas die Wärme entzogen. Dieser Wärmetauscher arbeitet auch wie alles bei Firetube anders als gewöhnlich.

Herkömmliche Röhrenwärmetauscher entziehen dem Rauchgas in kurzer Zeit die Wärme. Resultat ist zwar eine hohe Leistung, jedoch verrußen die Röhren sehr schnell und müssen in der Regel häufiger gereinigt werden.

Im firetube-water-modul verweilen die Rauchgase länger und geben daher die Wärme über einen längeren Zeitraum ab. Das Rußeln der Tauscherflächen beschränkt sich bei gutem Brennholz auf einmal im Jahr.

Der firetube-water bringt eine stolze Leistung von 13 kW, davon werden 50 % raumseitig genutzt. Die zweite Hälfte steht dem Pufferspeicher zur Verfügung.

Der firetube-water kann natürlich auf Grund seiner hohen und schlanken Konstruktion auch in Schwerkraftsystemen eingebunden werden. So kann also auch hier auf Heizungspumpen, Regelungen und Stromanschluss verzichtet werden. Das typische Einsatzgebiet ist im Wochenendhaus oder auf der Skihütte.

Oftmals sind es die einfachen Sachen, die uns glücklich machen.

Neu: firetube-PS-water

Bivalentes Heizen mit Pellets und Scheitholz

Mit Pellet heizen liegt voll im Trend. Die Vorteile des Pelletbrandes liegen auf der Hand, wie z.B. längere Brenndauer und bessere Abgaswerte.

Firetube geht mit dem **firetube-PS-water** ganz neue Wege. Ganz orientiert an den Kundenwünschen entwickelte Firetube ein Gerät in low-tec-Manier und kommt so ohne Gebläse, Schnecke und Steckdose aus. Es entstand ein servicefreies, modules Heizkonzept für den Pellet - und Scheitholzbetrieb.

firetube-PS-water ist der ideale Heizofen für die Solarergänzung. Er bietet enormen Heizkomfort für all diejenigen, die den einfachen Weg gehen wollen.

Und so einfach funktioniert der **firetube-PS-water:**

- Der Kunde heizt den Ofen mit Holz wie einen herkömmlichen Kamin bzw. Kachelofen. Wenn er keine Zeit zum Heizen hat, füllt er den Pelletbehälter und schaltet um auf Pelletbetrieb.
- Innerhalb von 3-4 Stunden verbrennen 15 kg Pellets und speisen stündlich den Puffer mit bis zu 13 kW Wasserleistung.
- Die hohe Wasserleistung ist bislang einzigartig für so einen kleinen Holzofen. In dem Aufstellraum gibt das Gerät bis zu 6 kW ab und sorgt für mollige Wärme.

Der Pelletbrand ist natürlich abschaltbar und es kann munter mit Scheitholz weiter geheizt werden.

firetube-PS-water ist also das Pufferspeicher–Schnellladegerät.

Für jeden Holz – Solar - Heizer ist diese Variante eine interessante Alternative.

Und wer die nackte Technik verhüllen möchte, findet bei Firetube kreative Einbauvarianten.

Weitere Firetube-Kreationen zu den Themen:

Gesund heizen, kochen und backen, Speicheröfen und Kachelofentechnik und natürlich Kaminöfen in modularer Bauweise, finden Sie im world-wide-web unter **www.firetube.de**, oder rufen Sie den Erfinder persönlich an.

PS: firetube ist ein Philosophie-Mix aus Lego, Schweizer Taschenmesser und dem alten VW-Käfer.

Also, ein modularer Alleskönner in low-tec-Manier und natürlich Made in Germany.

Hersteller:

Gast Metallwarenerzeugung
GmbH & CoKg
Ennser Straße 42
A-4407 Steyr
Österreich
Tel.: +43 (0) 72 52 / 7 23 01-0
Fax: +43 (0) 72 52 / 7 23 01-24
Internet: **www.gast.co.at**
eMail: **office@gast.co.at**

Wasserführende Kamine – Bezeichnungen/Typ:

Kamineinsatz KEW/WT
wasserführender Kamin

Technische Daten:		**KEW/WT**
Leistung (freigesetzte Leistung pro Stunde):	[kW]	8 - 21
Holz-Brennstoffverbrauch:	[kg/h]	2,5 - 6
Leistung des Wassermantels:	[%] [kW]	55 ca. 1.4 - 11,5
Nettogewicht:	[kg]	325
Gesamtwirkungsgrad:	[%]	78
Wasserseitiger Leistungsanteil:	[%]	55,6
Wandstärke Wasserteil	[mm]	5

Sonstiges:

Für externe Verbrennungszuluft geeignet.

Prüfungen:

DIN 18 895 Teil 1 u. Teil 2
ÖNORM M 7520
Art. 15aB-VG über Schutzmaßnahmen betreffend Kleinfeuerungen

Preise: Auf Anfrage

Sichtbares Feuer

Endlich vereint sich der Wunsch sichtbaren Feuers mit hochwertiger Holzbrandtechnik. Und selbstverständlich liegt der überaus hohe Wirkungsgrad ökologisch gerade richtig.

Die Brenntechnik:

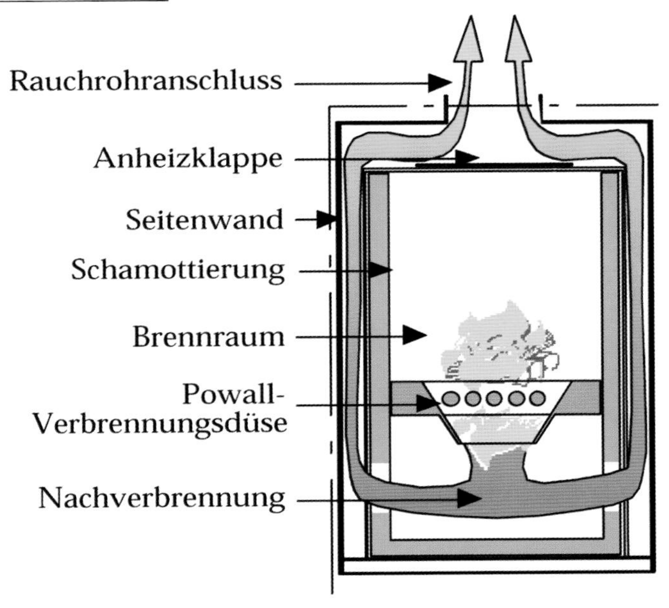

Der untere Abbrand von Gast ermöglicht einen gänzlich neuen Einblick: Die Flamme brennt zuerst nach unten. Seitlich ziehen die heißen Rauchgase anschließend wieder hoch. So wird großflächig und rasch Wärme abgegeben. Diese Verbrennungstechnik besitzt ein patentiertes Leitsystem für die Verbrennungsluft, das düsenartig einen kontinuierlichen, hochenergetischen Nachbrennprozess in Gang setzt. In der unteren Brennkammer erreichen die Verbrennungstemperaturen bis zu 1.000°C. Dies ist die Grundlage, um mehr Energie aus den Brennholzgasen herauszuholen und zugleich einen noch saubereren Abbrand und verringerte Emissionen zu erreichen.

Kamineinsatz KEW/WT

Für Warmwasser und Heizungsanschluss!

Ganzhausheizung bei kleinem Leistungsbedarf kombiniert mit Solar oder Wärmepumpe.

Vorteile der Gast-Verbrennungstechnik:

- Konstante und lang anhaltende Verbrennungstemperatur
- Weniger Brennstoffverbrauch
- Weniger Emissionen durch einen besseren Verbrennungsprozess
- Die Verbrennungsluft wird über Aluflex-Kompakt-Rohre und einen absperrbaren Luftschieber (vorbereitet auch für externen Zuluftanschluss) angesaugt
  - Wahlweise mit einer Absperrautomatik kombinierbar
  - Individuelle Gestaltung der Ofenhülle mit Putz, Keramik- oder Steinfläche
  - Zeitlos schöne Glasheiztüre

Gast Kamineinsatz KEW/WT
mit Wassermantel und Bratrohr

Schnittdarstellung: Kamineinsatz KEW/WT mit Wassermantel:

Der wasserführende Teil (Kessel) ist mit einem Luftspalt um den Kamineinsatz angeordnet. Die Flamme kommt nicht mit dem Wasserteil in Berührung. Somit entsteht keine Verrußung des Kessels und sind auch keine Putzöffnungen notwendig.

Leistungsverlauf KEW

Die nachfolgende Leistungskurve zeigt eindruckvoll, wie die Wärmeleistung verteilt wird.

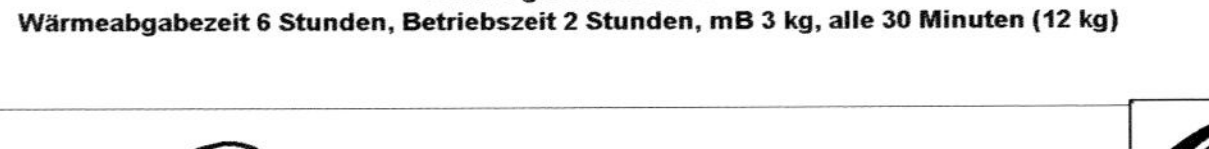

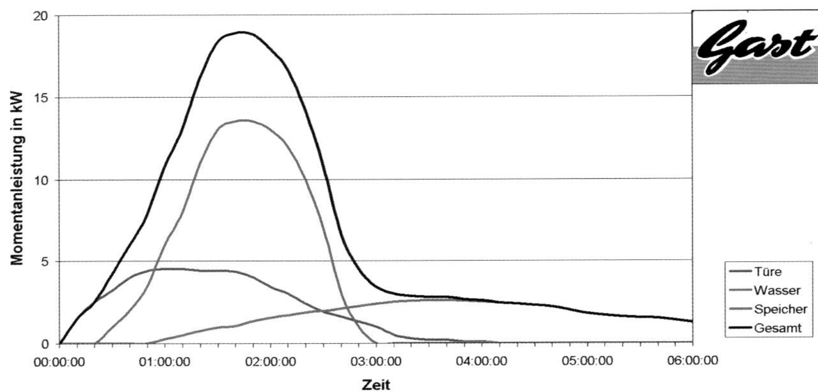

- **Braun:** Leistungsanteil, der über die beiden Glastüren abgegeben wird
- **Blau:** Leistungsanteil, der wasserseitig - an den Zentralhei-zungskreislauf - abgegeben wird
- **Grün:** Leistungsanteil, der für den keramischen Speicher zur Ver-Verfügung steht.

Die Gesamtleistung der Anlage (schwarze Kurve) besteht aus der Summe dieser Teilleistungen.

Spaß, Feuer und jede Menge Heizkomfort

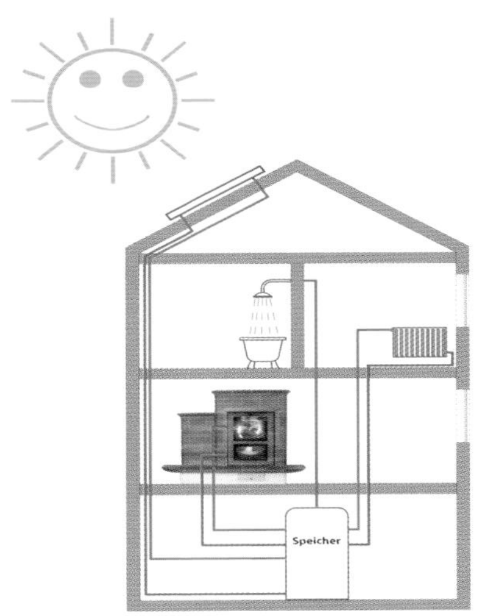

Sie können mit unserem Kamineinsatz einen Wohnraum schnell aufheizen und zusätzlich Speicherwärme, die je nach Verkleidungsart 8 - 10 Stunden angenehme Wärme abstrahlt, erhalten. Oder Sie wählen den Kamineinsatz mit zusätzlichem **Wasserteil.**

Während Sie gemütlich das Feuer durch die Glastüren betrachten, wird gleichzeitig **Warmwasser** erzeugt und die **Zentralheizung** mitbeheizt. In der Kombination mit Solar kann er für Niedrigenergiehäuser als alleinige Heizung dienen. Immerhin gehen mehr als 50% der Heizleistung in den Wasserkreislauf. Und da der Wassermantel nicht von den Flammen berührt wird, garantieren wir eine einwandfreie Verbrennung und kein Versotten des Wassermantels. Wenn Sie zusätzlich mit Ihrem Kamineinsatz braten möchten, können wir Ihnen auch diesen Wunsch erfüllen. Dann wird über der Heiztür ein geräumiges **Backfach mit Glastür**, Beleuchtung und digitaler Temperaturanzeige eingebaut.

Gast Kamineinsatz mit Wasserteil

Die zur Verbrennung notwendige Zuluft kann bei allen Gast-Kamineinsätzen problemlos von außen zugeführt werden. Bei Gestaltung, Farbe und Form der keramischen Verkleidung sind Ihrer Fantasie keine Grenzen gesetzt.

Hersteller:

Gerco Apparatebau GmbH
Zum Hilgenbrink 50
D-48336 Sassenberg

Tel.: +49 (0) 25 83 / 93 09-0
Fax: +49 (0) 25 83 / 93 09 - 99

Internet: **www.gerco.de**
eMail: **info@gerco.de**

Wasserführende Kamine – Bezeichnungen:

- **Pelletkaminofen**
  saphir GS 9
- **wasserführender Kaminofen**
  diamant GD 8
- auch als raumluftunabhängige Version (**-RLU**), für Passivhäuser geeignet
- **wasserführender Kamin-Heizkessel**
  garant WK 3
- **wasserführender Kachelofen-Heizkessel**
  KOE 3

Gerco - saphir GS 9

Gerco-saphir GS 9
afrikanischer Sandstein

Wärme und mehr

Genießen Sie die gemütliche Atmosphäre eines Pelletkaminofens im Wohnbereich und spüren Sie die Behaglichkeit der wohltuenden Wärmestrahlung. Dass damit ganz nebenbei auch die anderen Räume im Haus beheizt werden und Ihr Warmwasser bereitet wird, ist das wesentliche Merkmal dieses modernen Pelletkaminofenkessels. Komfortabel auf Knopfdruck startet der Brennvorgang. Mit Kesselleistungen zwischen 2,9 und 9 kW kann sich der GERCO-saphir GS 9 dem erforderlichen Wärmebedarf stufenlos anpassen.

Technische Daten:		**saphir GS 9**
Nennwärmeleistung	[kW]	2 – 9
Kessel-/Luftleistung	[%]	70 / 30
Wasserinhalt	[ltr]	8,5
Vorlauf-/Rücklauf	["]	¾
Abgasanschluss	[mm]	Ø 100
Mindestzugbedarf	[Pa]	5
Pelletbehälterkapazität	[kg]	ca. 32
Brennstoffverbrauch	[kg/h]	0,62 – 2,07
Elektr. Verbrauch im Mittel	[W]	< 100
Mittlere Abgastemperatur min./max.	[°C]	58 / 114
Abgasmassenstrom Volllast/Teillast	[kg/s]	0,008 / 0,006
Anschluss Verbrennungsluftrohr	[NW]	50

Gerco-saphir GS 9
in Speckstein sky

Wirkung, die man spürt

Seine Wärmeenergie verteilt der GERCO-saphir stets in einem Verhältnis von 70 % wasserseitig und 30 % luftseitig. Der geringe Strahlungsanteil sorgt für eine angenehme Raumtemperatur und ein behagliches Klima. Der Pelletkaminofenkessel wird über einen Pufferspeicher in das Heizsystem integriert, so dass ein Maximum an Wirtschaftlichkeit erreicht werden kann. Ein Solarsystem kann dieses Konzept optimal ergänzen.

Automatisch & Komfortabel

Der große Pelletvorratsbehälter fasst 32 kg Holzpellets und ermöglicht damit, je nach Leistungsbedarf, bis zu 51 Betriebsstunden. Die Holzpellets sind als so genannte Sackware erhältlich und können problemlos transportiert und gelagert werden. Je nach Bedarf füllen Sie die Holzpellets einfach in den Vorratsbehälter nach. Aus dem Vorratsbehälter werden die Holzpellets über die drehzahlgeregelte Förderschnecke automatisch in die Brennerschale transportiert. Nach der automatischen Zündung werden die Holzpellets mit Hilfe des modulierenden Saugzuggebläses optimal verbrannt. Sie können bei alledem einfach das Flammenbild durch das Sichtfenster genießen. Der GERCO-saphir GS 9 erreicht mit seiner durchdachten Konstruktion und Verbrennungstechnik bis zu 92,4 % Wirkungsgrad.

Genial einfach – einfach genial

Die Bedienung des GERCO-saphir GS 9 ist denkbar einfach. Das seitlich angeordnete Bedienpanel ist übersichtlich gestaltet und einfach zu bedienen. Sie wählen nur die Betriebsart und die gewünschte Kesseltemperatur. Der GERCO-saphir GS 9 informiert Sie mit dem digitalen LED-Display über den aktuellen Heizbetrieb und durch die integrierte Diagnosefunktion über weitere Kesselparameter. Optional kann der GERCO-saphir GS 9 auch mit einer witterungsgeführten Heizungsregelung oder einem Raumthermostaten erweitert werden. Die manuelle Reinigung wird je nach Einsatz alle 2-3 Tage vorgenommen.

Varianten mit System

Der Pelletkaminofenkessel kann ganz nach Ihrem Geschmack mit den unterschiedlichsten Verkleidungselementen versehen werden. Der GERCO-saphir GS 9 mit seinem gussgrauen Grundaufbau ist in insgesamt 16 verschiedenen Varianten lieferbar: 6 verschiedene Farbverkleidungen aus pulverbeschichtetem Stahlblech in blau, grün, weiß, rot, schwarz und weiß-aluminium mit schwarzer Abdeckplatte aus Granit. Hochwertige Ausführungen gibt es in Edelstahl, Speckstein sowie australischem und afrikanischem Sandstein. Weiterhin stehen 6 verschiedene Keramikglasuren in den Farben mokkaschwarz, granitgrau, champagner, aquablau, chillirot, savannenbraun mit schwarzer Abdeckplatte aus Granit zur Auswahl.

Gerco - diamant GD 8

Gerco-diamant GD 8
in Granit Alma White

Behaglichkeit und Wärme gehören zu den wichtigsten Eigenschaften, die man sich für sein eigenes Zuhause wünscht. Diesen Wunsch erfüllt der GD 8, und ist dabei unabhängig von Einrichtung oder Stil und verleiht dem Wohnraum in jeder Hinsicht Charakter. Sandstein strahlt eine besonders warme und freundliche Atmosphäre, aber auch einen Hauch Luxus aus. Freuen Sie sich auf Zuhause!

Technische Daten:		diamant GD 8	-RLU*
Nennwärmeleistung gesamt a.) wasserseitig b.) luftseitig	[kW]	8,0 6,0 2,0	8,0 6,0 2,0
Allgemeine Bauaufsichtliche Zulassung			Z-43.11-149
Gewicht	[kg]	120-215	120-215
Wasserinhalt	[ltr]	18	18
Zul. Vorlauftemperatur	[°C]	100	100
Rauchrohranschluss ø (außen)	[mm]	130	130
Abgastemperatur (ca. im Mittel)	[° C]	280	280
Abgasmassenstrom bezogen auf 12% CO_2	[g/s]	9,2	9,2
Verbrennungsluftanschluss	[mm]	--	100

* Raumluftunabhängige Version (für Passivhäuser geeignet)

Gerco-diamant GD 8 in Edelstahl

Optimale Wärmeverteilung

- 2,0 kW Strahlungswärme
- 6,0 kW wasserseitig

Durch das ausgewogene Verhältnis zwischen Strahlungswärme und wasserseitiger Energie wird der Aufstellraum auch bei geringem Wärmebedarf nicht überheizt. Für Niedrigenergiehäuser ist der diamant GD 8 die optimale und preiswerte Lösung. Durchdachte Details für eine einfache Bedienung und eine robuste Ausführung werden Ihnen lange Freude bereiten. Kommen Sie mit in die Welt des Feuerscheins und genießen Sie entspannt am prasselnden Kaminfeuer.

Die raumluftunabhängige Version des Gerco-Kaminofens ist besonders für Passiv- und Niedrigenergiehäuser geeignet. Die Verbrennungsluft wird bei dieser Version durch einen separaten Luftkanal geführt, die Front rauchdicht verschlossen. Ob Sie Ihren Kaminofen mit einer Wärmerückgewinnungsanlage oder einem Solarsystem kombinieren – Sie wählen immer eine wirtschaftliche und umweltfreundliche Lösung.

Ein Wort zur Technik

Die serienmäßig vorinstallierten Aggregate, wie z. B. die eingebaute Kaminofensteuerung mit integriertem Pumpenantiblockiermodul, ermöglichen eine sehr einfache, saubere und schnelle Montage des Warmwasser-Kaminofens GD 8 in die Heizungsanlage. Der diamant GD 8 ist ein deutsches Spitzenprodukt, welches TÜV-geprüft ist und darüber hinaus beim Bundespatentamt gebrauchsmustergeschützt wurde.

Gerco - garant WK 3

Gerco-garant WK 3 in Marmor

Das Flammenspiel und die Wärme eines knisternden Kaminfeuers sind seit jeher Inbegriff von Behaglichkeit und Geborgenheit.

Wenn Sie auf das Feuererlebnis nicht verzichten, aber trotzdem um einiges effizienter heizen wollen, gewinnen Sie mit dem Gerco Kamin-Heizkessel einen neuen Mittelpunkt in Ihrem Heim.

Gönnen Sie sich den Luxus eines Kaminfeuers. Mit der besonderen Technik des Kamin-Heizkessels ist eine energiesparende, wirtschaftliche und umweltfreundliche Wärmeerzeugung möglich.

Technische Daten:		**garant WK 3**
Nennwärmeleistung	[kW]	14,9
Strahlungswärme	[kW]	ca. 3-4
Kesselwasserinhalt	[ltr]	58
Gewicht (netto)	[kg]	ca. 220
Zul. Gesamtüberdruck	[bar]	2,5
Förderdruck	[N/m^2]	12
Rauchrohranschluss	[mm]	Ø 180
Abgastemperatur im Mittel	[°C]	252
Abgasmassenstrom bezogen auf 13% CO_2	[g/s]	34,15
Frischluftanschluss	[mm]	Ø 130
Feuerungsöffnung (BxHxT)	[mm]	590x450x460

Gerco-garant WK3 mit Specksteinbausatz

Moderne, durchdachte Technik und lange Lebensdauer durch hochwertige Materialien sowie sorgfältige Verarbeitung sind überzeugende Vorzüge des Gerco-Kaminheizkessels. Profitieren Sie von unserer langjährigen Erfahrung und gehen Sie keine Risiken ein, wenn es um Ihr Haus geht.

Bei Neu- oder Umbauten kann der WK 3 schnell und einfach installiert werden. Die Einbindung in den Heizkreislauf durch Ihren Heizungsinstallateur ist unproblematisch, egal ob Sie den WK 3 in Verbindung mit einer Öl-/Gas-Zentralheizung oder einer Solaranlage betreiben.

Überzeugende Vorteile auf einen Blick:

- Deutsche Qualitätsarbeit seit über 30 Jahren
- Stahlheizkessel mit 5 mm Wandstärke
- TÜV geprüft nach DIN 4751/2 und GS-Zeichen
- Vorstehrost in rustikaler Schmiedearbeit
- Eingebauter Sicherheitswärmetauscher
- Revisionsklappe für alle Anschlüsse
- Zum Heizen von naturbelassenem Stückholz bis 0,5 mtr.
- Installation erfolgt durch Ihren Heizungsfachbetrieb
- Individuelle Gestaltungsmöglichkeit
- 5 Jahre Garantie auf den Kesselkörper

Die durch eine perfekte Luftführung rußfreie Feuerungstür aus hochwertigem Robax-Sicherheitsglas sorgt für einen ungetrübten Genuss des natürlichen Flammenspiels und einen sauberen, umweltfreundlichen Abbrand.

Gerco - KOE 3

Ein Blickfang mit moderner und umweltfreundlicher Heiztechnik

Gerco-KOE 3

Auf die gemütliche Atmosphäre eines Kachelofens möchten viele Kunden heute zu Recht nicht mehr verzichten. Von einem modernen Kachelofen erwartet man jedoch mehr als nur Behaglichkeit und eine ansprechende Optik. Er muss außerdem in der Lage sein, die in ihm erzeugte Heizenergie mit hoher Wirtschaftlichkeit zur Verfügung zu stellen. Natürlich sollte dies alles mit einem Maximum an umweltfreundlicher Verbrennung geschehen.

Technische Daten:		**KOE 3**
Bauartkennzeichen		74-221-125-X
Nennleistung ges. - wasserseitig - luftseitig	[kW]	14,9 10,0 4,9
Abmessungen (BxHxT) Höhe mit Verbindungsknie	[mm]	380x750x500 1075
Abmessungen Nachschaltheizkasten (BxHxT)	[mm]	480x750x380
Wasserinhalt	[ltr]	35
Gewicht mit Nachschaltheizkasten	[kg]	203
Zul. Gesamtüberdruck	[bar]	2,5
Zugbedarf	[N/m^2]	20
Abgastemperatur	[°C]	205
Rauchgasstutzen Kessel	[mm]	Ø 180
Abgasmassenstrom (Holz)	[kg/s]	0,01771

Mit seiner Gesamtnennleistung von **14,9 kW** ist der Gerco-Kachelofen-Heizkessel KOE 3 optimal für die Verwendung in 1- oder 2-Familienhäusern geeignet. Zur Verteilung der erzeugten Heizenergie nutzt er das vorhandene Rohrnetz der Zentralheizungsanlage. Die Wärme ist hierdurch auch in allen anderen Räumen nutzbar und kann sogar zur Warmwasserbereitung verwendet werden. - Eine wichtige Voraussetzung für eine hohe Wirtschaftlichkeit Ihrer Investition.

Gerco-KOE 3

Der vollständig wassergeführte Feuerraum gibt etwa 2/3 der nutzbaren Heizenergie über die Heizflächen an das vorhandene Zentralheizungssystem ab. Etwa 1/3 werden als Strahlungs- oder Konvektionswärme über die Nachschaltheizfläche und die Umkachelung direkt in den Aufstellraum abgegeben.

- Zum Heizen von naturbelassenem Holz, Kohle,
- Koks, Torf und Brikett. Nennleistung: 14,9 kW
- Hohe Energieausnutzung durch 3-fache Heizkraft
- Einfache und sichere Bedienung
- Vorstehroste aus schwerem Quadratstahl
- Eingebauter Wärmetauscher für Übertemperaturabsicherung
- Stahl-Heizkessel mit 4 mm Wandstärke,
- TÜV-geprüft nach DIN 4751 Blatt II
- Deutsche Qualitätsarbeit – bewährt seit über 30 Jahren
- Montagefreundliche Konstruktion
- Installation erfolgt durch Ihren Heizungsfachbetrieb
- Individuelle Gestaltungsmöglichkeiten

HWAM intelligent heat

Hersteller:

HWAM Heat Design AS
Nydamsvej 53
DK-8362 Hørning
Dänemark

Tel.: +45 87 68 20 03 eMail: **heatdesign@hwam.com**
Fax: +45 86 92 22 18 Internet: **www.hwam.com**

Wasserführende Kamine – Bezeichnungen:

- **HWAM Elements - Pelletofen**
- **HWAM Monet**

HWAM Heat Design AS:

- Dänischer Kaminofenhersteller mit Fokus auf Design, Bedienungskomfort und Verbrennungstechnik
- HWAM verfügt über mehr als 30 Jahre Erfahrung und gehört zu Europas führenden Kaminofenherstellern
- Das Unternehmen hat ca. 160 Mitarbeiter und einen Umsatz von ca. 20 Millionen Euro, 75 % davon im Exportbereich
- Im Dezember 2003 erhielt HWAM als einziger Kaminofenhersteller der Welt vier ISOZertifikate
- HWAM verfügt über ein Patent für die einzigartige HWAM-Verbrennungsautomatik

HWAM Automatik:

- Patentiertes System zur Justierung der Luftzufuhr
- Optimale und kontrollierte Verbrennung, ohne dass man die Luftzufuhr manuell regeln muss
- Einstellung der Wärmeabstrahlung des Kaminofens nach Bedarf
- Weniger Arbeit beim Anzünden und Nachlegen von Brennholz
- Bessere Verbrennung und dadurch geringerer Reinigungsaufwand für Asche und Ruß, niedriger Brennholzverbrauch, geringere Belästigung für Anwohner und geringere Umweltbelastung

Weltneuheit: HWAM Elements

- Einzigartiger geräuschfreier Holzpelletofen
- Ohne Stromanschluss (im Gegensatz zu Öfen mit Stoker-Schnecke)
- Natürliches Flammenbild
- Elegantes, zeitloses Design
- HWAM Automatik
- Lange Brenndauer, bis zu 15 Stunden
- Mit und ohne Wassertank erhältlich
- Design: Architekt Anders C. Fasterholdt

HWAM Elements
mit Edelstahlseiten

Der HWAM Elements ist ein stilechter, **geräuschloser** und funktioneller Holzpelletofen mit echtem Kamineffekt. Die Kombination aus HWAMs einzigartiger Automatik und einer intelligenten Verbrennungstechnologie sorgt dafür, dass die Zufuhr von Luft und Holzpellets ganz ohne Elektroanschluss genau aufeinander abgestimmt wird. Das Ergebnis ist ein betriebssicherer Ofen, der für Wohnhäuser zwischen 80 und 200 m^2 als primäre Heizquelle geeignet ist.

Weltneuheit HWAM Elements

- Einzigartige geräuschlose Konstruktion (ohne Beschickerschnecke und Ventilator)
- Schönes und ruhiges Flammenbild mit echtem Kamineffekt
- Hoher Leistungsgrad
- Mit und ohne Wassertank erhältlich
- Das Pelletmagazin an der Ofenseite fasst 18 kg, was 12-18 Stunden Verbrauch entspricht
- Holzpellets sind ein benutzerfreundlicher und ökonomischer Biobrennstoff, der aus Abfallholz hergestellt wird

Technische Daten:

Nennleistung - davon wasserseitig	[kW]	8 ca. 4
Leistung min./max.	[kW]	4-10
Wasserinhalt	[ltr]	31
Durchmesser Rauchabgang	[mm]	150
Gewicht	[kg]	210
Breite/Höhe/Tiefe	[cm]	58,5/117/55,9

HWAM Elements- Prüfungen

- DIN 18891 (Deutschland)
- EN 13240 (Europa)
- Art. 15aB-VG (Österreich)
- NS 3038/59 (Norwegen)
- VKF-Nr.: 16477

Nach 3-jähriger intensiver Entwicklungsarbeit sind wir stolz darauf,

- Ihnen unseren in jeder Hinsicht ausgereiften HWAM Elements Pelletofen vorzustellen. Der Holzpelletofen wurde auf der Grundlage der Umweltanforderungen europäischer Umwelt- und Energieorganisationen konstruiert.
- Ihnen ein gelungenes Design vorzustellen und einen neuen Standard für Holzpelletöfen zu setzen.

Der Umweltgedanke hat die gesamte Entwicklungsarbeit geprägt. Im Gegensatz zu den Modellen unserer Konkurrenten, von denen viele mit einem elektrischen Gebläse ausgestattet sind und Ventilationsgeräusche von sich geben, funktioniert HWAM Elements **ganz ohne Strom und Lärm.**

Kleiner Unterschied – große Wirkung

Darüber hinaus wird das Produkt durch die **HWAM-Automatik** gesteuert, die selbsttätig die Luftzufuhr überwacht und somit eine perfekte Verbrennung gewährleistet.

»**Die Automatik-Lösung** bedeutet, dass unsere Kaminöfen von jedem ohne besondere Anleitung benutzt werden können. Der Kunde muss nur die Holzpellets in das Magazin einfüllen, und der Kaminofen macht dann den Rest. Wir denken dabei an die Umwelt, das ganzheitliche Erlebnis und die Finanzen unserer Kunden«, sagt der Firmeninhaber Vagn Hvam Pedersen.

HWAM Elements kommt mit ein paar Füllungen pro Tag aus. Damit kann ein gewöhnliches Haus mit 100-200 Quadratmetern den ganzen Tag über warm gehalten werden. Der Kaminofen wird fast wie eine Ölheizung betrieben und liefert außer der Wärme auch noch Flammen wie ein echter Kaminofen.

Der **HWAM** **Monet** mit klassischen skandinavischen Linien in einem freundlichen und offenen Design. Ausreichend flexibel, um den Ausdruck durch Zubehör zu variieren. Ausreichend stabil, um den Stil über Jahrzehnte zu halten.

- Eleganter Konvektionsofen
- Besonders energiesparend
- Kann Brennholzstücke bis zu 40 cm aufnehmen
- Schön gebogene Panoramafront
- Frontschublade, die den Bediengriff und die Aschenschublade verdeckt

Prüfung nach: DIN EN 13240 (Europa)

HWAM Monet

Feuer, Wasser und viel Wärme

Der **HWAM** Monet mit Wassertank ist eine natürliche Wahl für den energiebewussten Verbraucher, der sowohl mehr Gemütlichkeit im Raum als auch große Einsparungen bei der Heizrechnung anstrebt.

Indem wir den beliebten **HWAM** Monet mit einem Wassertank ausgestattet haben, haben wir eine Ergänzung oder in einigen Fällen sogar eine Alternative zum übrigen Heizsystem der Wohnung geschaffen.

Technische Daten:

Nennleistung - davon wasserseitig	[kW]	9 3,5
Leistung min./max.	[kW]	4-10
Wasserinhalt	[ltr]	12
Durchmesser Rauchabgang	[mm]	150
Gewicht	[kg]	150
Breite / Höhe / Tiefe	[cm]	54,8 / 112,5 / 43,7

HWAM Monet Verkleidungsvarianten:

Speckstein

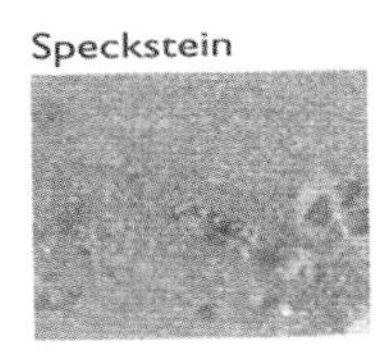

Kachel "Mandel"

Kachel "Ingwer"

Kachel "Chili"

Hersteller:

Merkury GmbH
Woldegker Chaussee 8
D-17348 Hinrichshegen bei Woldegk

Tel.: +49 (0) 39 63 / 25 75 90
Fax: +49 (0) 39 63 / 25 75 91

Internet: **www.merkury-online.de**
eMail: **kamine@merkury-online.de**

Wasserführende Kamine – Bezeichnungen/Typ:

- **Kamineinsätze: MERKURY 101 W-S, 105/45 W, 102 W, 104 W BIS,105 W BIS, 101 W BIS**
- **Raumheizer: MERKURY 115 W**

Technische Daten:	**101 W-S**	**105/45 W**	**102 W**	**104 W BIS**	**105 W BIS**	**101 W BIS**	**115 W**
Nennleist. [kW]	13,5	15	13,5	18	16	18	12
Wasserleist. [kW]	11	11,5	9,4	9,1	11	12,2	3,5
Strahlungsl. [kW]	2,5	3,5	4,1	8,9	5	5,8	8,5
Wirkungsgrad [%]	72,28	72,5	72,28	75,5	72	75,5	72
Gewicht [kg]	180	196	177	149	159	154	180
Wasserinhalt [ltr]	32	44	27,5	23	23	33	23
Wandstärke [mm]	4	4	4	4	4	4	4
Selbstschließende Tür	Ja	Ja	Ja	Ja	Ja	Ja	Ja
raumluft**un**abhängiger Betrieb	Ja	Ja	Ja	Ja	Ja	Ja	Ja
Aschekasten	Ja	Ja	Ja	Ja	Ja	Ja	Ja
DIN EN 13229	2/2006	2/2006	2/2006	6/2006	7/2006	6/2006	
DIN EN 13240							7/2006
Garantie [Jahre]*	2	2	2	2	2	2	2
Preis	auf Anfrage						

* Garantie auf den reinen Kaminkörper, ohne Zubehörteile, ohne Glas

Die Merkury GmbH hat sich spezialisiert auf die Produktion wasserführender Kamineinsätze und Öfen. Auf diesem Gebiet bieten wir unseren Kunden eine Vielfalt von Modellen in unterschiedlichen Varianten. In der Produktion der Merkury GmbH arbeiten eine Vielzahl von geprüften Schweißern, sowie Ingenieure, die unser Ziel gemeinsam verwirklichen. Jeder erstellte wasserführende Kamineinsatz/Ofen unterliegt einer strengen Qualitätskontrolle, bevor dieser weiter an unsere Kunden verschickt wird. Des Weiteren zählen zu unserer Herstellung konventionelle Kamineinsätze, diverse Kaminverkleidungen sowie Kaminzubehör. Der Vertrieb läuft europaweit. Gegründet wurde die Merkury GmbH 1995 vom heutigen geschäftsführenden Gesellschafter Herrn Zdzislaw Wojnarowski. Ziel des Unternehmens ist es, durch hohe technische Qualität, exklusives Design sowie entsprechenden Preiskonditionen, die vollste Zufriedenheit des Kunden und deren Weiterempfehlung an andere interessierte Kunden zu erreichen.

MERKURY 115 W

Der **Merkury 115 W** ist ein freistehender Kaminofen mit komplett fertiger Verkleidung. Dieser Kaminofen besitzt wie alle anderen Merkury Kamineinsätze eine separate Luftverbrennungskammer mit einem Anschluss von 80 mm und ist damit für den raumluft**un**abhängigen Betrieb geeignet. Ausgestattet wird der Kaminofen mit einer Anzahl von Sicherheitsbolzen, die für einen Heizungsdruck von 1,5 bar geeignet sind. Auf Wunsch kann dieser auch für 2,0 bar ausgestattet werden. Sie können diesen Kamineinsatz in schwarz oder mit dekorativen Messinggriffen und Messingrahmen erwerben. Des Weiteren wird dieses Model demnächst in einer **Edelstahlausführung** im Handel sein.

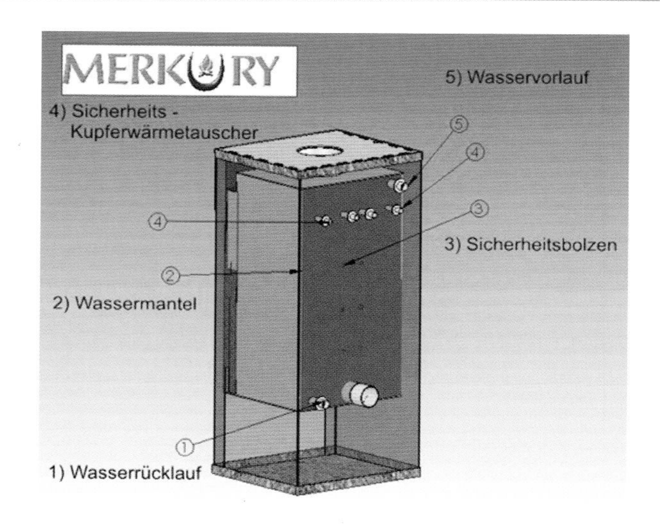

Schematische Rückansicht: MERKURY 115 W

MERKURY 101 W-S

Der **Merkury 101 WS** war einer der ersten wasserführenden Kamineinsätze, den unsere Ingenieure entwickelt haben. Dieser verbindet ein schlichtes Design mit einer flachen Panoramascheibe. Durch die Ascheschublade haben Sie die Möglichkeit, diese auch während des Befeuerns zu entleeren. Der Kamineinsatz besitzt eine separate Luftverbrennungskammer mit einem Anschluss von 120 mm und ist damit für den raumluft**un**abhängigen Betrieb geeignet. Des Weiteren können Sie diesen Kamineinsatz in zwei Varianten erwerben. Die erste Variante wäre für einen Heizungsbetriebsdruck von 1,5 bar ausgelegt.

Die zweite Variante ist für einen Heizungsbetriebsdruck von 2,0 bar ausgelegt. Die beiden Betriebsvarianten unterscheiden sich durch die Anzahl der Sicherheitsbolzen, die im Kamineinsatz eingeschweißt werden. Sie erhalten diesen Kamineinsatz in der Optik schwarz oder mit Messinggriffen und Messingrahmen.

Einbaubeispiel MERKURY 101 W-S

MERKURY 105/45 W

Der **Merkury 105/45 W** ist der meistverkaufte wasserführende Kamineinsatz der Merkury GmbH. Optisch prägt eine prismatische Scheibe die Front des Kamineinsatzes. Der Kamineinsatz hat einen integrierten Aschekasten, welcher sich im Feuerraum unter dem Rost befindet. Sie können bei dem Model zwischen zwei Türrahmen wählen. Die Höhe beträgt 45 cm und 51 cm. Außerdem besitzt der Kamineinsatz eine separate Luftverbrennungskammer mit einem Anschluss von 120 mm und ist damit für den raumluft**un**abhängigen Betrieb geeignet. Des Weiteren können Sie diesen Kamineinsatz in zwei Varianten er-

Einbaubeispiel MERKURY 105/45 W

Einbaubeispiel MERKURY 105/45 W

werben. Die erste Variante wäre für einen Heizungsbetriebsdruck von 1,5 bar ausgelegt. Die zweite Variante ist für einen Heizungsbetriebsdruck von 2,0 bar ausgelegt. Diese beiden Varianten unterscheiden sich durch die Anzahl der Sicherheitsbolzen, die im Kamineinsatz eingeschweißt werden. Sie erhalten diesen Kamineinsatz in der Optik schwarz oder mit Messinggriffen und Messingrahmen.

MERKURY 102 W

Der **Merkury 102 W** wird von unseren Schweißern seit 3 Jahren hergestellt. Durch sein exklusives Design in Verbindung mit einer flachen Panoramascheibe und einer zusätzlichen Flachscheibe in der linken Außenwand des Kamineinsatzes können Sie zusätzlich das Feuer aus anderen Perspektiven bestaunen. Der Kamineinsatz hat einen integrierten Aschekasten, welcher sich im Feuerraum unter dem Rost befindet. Des Weiteren besitzt dieser eine separate Luftverbrennungsammer mit einem Anschluss von 120 mm und ist damit für den raumluft**un**abhängigen Betrieb geeignet. Darüber hinaus können Sie diesen Kamineinsatz in zwei Varianten erwerben. Die erste Variante wäre für einen Heizungs-

Einbaubeispiel MERKURY 102 W

betriebsdruck von 1,5 bar ausgelegt. Die zweite Variante ist für einen Heizungsbetriebsdruck von 2,0 bar ausgelegt.

Die beiden Varianten unterscheiden sich durch die Anzahl der Sicherheitsbolzen, die im Kamineinsatz eingeschweißt werden. Sie erhalten diesen Kamineinsatz in der Optik schwarz oder mit Messinggriffen und Messingrahmen.

MERKURY 104 W BIS

Der **Merkury 104 W BIS** ist der Nachfolger des Merkury 104 W und des 104 WS. Dieser Kamineinsatz besitzt im Vergleich zu den Vorgängermodellen eine größere Leistung. Weiterhin hat dieser einen größeren Türahmen und eine größere Sichtscheibe. Beide Außenwände beinhalten eine Scheibe, so dass das Feuer von jeder Seite bestaunt werden kann. Der Kamineinsatz hat einen integrierten Aschekasten, welcher sich im Feuerraum unter dem Rost befindet. Weiterhin besitzt der Kamineinsatz eine separate Luftverbrennungskammer mit einem Anschluss von 120 mm und ist damit für den raumluft**un**abhängigen Betrieb geeignet. Dieses Modell ist mit der Anzahl seiner Sicherheitsbolzen für einen Heizungsbetriebsdruck von 2,0 bar ausgelegt, kann aber auch an Heizungsanlagen mit einem Heizungsbetriebsdruck von 1,5 bar problemlos angeschlossen werden. Sie können diesen Kamineinsatz in schwarz oder mit dekorativen Messinggriffen und Messingrahmen erwerben.

Einbaubeispiel MERKURY 104 W BIS

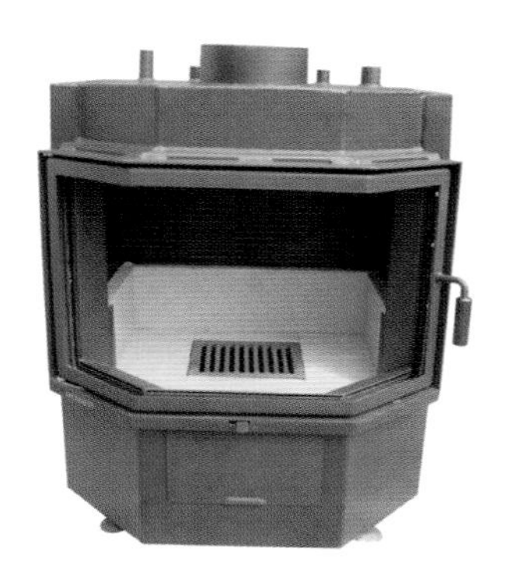

MERKURY 105 W BIS

Der **Merkury 105 W BIS** ist ein Nachfolger des Merkury 105/45 W. Dieser Kamineinsatz besitzt eine größere Leistung. Des Weiteren wurde der Domschacht des Kamineinsatzes gekürzt. Der Kamineinsatz hat einen integrierten Aschekasten, welcher sich im Feuerraum unter dem Rost befindet. Weiterhin besitzt der Kamineinsatz eine separate Luftverbrennungskammer mit einem Anschluss von 120 mm und ist damit für den raumluft**unabhängigen** Betrieb geeignet. Weiterhin können Sie diesen Kamineinsatz in zwei Varianten erwerben. Die erste Variante wäre für einen Heizungsbetriebsdruck von 1,5 bar ausgelegt. Die zweite Variante ist für einen Heizungsbetriebsdruck von 2,0 bar ausgelegt.

Die beiden Varianten unterscheiden sich in der Anzahl der Sicherheitsbolzen im Kamineinsatz. Sie können diesen Kamineinsatz in schwarz oder mit dekorativen Messinggriffen und Messingrahmen erwerben.

MERKURY 101 W BIS

Der Merkury **101 W BIS** ist der Nachfolger des Merkury 101 W und 101 WS. Dieser Kamineinsatz hat an Leistung gewonnen, hat einen größeren Türahmen und dadurch eine größere Sichtscheibe. Der Kamineinsatz besitzt einen integrierten Aschekasten, welcher sich im Feuerraum unter dem Rost befindet. Weiter besitzt der Kamineinsatz eine separate Luftverbrennungskammer mit einem Anschluss von 120 mm und ist damit für den raunluft**un**abhängigen Betrieb geeignet. Dieses Model ist mit der Anzahl seiner Sicherheitsbolzen für einen Heizungsbetriebsdruck von 2,0 bar ausgelegt, kann aber auch an Heizungsanlagen mit einem Heizungsbetriebsdruck von 1,5 bar problemlos angeschlossen werden.

Sie können diesen Kamineinsatz in schwarz oder mit dekorativen Messinggriffen und Messingrahmen erwerben.

Einbaubeispiel MERKURY 101 W BIS

Hinweis:

Die hier abgebildeten Kamine sind selbstverständlich für **alle festen Brennstoffe** zugelassen!

Hersteller:

Perhofer GmbH
Alternative Heizsysteme
Waisenegg 115
A-8190 Birkfeld
Österreich
Tel.: +43 (0) 31 74 / 37 05
Fax: +43 (0) 31 74 / 37 05 8
Internet: **www.perhofer.at**
eMail: **office@perhofer.at**

Wasserführende Kamine – Bezeichnungen/Typ:

- **Pelletsherd V15 (für den Brennstoff Holzpellets)**
- **Kachelofen V15 (für den Brennstoff Holzpellets)**

Technische Daten:		**Pelletsherd V15**	**Kachelofen V15**
Nennwärmeleistung	[kW]	20,5	14
Wasserwärmeleistung:	[kW]	14,9	10
Strahlungswärmeleistung	[kW]	5	4,5
Nettogewicht:	[kg]	480	240
Gesamtwirkungsgrad:	[%]	95,7	95,7
Wandstärke Wasserteil:	[mm]	6	6
Funktion/Abbrand		siehe 1)	
Stückholzbetrieb		siehe 2)	
Brennervarianten		rechts/links anbaubar	

1) Der Betrieb für Pellets erfolgt vollautomatisch, für feste Brennstoffe unterer seitlicher Abbrand (Vergasertechnik).
2) Pelletsherd und Kachelofen werden auch für Stückholzbetrieb geprüft. (Prüfung erfolgt im Winter 07/2008).

Für Kachelofen V15:

- für raumluft**un**abhängigen Betrieb geeignet
- Relation Wasser zu Luftleistung durch Zuschaltung eines weiteren Wasserwärmetauschers veränderbar

Prüfungen/Zulassungen:

Pelletsherd V15	Kachelofen V15
Prüfbericht Nr.	Prüfbericht Nr.
VFH-04-005-EP	VFH-04-005-EP
	GZ.92714/262-I/12/04

Garantie:

5 Jahre (auf Kesselkörper, ohne Zubehörteile)

Produktbeschreibung/Bilder:

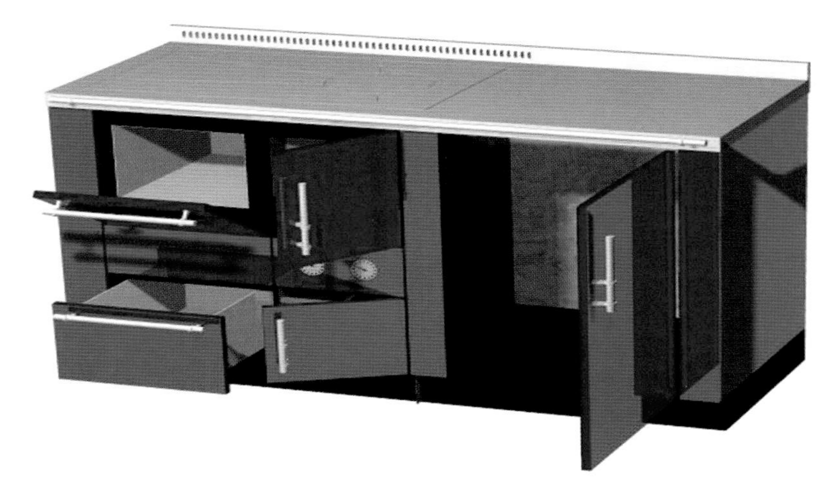

Perhofer Pelletsherd V15

Der **Pelletsherd V15** ist für einen vollautomatischen Betrieb mit Holzpellets bestimmt, kann jedoch auch mit Stückholz mit der neuen Holzvergasertechnik komfortabel betrieben werden. Er wurde in Zusammenarbeit mit einer österreichischen Herdfirma entwickelt. An den speziell für diesen Einsatz entwickelten Herd wird der Pelletsbrenner V15 montiert. Je nach Bedarf kann dies links oder rechts erfolgen.

Perhofer Pelletsherd V15

Somit ergibt sich ein sehr innovatives Heizgerät, mit dem der gesamte Wärmebedarf eines Einfamilienhauses abgedeckt werden kann. Der Pelletsherd V15 ist für einen vollautomatischen Betrieb mit Holzpellets bestimmt, kann jedoch auch mit Stückholz beheizt werden.

Die Brennstoffzufuhr wird mittels flexibler Schneckenförderung aus einem angebauten Vorratsbehälter oder aus einem Lagerraum realisiert (verschiedene Förderschema).

Als Rückbrandsicherheit ist eine geprüfte Brandschutzklappe eingebaut, welche auch bei Stromausfall eine Trennung zwischen Brenner und Lagerraum (Fördereinrichtung) gewährleistet.

Die Zündung erfolgt automatisch über einen keramischen Glühzünder, der sich durch seinen geringen Stromleistungsbedarf auszeichnet. Außerdem ist dieser Glühzünder nahezu verschleißfrei und verspricht somit eine lange Lebensdauer.

Die Pelletszufuhr erfolgt automatisch und wird mittels Niveausensor reguliert. Die Dosierung des Brennstoffes in den Brennraum erfolgt über eine Stockerschnecke. Die Leistungsregelung erfolgt vollautomatisch. Die Primärluft ist über berechnete Bohrungen fix eingestellt. Die Sekundärluftzufuhr wird über eine automatische Luftklappe geregelt.

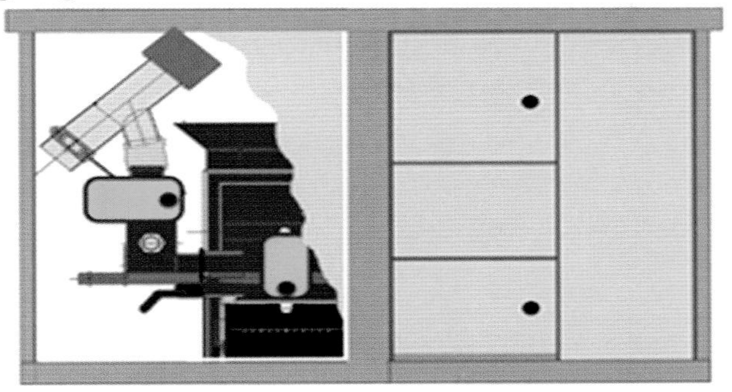

Pelletsherd V15 linke Ausführung

Um einen langen reibungslosen Betrieb zu gewährleisten, ist der Pelletsbrenner V15 mit einer automatischen Rostreinigung ausgestattet. Eine Rostreinigung wird nach jeder Brandphase durchgeführt und gewährleistet für den nächsten Heizbetrieb wieder beste Voraussetzungen.

Der Herd ist mit einem Wasserwärmetauscher ausgestattet und ermöglicht somit das Beheizen von Heizkörpern, Warmwasserboilern oder Pufferspeichern. Zum Kochen steht Ihnen ein eigener Kochschalter zur Verfügung. Nach dem Einschalten dieser Funktion startet der Pelletsbrenner automatisch. Da beim Kochbetrieb eine hohe Temperatur an der Herdplatte in kurzer Zeit gewünscht ist, heizt der Pelletsbrenner mit voller Leistung. Um jedoch diese erzeugte Wärme sinnvoll und ökonomisch zu nutzen, ist ein Pufferspeicher auf jeden Fall zu verwenden. Somit wird während des Kochbetriebes auch gleichzeitig der Pufferspeicher aufgeheizt. Außerdem kann aus diesem Speicher der gesamte Wärmebedarf (Heizung, Warmwasser) abgedeckt werden.

Eine automatische Betriebsweiterführung von Stückholzbetrieb auf Pelletsbetrieb garantiert einen komfortablen Betrieb. Somit können Sie den Herd mit Stückholz beheizen und nach Abbrand des Holzes startet der Pelletsbrenner, falls noch immer eine Anforderung besteht, automatisch.

Der Platz über dem Pelletsbrenner kann durch Einbau eines elektrischen Kochfeldes sinnvoll genutzt werden. Dekorfronten und Griffe können individuell zum passenden Küchenstil ausgewählt werden.

Der **Kachelofen V15** wird vollautomatisch mit Holzpellets beheizt, kann jedoch auch mit Stückholz mit der neuen Holzvergasertechnik komfortabel betrieben werden.

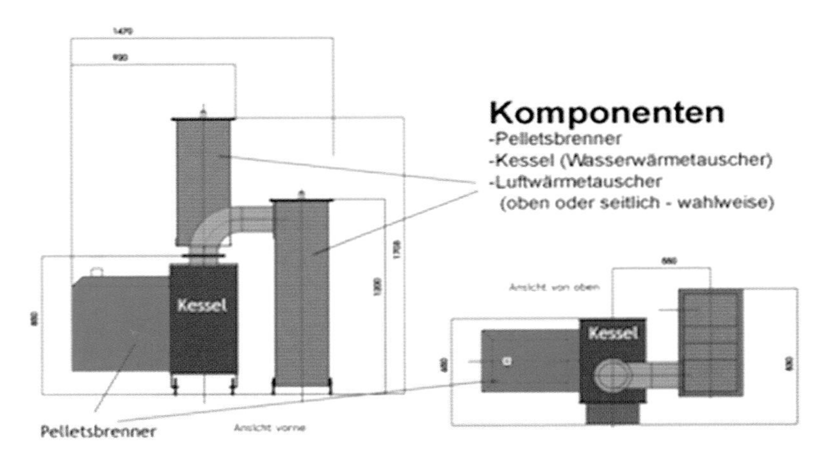

Der Kachelofen wird vollautomatisch mit Holzpellets beheizt. Er kann jedoch auch mit Stückholz beheizt werden. Ein zusätzlicher Luftwärmetauscher erhöht die Wärmenutzung und erzielt eine höhere Wärmeabgabe in Form von Strahlungswärme. Der Luftwärmetauscher kann seitlich oder über dem Zentralheizungskessel platziert werden. Ein dreiseitiger Rauchrohranschluss vom Luftwärmetauscher gewährt beste Einbaumöglichkeiten. Die gesamte Technik wird von einem in-

Kachelofen

dividuell gestaltbaren Mantel aus Kacheln umgeben. Dieser Mantel dient auch als Wärmespeicher.

Die Brennstoffzufuhr kann aus einem Vorratsbehälter oder direkt aus einem Lagerraum erfolgen. Als Transportmittel wird eine flexible Schnecke verwendet, die sich durch einen besonders geräuscharmen Betrieb sowie einen geringen elektrischen Leistungsbedarf auszeichnet.

Die Heizung ist mit einer Mikroprozessor-Regelung ausgestattet, welche einen reibungslosen Heizbetrieb gewährleistet. Die Eingabe persönlicher Parameter ist einfach. Die Bedienung erfolgt über ein menügeführtes Bedienteil. Die Ansteuerung von 2 Heizkreisen sowie einem Boiler und Pufferspeicher sind standardmäßig integriert.

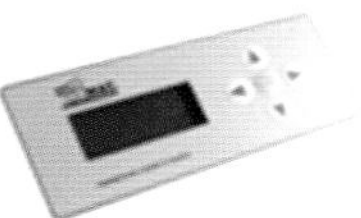

Um höchste Sicherheit zu erzielen, ist im Kessel ein Sicherheitswärmetauscher eingebaut, um den Kessel vor Beschädigung durch Übertemperatur zu schützen.

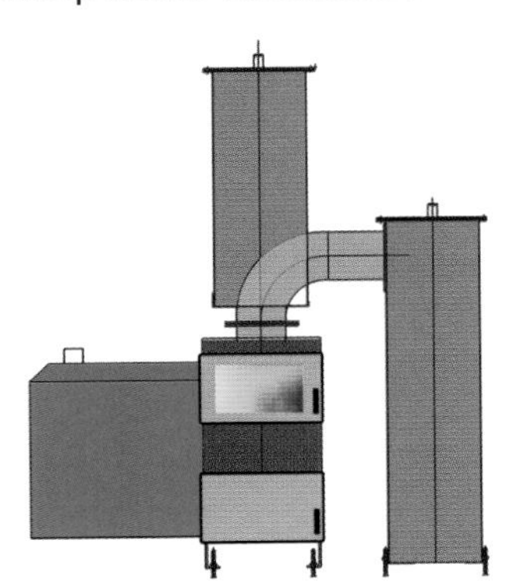
Schematische Darstellung

Je nach Raumangebot kann aus vielen Aufstellungsvarianten gewählt werden, um die Heizanlage an den vorhandenen Raum bestmöglich anzupassen.

Die Dekors und Ausführungen der Türen (Heiztür, Aschentür) können nach individuellem Wunsch gewählt werden.

Kachelofen-Pellet V15

Perhofer Kachelofen V15

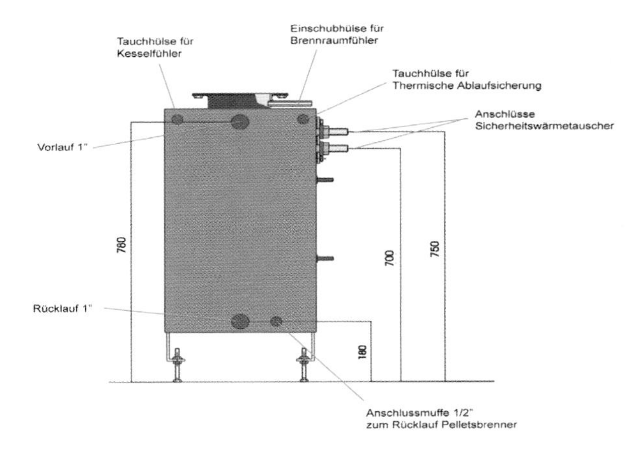

Kachelofen V15: Anschlüsse

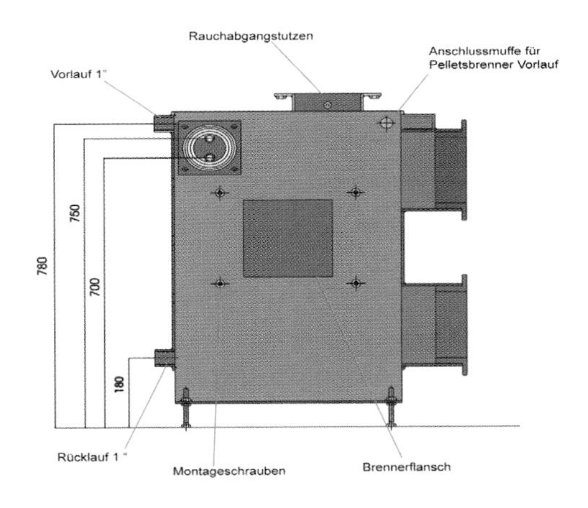

Kachelofen V15: Anschlüsse

Hersteller:

PLEWA-Werke GmbH
Merscheider Weg 1
D- 54662 Speicher

PLEWA
SchornsteinTechnik
AbgasSysteme

Tel.: +49 (0) 65 62 63-0
Fax: +49 (0) 65 62 93 00 53

eMail: **info@plewa.de**
Internet: **www.plewa.de**

Wasserführende Kamine – Bezeichnungen:

Schornstein-Ofen-Unit
- **UniTherm *plus***
- **UniTherm 2**
- **UniTherm 2+P**

Ein starkes Team:

Für die Entwicklung des ***UniTherm*** haben sich starke Partner zusammengefunden und repräsentieren Qualität und Funktion, sowie erstklassigen Service.

Technische Daten:		**UniTherm**	
	plus	**2**	**2+P**
Max. Nennwärmeleistung: [kW]	7,5	8	8
Wasserwärmeleistung: [kW]	2	4,5	4,5
Raumheizleistung: [kW]	5,5	3,5	3,5
Wirkungsgrad - Scheitholz: [%]	> 78	> 78	> 78
- Pellets: [%]	-	-	> 90
raumluft**un**abhängig	ja	ja	ja
Prüfnorm:	entspricht DIN EN 13240		
		DIN plus	DIN plus DIN EN 14785
Brennstoffe:			
- Pellets	-	-	✓
- feste Brennstoffe	✓	✓	✓

Die erste Unit für feste Brennstoffe steht nun zur Verfügung. Die Entscheidung für

UniTherm bedeutet:

- **Eine** optimal abgestimmte Einheit
- **Ein** Lieferant
- **Ein** Gewährleistungspartner

PLEWA - UniTherm

Der ***UniTherm*** ist eine raumluft**un**abhängige Feuerstätte in Fertigteilbauweise, die für den gleichzeitigen Betrieb mit Dunstabzugshaube (im Küchenbereich) und sonstigen Lüftungsanlagen geeignet ist. Die Verbrennungsluftzufuhr ist integriert.

Von Plewa zur Ganzhausheizung weiter entwickelt

PLEWA - UniTherm

Die in den Schornstein integrierte Feuerstätte ***UniTherm*** wird demnächst auch als Ganzhausheizung zur Verfügung stehen. Plewa, das Traditionsunternehmen aus Speicher, hat das Erfolgsprodukt als Gemeinschaftsprojekt zusammen mit der Fa. Lohberger für den Einsatz in modernen Gebäuden mit niedrigem Heizenergiebedarf verändert. Als ***UniTherm 2*** verfügt der Wärmeerzeuger über eine Heizleistung von ca. 8 kW, die sich in 3,5 kW für die Raumheizung und 4,5 kW für die Heizwasserleistung aufteilen.

Dazu hat man den ***UniTherm*** um einen Abgaswärmetauscher ergänzt. Die Wassertaschen des Wärmetauschers werden beim ***UniTherm 2*** um den Heizeinsatz herum angeordnet. Die vom Wärmetauscher aufgenommene Wärme kann in einen Pufferspeicher geleitet werden und steht so zur Beheizung anderer Räume bereit. Auf diese Weise lässt sich der Kaminofen noch effizienter nutzen. Die Anschlüsse für den Heizungsvor- und -rücklauf befinden sich im Fußbodenteil des Kaminofens. Ihre Einbindung in den Heizkreislauf gestaltet sich unproblematisch.

Die schon bekannten Vorteile des ***UniTherm*** kommen auch beim Typ 2 zum Tragen. Dazu zählen beispielsweise die optimale Abstimmung aller Komponenten, der schnelle Aufbau durch die Vorfertigung, die raumluftunabhängige Betriebsweise sowie die freie Gestaltungsmöglichkeit des Außenmantels. Auch die kompakte Bauweise – der Kaminofen benötigt nur eine Stellfläche von 55 x 55 cm – gilt als Pluspunkt. Darüber hinaus wird eine hohe Betriebssicherheit garantiert, die mit niedrigen Emissionen einhergeht.

Der in Zusammenarbeit zwischen PLEWA und der Fa. Lohberger entwickelte ***PLEWA UniTherm 2:*** *Die* platzsparende Ganzhausheizung mit in den Brennraum integriertem Wasserwärmetauscher!

Ihre Vorteile auf einen Blick

- Ganzhausheizung
- Heizeinsatz in modernster Technik
- ansprechendes modernes Design
- in den Brennraum integrierter Wärmetauscher
- niedrige Emissionswerte
- hohe Betriebssicherheit
- unabhängig vom Öl- und Gaspreis
- wartungsarm
- mit Rücklauftemperaturanhebung und thermischer Ablaufsicherung
- einfache Endmontage durch den Fachbetrieb möglich
- entspricht DIN EN 13240 Raumheizer für feste Brennstoffe
- entspricht DIN plus

PLEWA - UniTherm

Der ***UniTherm*** ist frei gestaltbar. Somit läßt sich seine Optik individuell auf den Wohnraum abstimmen. Auch eine spätere Veränderung der Optik ist daher kein Thema. Der ***UniTherm*** passt sich somit in seine Umgebung ein und „lebt" mit ihr.

Der in Zusammenarbeit zwischen PLEWA und der Fa. Lohberger entwickelte ***PLEWA UniTherm 2+P:*** *Di*e platzsparende **Ganzhausheizung** mit in den Brennraum integriertem Wasserwärmetauscher und zusätzlichem Pelletsmodul!

Ihre Vorteile auf einen Blick

- ermöglicht ein Beheizen der Räume mit dem Komfort einer Zentralheizung
- automatische Zuschaltung des Pelletsmoduls
- Steuermöglichkeit über Raumthermostat
- erweiterbar mit automatischer Pelletszuführung
- einfache Anbindung einer Solaranlage durch Installationsschacht
- Verlegung der Zu- und Rückläufe der Heizungsanlage durch den Installationsschacht
- ansprechendes modernes Design
- unabhängig vom Öl- und Gaspreis
- entspricht Anforderungen DIN Plus
- entspricht DIN EN 13240 Raumheizer
  für feste Brennstoffe und DIN EN 14785 Raumheizer
  zur Verfeuerung von Holzpellets

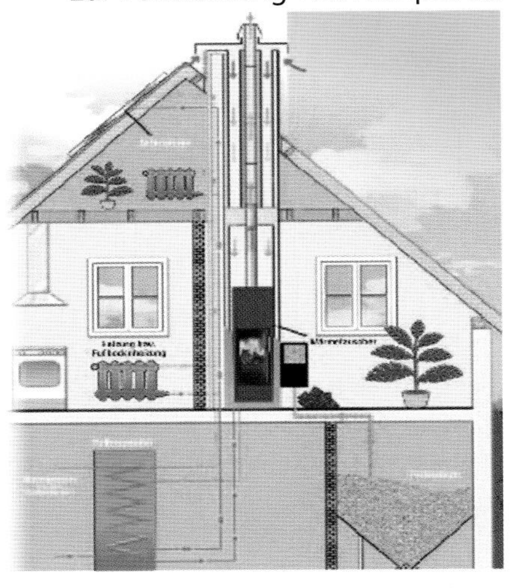

Als Ergebnis einer gemeinsamen Entwicklung von PLEWA und der Firma Olsberg sind wir stolz, Ihnen den ***PLEWA UniTherm plus*** - *die wirtschaftliche Schornstein-Ofen-Unit* ***mit Rauchgas-Wasser-Wärmetauscher*** vorzustellen!

Ihre Vorteile auf einen Blick

- verfügt zusätzlich über einen in der Abgasstrecke montierten Abgas-Wärmetauscher
- dem Abgas entzogene Wärme kann in Pufferspeicher geleitet werden und steht zur Beheizung anderer Räume und zur Brauchwassererwärmung zur Verfügung
- Wirkungsgrad des Ofens wird deutlich erhöht
- vor allem in der Übergangszeit sinnvoll
- wartungsarm
- einfache Endmontage durch den Fachbetrieb möglich
- entspricht DIN EN 13240 Raumheizer für feste Brennstoffe
- entspricht DIN plus

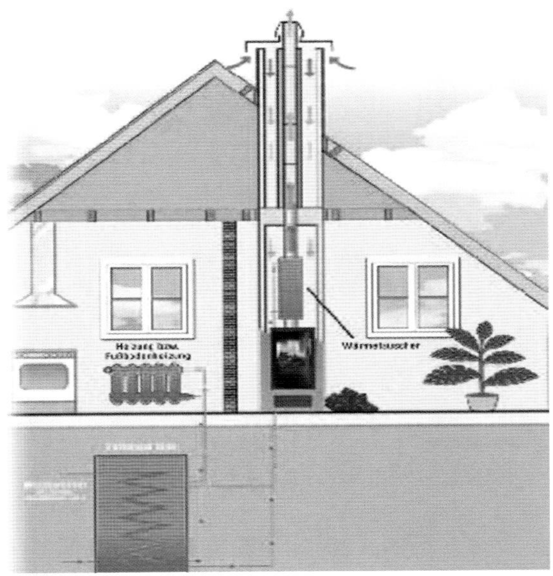

Worauf die Welt gewartet hat: PLEWA - UniTherm plus

Das UniTherm – Funktionsprinzip von PLEWA

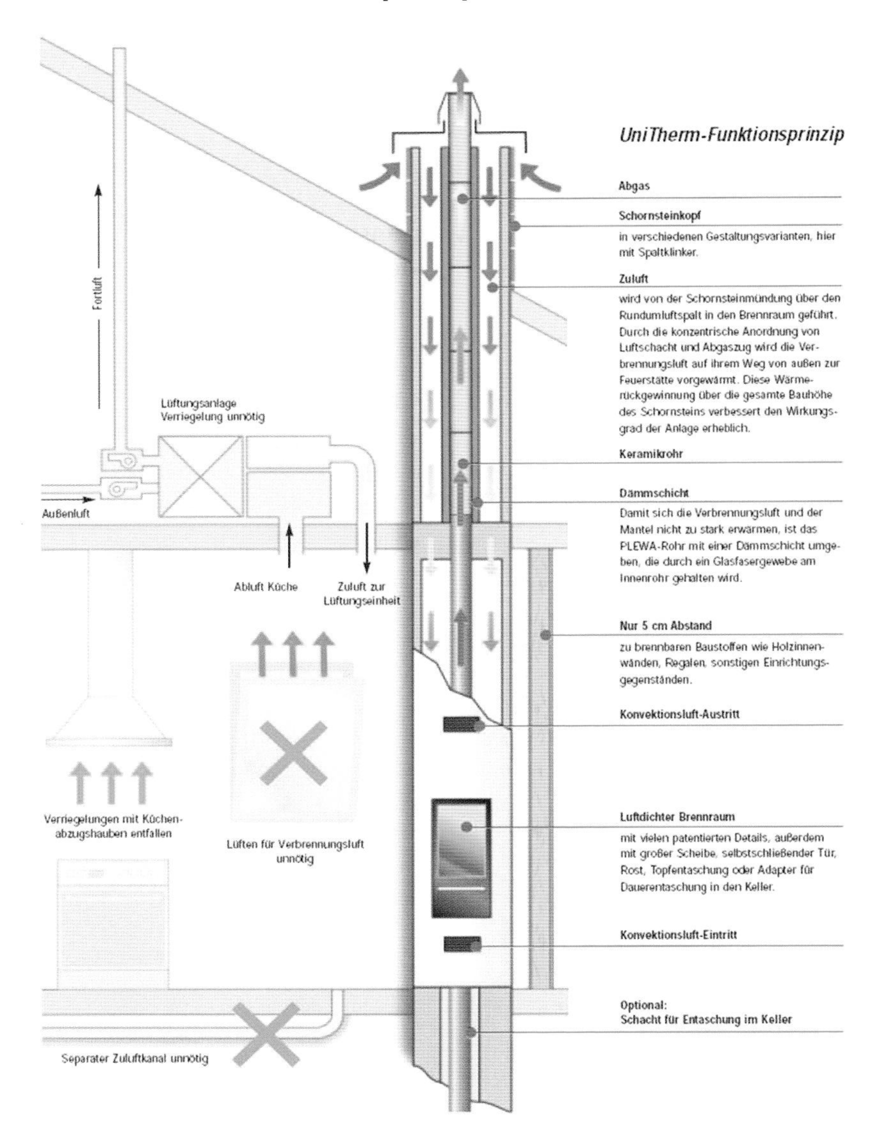

Die Technik

Alles ist im Schornsteinschacht integriert. Der Mantel ist aus gefügedichtem Leichtbeton. Die Wärmeübertragung erfolgt über dezent angeordnete Konvektionsluftöffnungen. Die selbst schließende Ofentür führt zu ausreichender Dichtigkeit und verhindert Rauchgasaustritt. Eine integrierte Scheibenspülung sorgt für rußfreie Sicht auf das Feuer. Clou: Sofern ein Keller vorhanden ist, besteht die Möglichkeit, die Asche im Keller zu sammeln, wo sonst der Schornsteinfeger den Ruß entnimmt. Die Verschmutzung der Wohnung, auch bei Kehrarbeiten, unterbleibt. Über dem Einsatz befindet sich eine Art Fangkorb für das Kehrgerät.

Intelligentes Heizen für intelligente Häuser

PLEWA - UniTherm

Der ***PLEWA-UniTherm*** verbindet fortschrittlichste Schornsteintechnologie mit einem Olsberg-Heizeinsatz. Diese optimal aufeinander abgestimmte Einheit überzeugt in Funktion und Design. Sie bietet Ihnen alle Vorzüge des Heizens mit klassischen Kaminöfen – behagliche Wärme, wohnliche Atmosphäre, das Feuer als Blickfang im Raum. Der ***UniTherm*** „atmet" über den Schornstein die für eine saubere Verbrennung erforderliche Zuluft ein und die Abgase aus. Schornstein und Ofen bilden dabei ein geschlossenes System. Damit werden die Nachteile eines herkömmlichen Ofens vermieden. Aufwändige Installationen, separate Zuluftöffnungen, Verriegelungen mit Dunstabzugshauben oder Lüftungsanlagen usw. entfallen. Die raumluftunabhängige Betriebsweise lässt den Sauerstoff im Haus, verbessert damit das Raumklima und verhindert Raumauskühlung und Verschmutzung durch Staub und Asche.

Schön und komfortabel

PLEWA - UniTherm

Zusätzlichen Platz benötigt der ***Uni-Therm*** nicht. Alles ist im Schornsteinschacht integriert. Sie verlieren keine wertvolle Wohnfläche für einen separaten Ofenstellplatz. Die Wärmeübertragung erfolgt über dezent angeordnete Konvektionsluftöffnungen.

Die patentierte selbstschließende Ofentüre sorgt für ausreichende Dichtigkeit und verhindert Abgasaustritt. Eine integrierte Scheibenspülung sorgt für rußfreie Sicht auf das Feuer.

Effizient und umweltfreundlich

Die konzentrische Anordnung von Luftschacht und Abgaszug führt zur Wärmerückgewinnung über die komplette Anlagenhöhe und verbessert den Wirkungsgrad erheblich. Alle Komponenten sind optimal aufeinander abgestimmt. Das garantiert gute Zugverhältnisse und ein solides Feuer ohne unnötige Umweltverschmutzung. Die Anordnung vom Zulufteintritt nahe der Abgasmündung verhindert negative Windeinflüsse auf die Verbrennung und sorgt für guten Schornsteinzug, auch bei Anordnung der Mündung unterhalb des Dachfirstes. Der Mantel des ***UniTherms*** ist aus gefügedichtem Leichtbeton. Die Anlage ist Blower-door-dicht. Dies ist Voraussetzung für den Betrieb in Passiv- und Niedrigenergiehäusern. Mit dem ***UniTherm*** werden alle Anforderungen der Energieeinsparverordnung erfüllt.

Sofort einsatzbereit

PLEWA - UniTherm

Der ***UniTherm*** wird in Bauteilen von max. 6 m Länge vorgefertigt und ist mittels Kran in kürzester Zeit montiert. Schon nach wenigen Minuten ist die Anlage betriebsbereit. So können Sie schon während der Ausbauphase heizen.

Der ***UniTherm*** lässt sich auch in Häusern ohne Keller direkt auf der Bodenplatte bzw. dem Erdgeschossfußboden platzieren.

Preiswert

Gegenüber herkömmlichen Systemen können Sie mit dem ***PLEWA-Olsberg-UniTherm*** mehr als 3.000 Euro sparen. Denn Sie benötigen weder aufwändige Installationen für die Zufuhr von Verbrennungsluft, noch einen separaten Ofen mit Anschlussöffnungen, Rohren und Strahlungsschutz sowie etwaige Verriegelungen mit lüftungstechnischen Anlagen. Kosten für eine separate Schornsteinkopfverkleidung entfallen, sofern Spaltklinker, Putz oder Anstrich werkseitig angebracht werden.

Vorteilhaft gut

- Schornstein und Ofen für raumluftunabhängige Betriebsweise in einem Bauteil – das bedeutet für Sie: Einbauen und sofort heizen!
- Integrierte Luft- und Abgasführung mit garantierter Wärmerückgewinnung!
- Große Glasscheibe für Atmosphäre und Behaglichkeit!
- Individuelle Oberflächengestaltung nach Wunsch!

Volle Gestaltungsfreiheit

PLEWA - UniTherm

Der ***UniTherm*** kann auf vielfältige Weise gestaltet und an jeden bestehenden Einrichtungsstil angepasst werden. Die einfachste Version ist spachteln und anstreichen. Auch Tapeten, Kacheln, Edelputze und andere Gestaltungselemente sind ohne weiteres am Außenmantel anzubringen.

Bei jeder Renovierung eine neue Optik, ohne Funktionseinschränkung und nach individuellen Wünschen. Kein Ofenrohr, das gestrichen werden muss und Staub anzieht. Für Anordnungen in Wandecken kann der ***UniTherm*** um 45 ° gedreht eingebaut werden.

PLEWA - UniTherm

Auch der Schornsteinkopf des ***UniTherm*** kann auf Wunsch schon mit fertiger Gestaltung geliefert werden. Als mögliche Ausstattungsvarianten stehen hier Spaltklinker, Putz, Anstrich und Stulphauben in verschiedenen Farben zur Verfügung.

Fazit:

Der ***PLEWA-UniTherm*** verbindet fortschrittliche Schornsteintechnologie mit einem Kamin. Diese aufeinander abgestimmte Einheit überzeugt in Funktion und Design.

Egal ob als reines Lustfeuer, zur Heizungsunterstützung oder als Ganzhausheizung. In der ***PLEWA Unitherm*** Reihe findet jeder das passende Produkt.

Hersteller:

RIKA Metallwarenges. m.b.H. & Co KG
Müllerviertel 20
A-4563 Micheldorf/Oberösterreich
Österreich

Tel.: +43 (0) 75 82 / 686-41
Fax: +43 (0) 75 82 / 686-43

Internet: **www.rika.at**
eMail: **verkauf@rika.at**

Wasserführende Kamine – Bezeichnungen/Typ:

- **TAVO AQUA** - **Scheitholzkaminofen**
- **EVO AQUA** - **Pelletkaminofen**
- **VISIO AQUA** - **Pelletkaminofen**
- **VARIO AQUA** - **Scheitholz / Pellets-Kombikamin**

Technische Daten:		**TAVO AQUA**	**EVO AQUA**	**VISIO AQUA**
Leistungsbereich	[kW]	5 – 10	2 – 12	2 – 9
- luftseitig		30 %	15 %	30 %
- wasserseitig		70 %	85 %	70 %
Wirkungsgrad	[%]	bis 80 %	bis 94 %	bis 91 %
Verbrauch Pellets/h	[kg]			
- maximal		-	2,7	2,07
- minimal		-	0,8	0,62
Verbrauch Holz/Std. bei Nennwärmeleistung (10 kW)	[kg]	4,5	-	-
Max. Brenndauer/Füllung		-	47,5	51
Gewicht ohne Verkleidung	[kg]	221	213	145
Rauchrohrabgang ø	[mm]	130	100	100
Vorratsbehälter	[kg]	-	38	32
Volumen Kesselwasser	[ltr]	28	20	8,5
Außenluftanschluss		Ja	Ja	Ja

Die RIKA Zentralheizungsgeräte lassen sich problemlos in gängige Systeme als Sekundärheizquelle integrieren oder zu alternativen Heizungslösungen nützen. Unabhängig davon, ob alternative Heizungssysteme bereits vorhanden sind, oder ob das Zentralheizungsgerät als alleinige Heizquelle genutzt wird.

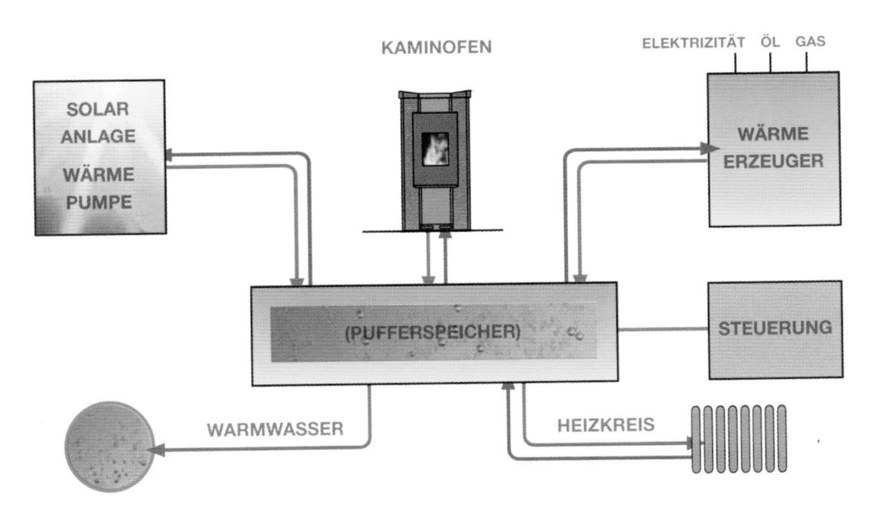

EVO AQUA

RIKA EVO AQUA

RIKA – Attraktive Heizlösungen für den Wohnraum

RIKA als österreichischer Marktführer von hochwertigen Kaminöfen und Pionier bei der Einführung der Pelletkaminofentechnologie in Europa im Jahr 1989 bietet neben den bereits sehr erfolgreich auf dem Markt vertretenen Kamin- und Pelletöfen als Luftgeräte nun auch moderne und optisch sehr attraktive Zentralheizungsgeräte für den Wohnraumbereich an. Die Pellet-Wohnheizanlage **EVO AQUA** mit 12 KW Heizleistung ist sowohl als Ganzhausheizung als auch als ideale Ergänzung zu bereits bestehenden Heizanlagen wie beispielsweise Solar, Wärmepumpen oder Gas einsetzbar. Häufig werden Pufferspeicherlösungen bevorzugt, die z.B. zusätzlich mit einer Solaranlage gespeist werden. Obwohl sich dieses hochqualitative Zentralheizungsgerät im Wohnraum befindet, kann der Betrieb über eine automatische Kammrostentäscherung, abgesehen von einer 14-tägigen Entleerung der Aschelade, vollautomatisch erfolgen. Mittels eines Pellet-Vakuum-Ansaugsystems können die Pellets optional vollautomatisch von einem externen Lagerort in den Tagesbehälter eingeblasen werden.

RIKA EVO AQUA
mit Aluminiumeinsatz

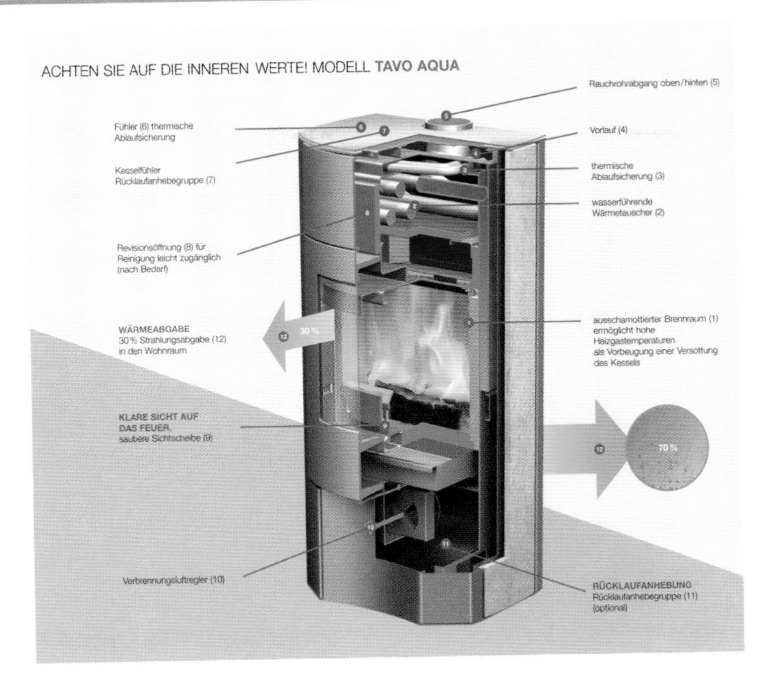

VISIO AQUA

RIKA VISIO AQUA
Elipse - Keramik - Caramel

Eine Alternative zu dem Evo Aqua bietet das Zentralheizungsgerät Visio Aqua mit Brennmuldenfeuerung und einer Heizleistung bis max. 10 kW.

RIKA TAVO AQUA
Speckstein

TAVO AQUA

Der wasserführende Scheitholzkaminofen **Tavo Aqua** ist nur mit einem Pufferspeicher betreibbar. Mit diesem Produkt kann Überschusswärme in den Pufferspeicher geleitet und zu einem späteren Zeitpunkt wieder abgerufen werden. Am Abend 2-3 Stunden mit Holz einheizen und morgens Brauchwasser aus dem Pufferspeicher entnehmen wäre ein typisches Heizkonzept mit dieser Variante.

RIKA TAVO AQUA
Ananas

Modell - TAVO AQUA

Ausschamottierter Brennraum (**1**) ermöglicht hohe Heizgastemperaturen als Vorbeugung einer Versottung des Kessels.

Wasserführende Wärmetauscher (**2**)
Thermische Ablaufsicherung (**3**)

Vorlauf (**4**)

Rauchrohrabgang oben/hinten (**5**)

Fühler (**6**) thermische Ablaufsicherung

Kesselfühler Rücklaufanhebegruppe (**7**)

Revisionsöffnung (**8**) für Reinigung leicht zugänglich (nach Bedarf)

Klare Sicht auf das Feuer:

- saubere Sichtscheibe (**9**)
- Verbrennungsluftregler (**10**)

Rücklaufanhebung:

Rücklaufanhebegruppe (**11**) (optional)

Wärmeabgabe:

30 % Strahlungsabgabe (**12**) in den Wohnraum

RIKA – Geprüfte Qualität

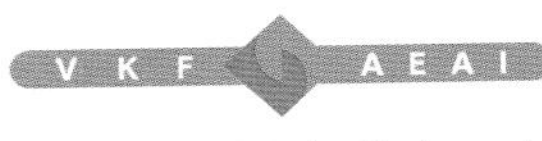

Alle RIKA Modelle werden nach der österreichischen BVG 15a Richtlinie, eine der strengsten Europas, geprüft. Dabei werden die geltenden Emissionsgrenzwerte teilweise um die Hälfte unterschritten, während der Wirkungsgrad weit über den vorgegebenen Richtwerten liegt.

Diese Bestwerte erreichen wir durch innovative Technologien und die Verwendung ausgesuchter Materialien: robuster Qualitätsstahl, hochfester Spezialguss und hochwertige Keramikteile stecken in jedem RIKA Ofen.

Hersteller:

SHT Heiztechnik aus Salzburg GmbH
Rechtes Salzachufer 40
A-5101 Salzburg-Bergheim
Österreich

Tel.: +43 (0) 662 / 450 444-0
Fax: +43 (0) 662 / 450 444-9
Internet: **www.sht.at**
eMail: **info@sht.at**

Wasserführende Kamine – Bezeichnungen/Typ:

visioncomfort EKA

Designvarianten: **- Standard, - Classic, - Intro, - Design**

EKA - Etagenzentralheizung
Pellet-Wohnheizzentrale

Technische Daten:

Nennwärmeleistung: 2,3-7,8 kW; 2,7-9,0 kW; 3,4-11,9 kW

Sonstiges:

- Der vision**comfort EKA** wurde vom österreichischen Umweltministerium und vom Land Oberösterreich mit dem **Innovationspreis „ENERGIE GENIE“** ausgezeichnet.
- Die Anlage arbeitet standardmäßig raumluftabhängig.
- Eine Nachrüstung des vision**comfort EKA** mit externer Verbrennungsluftzuführung ist möglich.
- Einbau der eigens für den Kessel entwickelten Rücklaufhochhaltegruppe im Kessel ist möglich.
- Automatische Pelletbeschickung mit dem Schnecken-Saugfördersystem vision**convey AIR** bis in den Wohnraum. (Aus dem Keller, der Geobox oder dem Geotank)

Sie erhalten:

- **5 Jahre Gewährleistung** *auf den SHT-Kesselkörper*
- **3 Jahre Gewährleistung** *auf alle Bauteile (inkl. Elektronik)*

Die Besonderheiten unserer Pelletheizungen:

- energiesparendes Gesamtkonzept
- heiße Brennkammer mit automatischer Rostreinigung (Edelstahlkammrost)
- geringste Emissionen, höchste Wirtschaftlichkeit
- einfache Bedienung und Reinigung
- Modulbauweise im Leistungsbereich
- verschiedenste Designvarianten (unterschiedliche Kesselverkleidungen, Einbauvariante ähnlich einem Kachelofen)

Ein Genuss für jeden Romantiker, eine Aufhellung für jedes Wohnzimmer, ein Highlight für jeden Techniker. Das Zentralheizungsgerät (Kesselgerät) der SHT steht als die ideale Lösung für die neue Kaminofengeneration.

SHT - visioncomfort EKA
Pellet-Wohnheizzentrale

Der vision**comfort EKA** ist ein speziell für die Verfeuerung von Holzpellets konzipiertes Gerät. Es handelt sich bei dieser Anlage um ein Kesselgerät (Zentralheizung).

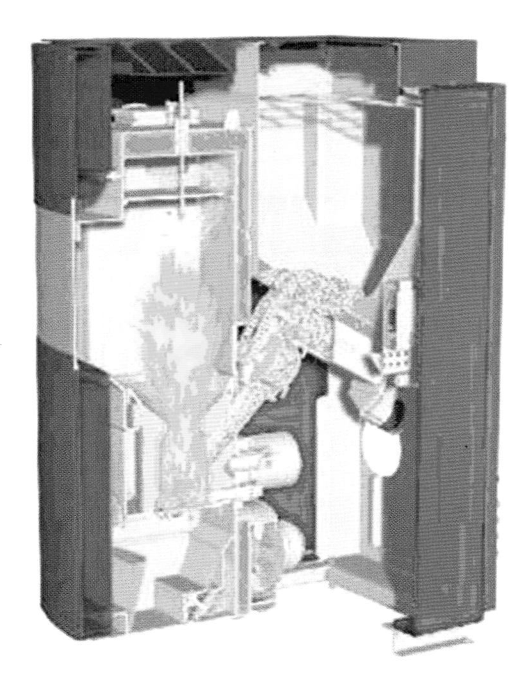

Bild: 3-D Ansicht Kesselschnitt

Die Abgabe der Energie erfolgt einerseits über die Wärmestrahlung an der Kaminofenoberfläche, der Großteil wird über das Sichtfenster an den Aufstellungsraum abgegeben. Der andere Teil wird mittels Wasserwärmetauscher an das Heizungssystem abgegeben (Heizung und Warmwasser). Gekoppelt mit einer Solaranlage wird die Wasserwärmeleistung in einen Pufferspeicher abgeführt.

Neben der standardmäßig eingesetzten Kesselregelung mit Raumtemperaturregler ist eine optionale Erweiterung mit einem externen Regler zu einer witterungsgeführten (Außentemperatur) Regelung möglich, diese kann jederzeit mit einem Raumgerät kombiniert werden.

Die Holzpellets werden über eine Steigschnecke (mit zwischenliegender Zellradschleuse als Rückbrandsicherung) in die Brennkammer gefördert und elektrisch gezündet.

Die Förderschnecke liefert je nach Leistungsbedarf automatisch Pellets nach. Der für die Verbrennung notwendige Sauerstoff strömt kontrolliert über definierte Strömungsquerschnitte zur Brennkammer. In der Brennkammer und in den nachgeschalteten Rauchgaszügen brennen die Verbrennungsgase aus. Die Wärme wird über Wärmetauscherflächen abgegeben. Ein Saugzugventilator, abgestimmt auf Brennstoffmenge und notwendige Verbrennungsluft, sorgt für einen stabilen Unterdruck im Kessel und für den sicheren Abtransport der Rauchgase zum Kamin.

Über die Verbrennungstemperatur wird die erforderliche Luftmenge geregelt.

Der vision**comfort EKA** kann in zwei verschiedenen Betriebsmodi betrieben werden. Einerseits im Kesselbetrieb und andererseits im Ofenbetrieb. Die Einstellung der beiden Betriebsarten wird in der Basisebene der Regelung vorgenommen.

Hersteller:

TEKON
Midlicher Str. 70
D-48720 Rosendahl

Tel.: +49 (0) 25 47 / 311-312
Fax: +49 (0) 25 47 / 314

Internet: **www.tekon.de**
eMail: **DK@tekon.de**

Wasserführende Kamine – Bezeichnungen/Typ:

TEKON-Kaminheizkessel Pyramus
TEKON Heizeinsätze für offene Kamine
TEKON Heizsysteme für Kachelofen-Einsätze

Kachelöfen und offene Kamine sind nichts Neues. Heizsysteme daraus zu bauen aber eine zündende Idee. Verwirklicht von **TEKON**. In 6 mm Kessel-Stahl. Technisch perfekt.

Die TEKON-Heizeinsätze sind TÜV-baumustergeprüft und bauartzugelassen, Zulassung nach §14 DampfKV.

Jahrelange Erfahrung, ausgereifte Technik, durchdachte und solide Konstruktion, hochwertiges Material, geprüfte Sicherheit – sind Argumente.

Mit einem Wort: **TEKON**

TEKON Pyramus

TEKON - Pyramus - Einbaubeispiel

Technische Daten:		**Pyramus**
Nennwärmeleistung	[kW]	11
Leistung luftseitig	[kW]	4
Leistung wasserseitig	[kW]	7
Gewicht - Gesamt - Aufstellgerüst - Heizeinsatz	[kg]	150 90 60

Die formal-ästhetische Idee: Kachelöfen und offene Kamine sind Geschmacksache. Deshalb gibt es sie in allen nur denkbaren Formen und Farben. Wir ersparen Ihnen die Qual der Wahl, indem wir Ihnen das Aufstellgerüst mit dem Innenleben, einen wasserführenden Kamineinsatz, anbieten. Aber in einem Design, das auch in anspruchsvoll gestylten Räumen eine geschmackssichere Attraktion darstellt. Dieses auch unverkleidet voll funktionsfähige Objekt können Sie nachträglich mit Natursteinplatten Ihrer Wahl nach eigenem Entwurf oder einem fremden Vorbild verkleiden. In jedem Fall besitzen Sie ein Wärmesystem, das nicht nur eine hervorragende Umweltbilanz aufweist, sondern auch Ihre Energiekosten drastisch senkt.

TEKON Heizeinsätze für offene Kamine

TEKON - Kamineinsatz Panoramatür

TEKON - Kamineinsatz Rundbogentür

Technische Daten: **Heizeinsätze für offene Kamine**

		Baureihe B	**Baureihe C**	**Baureihe D**
Leistung max.	[kW]	25,5 – 30,1	31,3 – 37,1	34,8 – 41,7
Wasserinhalt ca.	[ltr]	40 – 60	55 – 75	80 - 100
Gewicht	[kg]	190 – 210	230 – 260	255 - 285
Maße der Feueröffnung B/H/T	[mm]	600/400/500	700/500/500	800/550/500
Maße gesamt B/H/T	[mm]	680/660/560	780/755/560	880/755/560

Hinweis: Die Baureihen B, C, D erlauben jeweils unterschiedliche Türöffnungsvarianten:

- einseitig offen
- zweiseitig – rechts offen
- zweiseitig – links offen
- dreiseitig offen

TEKON-Einsätze versorgen Zentralheizung und Brauchwasser mit Wärme. Automatisch. Durch Thermostat gesteuert. Eine unabhängige Energiequelle. Nutzung von Wärme, die sonst durch den Schornstein geht.

TEKON Heizsysteme für Kachelofen-Einsätze

TEKON - Heizkessel-Einsatz für den Kachelofen

Die trockene Brennstelle mit Schamottauskleidung garantiert eine saubere Holzverbrennung mit sehr hohem Wirkungsgrad. Optimierte Verbrennungsluftzuführung für Holzverbrennung über dem Rost. Zusätzliche Unterlüftungsmöglichkeit für Anheizen durch die Verbrennung schwarzer Brennstoffe.

Technische Daten: **Heizeinsätze für Kachelofen-Einsätze (KE)**

		KE 1	KE 2
Leistung max.	[kW]	14,8	21,0
Wasserinhalt ca.	[ltr]	32	37
Gewicht	[kg]	165	190
Abmessungen B/H/T	[mm]	430/730/570	430/730/670

<u>Hersteller:</u>

Wallnöfer H.F. GmbH srl
Gewerbezone 110
39026 Prad am Stj. (BZ)
Italien

Tel.: +39 0473 616361 Internet: **www.wallnoefer.it**
Fax: +39 0473 617141 eMail: **info@wallnoefer.it**

<u>Wasserführende Kamine – Bezeichnungen/Typ:</u>

Walltherm
Naturzug-Holzvergaserofen für den Wohnbereich

Technische Daten:		Walltherm
Nennwärmeleistung:	[kW]	14,9
Wasserwärmeleistung:	[kW]	10
Strahlungswärmeleistung:	[kW]	4,9
Wirkungsgrad:	[%]	> 90 %
Betriebsdruck::	[bar]	2 bar
Kaminzug: (ohne Gebläse)	[Pa]	min. 12
Nettogewicht:	[kg]	ca. 275
Wasserinhalt:	[ltr.]	16
Volumen Brennkammer:	[ltr.]	65
Kaminanschluss:	[mm]	150
Temperatur der Rauchgase:	[°C]	ca. 110

Brennstoff: naturbelassenes Stückholz; Länge max. 35 cm

<u>Garantie:</u>

- 5 Jahre auf den Grundofen (ausschließlich der Verschleißteile)
- 2 Jahre auf Armaturen und elektrische Geräte

Preis: 4.600 Euro + MwSt. (Stand 2007)
- Walltherm Modell Ortler

<u>Prüfung:</u> BLT Wieselburg
Protokoll Nr. 027/06

Der erste Naturzug- Holzvergaserofen
für den Wohnbereich

Walltherm Standardmodell Ortler

Walltherm Modell Arunda

Neben unserem Standardmodell **„Ortler"** können Sie optional unser Modell **„Arunda"** erhalten. Hier kann jeder beliebige hitzebeständige Stein, Marmor usw. eingesetzt werden!

- Gesundes Raumklima durch angenehme Strahlungswärme
- Das sichtbare Feuer im oberen und unteren Brennraum lässt die Raumtemperatur ca. 3 ° C wärmer empfinden und vermittelt Gemütlichkeit und Wohlbefinden.
- Holzvergaserbrennsystem mit **Naturzug !!** (ohne Gebläse)
- Erwärmt das gesamte Brauch- und Heizwasser eines Einfamilienhaushalts
- Einfache Bedienung (ohne komplizierte Elektronik)
- Prüfung des Ofens durch die renommierte Prüfstelle BLT- Wieselburg (A)
- Der Ofen ist international patentrechtlich geschützt.

Hersteller:

Wamsler Haus- und Küchentechnik GmbH
Gutenbergstr. 25
D-85748 Garching

Tel.: +49 (0) 89 / 320 84-0
Fax: +40 (0) 89 / 320 84-238

Internet: **www.wamsler-hkt.de**
eMail: **info@wamsler-hkt.de**

Wasserführende Kamine – Bezeichnungen/Typ:

INGA Primärofen

Wasserführender Pelletkaminofen für die Zentralheizung

Technische Daten:

Gewicht mit Verkleidung: - Stahlversion - Mit Specksteinverkleidung	 200 kg 226 kg
Abgasstutzen:	ø 100 mm
Nennwärmeleistung:	10 kW
Leistungsverhältnis Luft : Wasser	20 % : 80 %
Inhalt Vorratsbehälter:	ca. 25 kg
Brennstoffverbrauch: (min/max Leistung)	0,5 – 2,5 kg/h
CO- Gehalt im Abgas:	< 0,01% Vol.
Abgastemperatur: (min/max Leistung)	55 °C/140 °C
Abgasmassenstrom: (min/max Leistung)	6,4/9,5 g/s
Bauart 1:	Ja
Zulassung:	CE-Kennzeichnung
Zulässiger Brennstoff:	Holzpellets nach DIN 51731
Raumheizvermögen:	400 m³
Inhalt Wasserbehälter:	4,3 l
Temperaturregler:	bei 75 °C
Sicherheitstemperaturbegrenzer:	bei 95 °C
Maße H x B x T:	1130 x 500 x 587 mm
Garantie:	2 Jahre

Preis auf Anfrage

WAMSLER INGA Primäröfen

INGA Primärofen

Komfort der Spitzenklasse in attraktivem Design.

Das digitale Anzeigenboard sorgt für mehr Übersichtlichkeit:

Betriebszustand, eingestellte Leistung und andere Geräteparameter sind so jederzeit ersichtlich. Die automatischen Ein- und Ausschaltfunktion über die integrierte Zeitschaltuhr und die Leistungsregulierung über ein externes Raumthermostat ermöglichen Bequemlichkeit pur. Zusätzlich informiert der integrierte Datenspeicher über Pelletverbrauch, Betriebsstunden und Zeit bis zur nächsten Wartung.

Bis zu 50 Stunden Dauerbetrieb pro Behälterfüllung, vollautomatische Förderung der Pellets auch aus externen Behältnissen in den Brennertopf und der besonders leise Betrieb sorgen zusätzlich für höchste Behaglichkeit. Ganz ohne geräuschvollen Ventilator, einzig über natürliche Strahlungs- und Konvektionswärme, sorgen die Wamsler Primäröfen für wohlige Wärme im Raum.

Ökonomisch und ökologisch sinnvoll sind die Primäröfen durch ihren äußerst niedrigen Stromverbrauch und ihre schadstoffarme Verbrennung. Der speziell entwickelte Brennertopf sorgt für optimalen Abbrand und Mikroprozessoren stimmen Brennstoffmenge und Verbrennungsvorgang exakt aufeinander ab. So erreichen die Wamsler Primäröfen CO-Werte, die alle derzeitig gültigen Anforderungen bezüglich Emissionen deutlich unterschreiten. Nebenbei reduziert der äußerst geringe Ascheanfall den Reinigungsaufwand auf ein Minimum.

INGA Primärofen

Die Wamsler Primäröfen zeichnen sich durch ihr reichhaltiges Zubehör aus, lieferbar sind neben Pelletschieber und Außenluftadapter sogar die komplette Installationseinheit. Problemlos gestaltet sich auch die Kombination der Primäröfen mit anderen Heizsystemen wie Gas, Öl oder Solar.

In der Trendfarbe gussgrau mit oder ohne Specksteinverkleidung bilden die Pelletöfen einen Blickfang für jeden Wohnraum.

Bezeichnung/Typ:

Zentralheizungsherde
Wasserführender Zentralheizungsherde für Feste Brennstoffe

Technische Daten:

Modell	**K 157 CL**	**K 158 CL**	**K 148 CL**	**K 178 V**
DIN-Registrier-Nr.	94 WM 41	92 WM 40	08 WM 40	94 WM
Nennwärmeleistung: (heizungswasserseitig) [kW]	11	18	16	20
Gesamtheizleistung [kW] - mit Holz - mit Anthrazit	 13,5 12,5	 23 19,5	 20 18	 27 23
Heizleistung wasserseitig [kW] - mit Holz - mit Anthrazit	 11 11	 18 18	 16 16	 20 20
Raumheizvermögen * [m³] - bei Dauerheizung - bei Zeitheizung	 21/14/7 18/11/4	 21/14/7 18/11/4	 27/18/11 21/14/7	 56/35/22 37/23/15
Erforderlicher Kaminzug [mbar]	0,15	0,18	0,15	0,20
Ø Abgasanschluss [mm]	150	150	150	150
Wasserinhalt [ltr]	7	16	18,5	23
Vor- Rücklaufanschluss ["]	1, hinten	1, hinten 1	hinten 1 seitlich 1	hinten 1 seitlich 1
Gewicht brutto/netto [kg]	172/161	175/164		

* mit Kohle für den Aufstellraum

Preise auf Anfrage

Abmessungen:

Modell		**K 157 CL**	**K 158 CL**	**K 148 CL**	**K 178 V**
Breite	[mm]	500	50	905	1110
Tiefe	[mm]	600	600	600	600
Höhe mit Abdeckhaube (geschlossen)	[mm]	875	875	880	880
Höhe mit Abdeckhaube (offen)	[mm]	1466	1466	1466	1466
Höhe ohne Abdeckhaube	[mm]	850	850	850	850
Herdplatte, BxL	[mm]	409x509	409x509	845x437	1045x492
Feuerraum, BxL	[mm]	234x421	234x421	234x421	280x421
Feuerraumhöhe min./max.	[mm]	270/400	270/400		280/470
Heiztüröffnung, BxH	[mm]	180x200	180x200	180x200	180x200
Bratrohr, BxHxL	[mm]	--	--	460x360 x420	460x360 x420
Abgasmassenstrom	[g/sek]	16,4	18,4	20,35	25,0
Abgastemperatur am Abgasstutzen	[° C]	305	310	300	280
Notwendiger Förderdruck bei NWL	[Pa]	15	18	12	14
Notwendiger Förderdruck bei 0,8 x NWL	[Pa]	12	15	12	14
Garantie		2 Jahre	2 Jahre	2 Jahre	2 Jahre

Zentralheizungs-Vollherde K 148 und K 148 CL

Wamsler K 148

Mit 2-teiliger, isolierter Abdeckhaube (Sonderzubehör nicht für Edelstahlversion), massivem Edelstahlherdrahmen, eleganter Stahlplatte und praktischen Kipphebelgriffen, regulierbarer Sekundärluft, stufenlos verstellbarem Kurbelrost, Blindflansch zum Einsatz des Sicherheitswärmetauschers, Zentralstelleinrichtung mit Anheiz- und Abgasumlenkklappe, Thermometer und Manometer. Erhältlich in den Farben weiß und maron mit Beschlägen in Gerätefarbe und als CREATIVE LINE in den Farben schwarz, blau, Edelstahl mit Beschlägen in goldfarben oder verchromt (Edelstahlausführung mattverchromt). Abgasanschluss rechts oder links seitlich sowie hinten und oben.

Mit dem Zentralsteller können Sie bei den Herdtypen **K 148 V** und **K 178 V** die Hitze exakt dort hinleiten, wo Sie sie brauchen: zum Kochen, Backen, Braten oder mehr für die Zentralheizung und die Warmwasserbereitung. Ein Handgriff genügt!

Zentralheizungs-Vollherd K 178 V

Wamsler K 178 V weiß

3-teilige, isolierte Abdeckhaube, regulierbare Sekundärluft, stufenlos verstellbarer Kurbelrost, Blindflansch zum Einsetzen des Sicherheitswärmetauschers, Zentralstelleinrichtung mit Anheiz- und Abgasumlenkklappe, abschaltbares Heiztaschenteil zur Teillast-Einstellung, Thermometer, Manometer, Abgasanschlüsse rechts oder links seitlich, sowie hinten und oben seitlich. In weiß emailliert. In maron emailliert auf Anfrage.

Zentralheizungs-Beistellherde K 158, K 158 CL

Isolierte Abdeckhaube, massiver Edelstahlherdrahmen, elegante Stahlplatte, praktische Kipphebelgriffe, regulierbare Sekundärluft, stufenlos verstellbarer Kurbelrost, Abgasanschlüsse rechts und links seitlich, sowie hinten und oben Mitte, Blindflansch zum Einsatz des Sicherheitswärmetauschers. Erhältlich in den Farben weiß und maron mit Beschlägen in Gerätefarbe und in schwarz mit Beschlägen in goldfarben oder verchromt.

Zentralheizungs-Beistellherd K 157,K 157 CL

Wamsler K 157

Isolierte Abdeckhaube, massiver Edelstahlherdrahmen, elegante Stahlplatte, praktische Kipphebelgriffe, regulierbare Sekundärluft, stufenlos verstellbarer Kurbelrost, Abgasanschlüsse rechts und links seitlich, sowie hinten und oben Mitte, Blindflansch zum Einsatz des Sicherheitswärmetauschers. Erhältlich in den Farben weiß und maron mit Beschlägen in Gerätefarbe und in schwarz mit Beschlägen in goldfarben oder verchromt.

Hersteller:

wodtke

wodtke GmbH
Rittweg 55-57
D-72070 Tübingen-Hirschau

Tel.: +49 (0) 70 71 / 70 03-0
Fax: +49 (0) 70 71 / 70 03 - 50

Internet: **www.wodtke.com**
eMail: **info@wodtke.com**

Wasserführende Kamine – Bezeichnungen:

- **Kaminofen Modell momo - KK 50 RW**
- **Pellet Primärofen Modelle**
  ivo.tec®, CW21®, Smart®, Topline, PE-Einbaugerät *
  FRANK, RAY

Technische Daten:

Daten	**ivo.tec®**	**momo***	**CW21® * PE * Smart® * FRANK, RAY**	**Topline ***
Nennleistung	13 kW	8 kW	10 kW	10 kW
Wasserleistung	ca. 95 %	ca. 70 %	ca. 80 %	ca. 60 %

* Baureihen Waterplus

Prüfungen/Zulassungen:

- Pellet Primärofen - Modelle Waterplus:
  CE-Kennzeichnung, DIN 18 894, pr EN 14 785, §15 A und Blauer Engel
- Kaminofen - Modell „Momo" Waterplus:
  CE-Kennzeichnung, EN 13 240 und § 15A

Erfüllung der Regensburger und Münchener Verordnung;
Raumluft**un**abhängig nach DIN 18 894 (nur **ivo.tec®**)

wodtke momo

Feuer & Wasser: wodtke Kaminofen „Momo" zum Heizen mit Stückholz mit integriertem Wasserwärmetauscher

wodtke momo mit Glas-Dekorplatte

Neben der angenehmen Raumwärme wird ein Großteil der erzeugten Wärmeenergie an das Zentralheizungssystem abgegeben, um auch andere Räume im Haus zu beheizen. Dadurch wird die elementare Feuer-Ästhetik eines Kaminofens mit der innovativen „Waterplus" – Technologie kombiniert. Mit einer wasserseitigen Leistung von ca. 70 % bei einer Nennwärmeleistung im Bereich von 8 kW ist „Momo" auch ideal für Räume mit geringem Restwärmebedarf und gleichzeitig optimale Ergänzung für eine Solaranlage mit Pufferspeicher.

Schon selbstverständlich ist die Anschlussmöglichkeit für eine externe Verbrennungsluftzufuhr - die **wodtke Thermoregelung** mit automatischer Verbrennungsluftführung sorgt außerdem für einen besonders schadstoffarmen Abbrand.

wodtke momo mit Speckstein-Dekorplatte

wodtke ivo.tec

- ausgezeichnete Technik
- im Fokus unsere Umwelt und Nachhaltigkeit
- zugelassen für raumluftunabhängige Betriebsweise

wodtke Pellet Primärofen-Kessel ivo.tec®
mit Glas-Dekor „Latte M"

Seit seiner Markteinführung erhielt der wodtke **ivo.tec®** nicht nur die begehrte Design Plus-Auszeichnung, sondern auch das Umweltzeichen „**Der Blaue Engel**" und den Internationalen Designpreis Baden-Württemberg „**Focus Energy in Silber**". Das wodtke Premium-Modell gibt es nun auch in edlem Glasdekor **„Latte M"**.

wodtke ivo.tec® mit Glas-Dekor „transparent grün“

Die neue Produktgeneration **ivo.tec®** steht für eine effiziente und umweltschonende Energieversorgung und kann als integraler Bestandteil moderner Heiztechnik angesehen werden. Der Pellet Primärofen-Kessel hat in puncto Heizkomfort, Sicherheit und Bedienungsfreundlichkeit - sowohl automatische Entaschung als auch optional automatische Wärmetauscherreinigung - ein Eigenschaftsprofil, welches derzeit einzigartig ist und für Pellet-Geräte zur Aufstellung im Wohnraum zukunftsweisend sein wird. Der hohe wasserseitige Leistungsanteil >90 % gewährleistet eine bislang nicht gekannte hohe Leistungsreserve für die Brauchwassererzeugung bei gleichzeitig geringer Wärmeabgabe in den Aufstellungsraum. Richtungsweisend ist auch der sehr leise Betrieb bei extrem geringem Reinigungs- und Wartungsaufwand.

DESIGN PLUS Mit seinem 3 - 13 kW Leistungsbereich trägt der **ivo.tec®** den Anforderungen unterschiedlicher Haustypen Rechnung. Aufgrund der allgemeinen bauaufsichtlichen Zulassung für raumluftunabhängige Betriebsweise ist der **ivo.tec®** in ganz besonderer Weise für den Einsatz in Niedrigenergie- oder Passivhäusern mit kontrollierter Wohnraumlüftung geeignet. In Kombination mit thermischen Solaranlagen und/oder kontrollierten Be- und Entlüftungsanlagen ermöglicht der **ivo.tec®** eine durchgängig CO_2-neutrale Heizsystemlösung für einen Ein- und Zweifamilien-Hausbau.

Purismus als Leitlinie - zurückhaltende Eleganz als Credo. Das Design des **ivo.tec®** verbindet Ästhetik mit hohem Gebrauchswert. Mit einer konsequenten linearen Formensprache und der Verbindung von Glas als bevorzugtem Material und kühlem Stahl wird hier die typische wodtke-Linie fortgesetzt. „Form follows Function". Auf unnötige Merkmale und sichtbare äußere Zubehörteile wie Griffe wird bewusst verzichtet. Einzig die funktionalen wie auch markanten Halterungen setzen Akzente, weniger ist eben manchmal mehr.

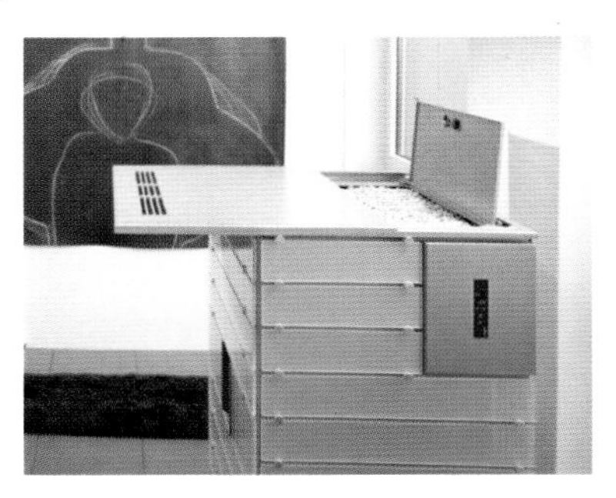

wodtke ivo.tec®

Holzpellet-Heizsysteme sind so attraktiv wie noch nie. Pellet Primäröfen können bequem, umweltfreundlich, sicher und kostengünstig betrieben werden. Die Verbraucher, die einen eigenen Beitrag zur CO_2-Minderung leisten wollen, entscheiden sich immer häufiger für diese klimaschonende Heiztechnik. Der Einsatz nachwachsender Rohstoffe zur dezentralen Wärmeerzeugung trägt in erheblichem Maße dazu bei, die CO_2-Minderungsziele der Bundesregierung zu erreichen.

wodtke FRANK

Pellet Primärofen FRANK - neu mit Anbindung an das Zentralheizungssystem

wodtke Frank Seitenverkleidung Wellenprofil „Berry"

wodtke, Pionier und ein führender Hersteller in Deutschland im Bereich der Pellet Primärofen-Technik für die Wohnraumheizung erweitert seine Produktpalette um die attraktive Modellreihe **Frank** Waterplus. **Frank** begeistert - steht für eine junge Linie mit einem überzeugenden Preis-Leistungs-Verhältnis.

- Jetzt auch als „Waterplus" mit Wasserwärmetauscher
- Ausgezeichnet mit dem „Blauen Engel"
- Trendy in Preis und Design

Der neue **Frank** Waterplus besitzt einen integrierten, patentierten Wasserwärmetauscher und ist so in der Lage, auch entfernt liegende Räume zu beheizen. Die Leistung kann zwischen 2 und 10 kW eingestellt werden. Standardmäßig sind alle Geräte mit dem „S4-Style Paket" ausgestattet.

wodtke Frank Seitenverkleidung „Speckstein"

wodtke RAY

wodtke, Pionier und ein führender Hersteller in Deutschland im Bereich der Pellet Primärofen-Technik für die Wohnraumheizung erweitert seine Produktpalette um die attraktive und sympathische Modellreihe „Ray".

wodtke Ray metallic

Das neuartige und gelungene Design verbindet die attraktive Ästhetik mit einem hohen Gebrauchswert. Schlichte Linienführung und kompakte Eleganz verleihen dem neuen Pellet Primärofen „**Ray**" einen hohen Integrationswert in die heutige moderne Welt des Wohnens.

Der Pellet Primärofen „**Ray**" kann sowohl als Einzelraumheizung „Airplus", als auch als „Waterplus" mit Wasserwärmetauscher zur Beheizung entfernt liegender Räume eingebaut werden. Und „**Ray**" kann ganz schön einheizen. Maximal 27 kg Holz-Pellets nimmt er in sich auf, das sind bis zu 54 Stunden Brenndauer. Die Leistung kann zwischen 2 und 6 kW (Airplus) bzw. 10 kW (Waterplus) eingestellt werden. Standardmäßig sind alle Geräte mit dem „S4-Style Paket" ausgestattet.

Wie alle anderen wodtke Waterplus-Baureihen, wurde auch „**Ray**" Waterplus mit dem begehrten Umweltzeichen „Der Blaue Engel" ausgezeichnet. „Der Blaue Engel" ist das verlässliche Kennzeichen für ökologisch geprüfte und hochwertige Erzeugnisse. Grundlagen für die Vergabe des Umweltzeichens sind umweltfreundliche Eigenschaften des Produktes wie Energieeffizienz oder Schadstoffarmut.

„**Ray**" – das neue Heiz- und Wärmegefühl.

wodtke Pellet Primärofen-Technik - so attraktiv wie nie zuvor

wodtke CW21 black

Als erstes deutsches Unternehmen wurde wodtke mit dem „Blauen Engel" für Holzpellet-Feuerungsanlagen für den Wohnraum ausgezeichnet. Dies betrifft auch die bisherigen Waterplus-Baureihen **ivo.tec®**, **Smart®**, **PE**, **CW21®**, **Topline** sowie das wodtke Einbaugerät PE Airplus mit keramischer Nachheizfläche, neu hinzugekommen sind die Waterplus-Varianten Frank und Ray.

wodtke smart° schwarz

wodtke PE
Einbauvariante Quadro

„Der Blaue Engel" ist das verlässliche Kennzeichen für ökologisch geprüfte und hochwertige Erzeugnisse. Grundlagen für die Vergabe des Umweltzeichens sind umweltfreundliche Eigenschaften des Produktes wie Energieeffizienz oder Schadstoffarmut. Hinzu kommen eine verbraucherfreundliche Bedienbarkeit sowie umfangreiche Dienstleistungen des Herstellers.

Für diese umweltfreundliche und zukunftsweisende Spitzentechnologie erhielt wodtke außerdem mehrere Bundes- und Landesauszeichnungen und Design-Preise.

wodtke TOPLINE

wodtke besitzt als der Pionier auf dem Gebiet der Pellet Primärofen-Technik das gesammelte Know-how vieler Jahre und steht für herausragende Technik und Funktionalität, höchste Produkt- und Designqualität und bietet eine einzigartige Produktvielfalt. wodtke Produkte werden über qualifizierte Fachhandelsbetriebe vertrieben.

Das Einbaugerät **PE** ist ideal geeignet für die konsequente Einbeziehung in die Hausgestaltung – bietet hervorragende Möglichkeiten für spezielle technische Realisierungen. Finden Sie Ihre persönliche Lösung der Energiefrage und deren Umsetzung.

wodtke PE
Einbauvariante Futuro

In einer Zeit schwindender Ressourcen und wachsender Umweltbelastung liegt es in der Verantwortung aller, sich für neue und zukunftsweisende Energiesysteme einzusetzen. Dass der bewusste Umgang mit Energie nicht nur ein Mehr an Lebensqualität bedeutet, sondern auch ökonomisch sinnvoll ist, beweist ein wegweisendes Heizprinzip: die **wodtke Pellet Primärofen-Technik**.

Verbraucher entscheiden sich immer häufiger für die klimaschonende Pellet Primärofen-Technik, die sie unabhängig von steigenden Öl- und Gaspreisen werden lässt. Dieses Heizverfahren bietet eine dauerhafte, wirtschaftliche Alternative zu den fossilen Energieträgern Heizöl und

Erdgas. So können fossile Energieträger, deren Vorräte begrenzt sind, eingespart werden.

Immer begehrter: Brennstoff Holzpellets

Die Pellet Primärofen-Technik steht für die innovative und umweltfreundliche Entwicklung einer CO2-neutralen Holzheizung mit dem regenerativen Energieträger Holzpellets. Holzpellets sind genormte Presslinge aus naturbelassenem Restholz ohne Zugabe von Bindemittel. Holzpellets besitzen eine hohe Energiedichte und haben einen Heizwert von ca. 5 kWh/kg.

Holzpellets sind ein nachwachsender Rohstoff, der nicht zum Treibhauseffekt beiträgt. Bei seiner Verbrennung wird nur soviel Kohlendioxid (CO2) freigesetzt, wie beim natürlichen Zersetzungsprozess im Wald ohnehin entstehen würde. Mit Blick auf den Klimawandel ist es also unerheblich, ob man das Holz verfeuert oder auf natürlichem Wege verrotten lässt. Heimische Brennstoffe überzeugen zudem durch ihre langfristige Verfügbarkeit im eigenen Land, kurze Transportwege und eine Wertschöpfung in Deutschland.

Man unterscheidet zwei wirkungsvolle Heizverfahren:

Das Luftverfahren – **Airplus** –

Ähnlich einem Kaminofen zum Beheizen einzelner Räume, als Zusatz- und Übergangsheizung bzw. Spitzenlast-Abdeckung.

Das Kesselverfahren – **Waterplus** –

wodtke CW21 **blue**

Diese Technik baut insbesondere auf die Kombination eines Wasser-Wärmetauscherprinzips durch Pelletbefeuerung und anderen Wärmeerzeugern, wie Solar, Strom oder Wärmepumpe als Ganzhausheizung oder Beheizung mehrerer Räume.

Gerade in modernen Gebäuden, wie in einem Niedrigenergie- oder Passivhaus, kommt der Pellet Primärofen-Technik eine neue wichtige Bedeutung zu.

Entscheidend für die Wahl des Verfahrens sind der Heiz- bzw. Brauchwasser-Bedarf und die individuellen Bedürfnisse.

Die **wodtke Pellet Primärofen-Technik** ist gut für den Menschen und gut für die Umwelt.

15. Alphabetisches Herstellerverzeichnis

Die folgende Liste enthält Hersteller wasserführender Kamine. Die Hersteller sind darin ohne Wertung in alphabetischer Reihenfolge aufgelistet. Es handelt sich hierbei um Hersteller aus Deutschland beziehungsweise aus dem europäischen Ausland, die auch im deutschsprachigen Raum tätig sind.

Selbstverständlich wird mit dieser Liste kein Anspruch auf Vollständigkeit erhoben. Dies gilt ebenso für die aufgeführten Produkte wasserführender Kamine dieser Hersteller.

BBT Thermotechnik GmbH

Buderus Deutschland
Sophienstr. 30-32
D-35576 Wetzlar
Deutschland

Tel.: +49 (0) 64 41 / 4 18-0
Fax: +49 (0) 64 41 / 4 56 02

eMail: **info@buderus.de**
Internet: **www.buderus.de**

Wasserführende Kamine – Bezeichnungen:

- **KA306 – Bivalenter Kamineinsatz zum Verbrennen von Scheitholz**
- **H206, H306 – Heizeinsatz zum Verbrennen von Scheitholz und Holzbriketts**
- **blueline Pellet_2W**
- **blueline 4W**

Ulrich Brunner GmbH

Infos Seite 174

Zellhuber Ring 17-18
D-84307 Eggenfelden
Deutschland

Tel.: +49 (0) 64 41 / 4 18-0
Fax: +49 (0) 64 41 / 4 56 02

eMail: **info@buderus.de**
Internet: **www.buderus.de**

Wasserführende Kamine – Bezeichnungen:

- **Kesselmodule mit aufgesetztem Wärmetauscher HKD 2, HKD 5.1 - mit RF 55/66 Serie und KF Standard**
- **Kesselkörper - HKD 4.1 HWM**
- **Kesselkörper mit integriertem Wärmetauscher**
  - HKD 4.1 SK
  - B4, B5, B6
- **Kaminkessel - 62/67**
- **Kachelofen mit Kesselfunktion**

Gebr. Bruns GmbH

Hauptstrasse 200
D-26683 Saterland
Deutschland

Tel.: +49 (0) 44 92 / 92 46 0
Fax: +49 (0) 44 92 / 71 41

eMail: **info@bruns-heiztechnik.de**
Internet: **www.bruns-heiztechnik.de**

Wasserführende Kamine – Bezeichnungen:

- **Kamin-Heizkessel B2K**

Calimax Entwicklungs- und Vertriebs GmbH

Bundesstraße 102
A-6830 Rankweil
Österreich

Tel.: +43 5522 83677 Fax: +43 5522 83677 6

eMail: **info@calimax.de**
Internet: **www.calimax.de**

Wasserführende Kamine – Bezeichnungen:

- **Calimax Pelletofen Twist 80/20**

Cashin - Académie du feu SARL

Z.A. Les Grands Près
F-68370 ORBEY
Frankreich

Tel.: +33 03.89.71.26.67 Fax: +33 03.89.71.26.62

eMail: **info@cashin-france.com**
Internet: **www.cashin-france.com**

Wasserführende Kamine – Bezeichnungen:

- **Wasserführender Kaminofen als Zentralheizung**

Cichewicz-kotly c.o sp z o.o

Ilino 20 B 09-100 PLONSK
Polen

Tel.: +48 605 580 150 Fax +48 609 233 932

eMail: **export@cichewicz.de**
Internet: **www.cichewicz.de**

Wasserführende Kamine – Bezeichnungen:

- **Ecco - Kamin-Heizkessel 14-30 kW**

CLAM - Soc. coop. Infos Seite 180

Zona industriale
06055 Marsciano
Perugia - Italien

Tel.: +39 075 874001
Fax: +39 075 8740031

eMail: **clam@clam.it**
Internet: **www.clam.it**

Ansprechpartner für Deutschland:
Kamin+Fliesen Haus
Anton-Ulrich-Straße 25/27
D-98617 Meiningen

Tel.: +49 (0) 36 93 / 50 50 71
Fax: +49 (0) 36 93 / 50 50 73

eMail: **info@kamin-und-fliesenhaus.de**
Internet: **www.kamin-und-fliesenhaus.de**

Wasserführende Kamine – Bezeichnungen:

- **TermoFavilla**
  Typen: T75, T/75 S.D., T/85, T/85 S.D., T/PAN
- **Pellet-Kaminofen Niagara**

Cola srl

Viale de Lavoro, 7/9
37040 ARCOLE (Verona)
Italien

Tel.: +39 045 61 44043
Fax: +39 045 6144048

eMail: **info@anselmocola.com**
Internet: **www.anselmocola.com**

Deutscher Vertrieb:

Anselmo Cola Vertrieb
Deutschland Süd
Hardhof 6
D-90579 Langenzenn
Deutschland

Tel.: +49 (0) 9101 / 903240
Fax: +49 (0) 9101 / 903241

Anselmo Cola Vertrieb
Deutschland Nord
Gebrüder-Freitag-Straße 5
D-35510 Butzbach
Deutschland

Tel.: +49 (0) 6033 / 9242488
Fax: +49 (0) 6033 / 9242489

eMail: **info@anselmocola.de**
Internet: **www.anselmocola.de**

Wasserführende Kamine – Bezeichnungen:

Thermo-Pelletöfen, Zentralheizung

- **Termo Bea**
- **Termo Regina 4 New**
- **Termo Regina 4 New Forno**
- **Termo Diana**
- **Termo Johanna**
- **Termo Johanna Combinata**
- **Termo Borea**

CTM-Heiztechnik

Infos Seite 186

Hochstrasse 51
D-78183 Hüfingen
Deutschland

Tel.: +49 (0) 771 / 89 66 97-0
Fax: +49 (0) 771 / 89 66 97-29

eMail: **info@ctm-heiztechnik.com**
Internet: **www.ctm-heiztechnik.com**

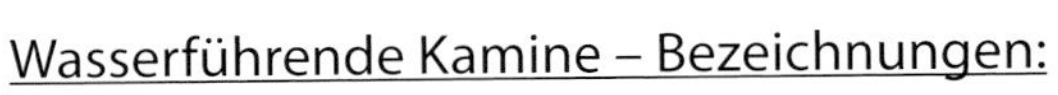

Wasserführende Kamine – Bezeichnungen:

Die neue Generation für Scheitholz- und Pelletbetrieb

- **EcoPellet**

Thermokamin-Öfen

- **Piccolo**
- **Classic**
- **Evolution II**
- **Evolution II Plus**
- **Maxi Flam**
- **Maxi Flam Plus**

Ecoforest

Infos Seite 196

BIOMASSA ECO-FORESTAL DE VILLACAÑAS; S.A.
Puerto Rico 14
E 36204 Vigo
Spanien

ECOFOREST
estufas inteligentes

Tel.: 0034 986 417 700

eMail: **info@ecoforest.es**
Internet: **www.ecoforest.es**

Importeur für Deutschland:

Henning Räker – Elisabete G. R. Räker
Am Pfarrhof 1a
D 37627 Heinade
Deutschland

Tel.: +49 (0) 55 32 / 57 89

eMail: **kontakt@ecoforest.de**
Internet: **www.ecoforest.de**

Wasserführende Kamine – Bezeichnungen:

Holzpelletöfen der neuesten Generation:

- **Cantina Hidrocopper**
- **Hidrocopper**
  - **super**
  - **agua**
  - **mini**

Holzpelletkamineinsatz der neuesten Generation:

- **Hidrocopper Kamineinsatz**

EdilKamin SpA

Via Mascagni, 7
20020 Lainate (MI)
Italien

Tel.: +39 02.937.62.1
Fax: +39 02.937.62.400

eMail: **mail@edilkamin.com**
Internet: **www.edilkamin.com**

Wasserführende Kamine – Bezeichnungen:

- **IDROFOX (Pelletheizofen)**
- **ECOIDRO (Pelletheizofen)**
- **KLIMA (Holzscheitofen)**

EN-TECH

Infos Seite 202

Energietechnikproduktion GmbH
Gewerbezone 3
A-9300 St. Veit/Glan - Hunnenbrunn
Österreich

Tel.: +43 (0) 42 12 / 7 22 99-0
Fax: +43 (0) 42 12 / 7 22 99-30

eMail: **office@en-tech.at**
Internet: **www.en-tech.at**

Wasserführende Kamine – Bezeichnungen:

- **Pel'Camino PC 11**

Extraflame S.P.A.

Via dell'Artigianato 10
36030 Montecchio Precalcino (VI)
Italien

Tel.: +39.0445.865911
Fax: +39.0445.865912

eMail: **export@extraflame.it**
Internet: **www.extraflame.it**

Wasserführende Kamine – Bezeichnungen:

Wasserführende Pelletöfen:

- **Lucrezia Idro**
- **Ecologica Idro**
- **Lucrezia Steel**

FERRO Wärmetechnik GmbH

Am Kiefernschlag 1
D-91126 Schwabach
Deutschland

Tel.: +49 (0) 91 26 / 98 66-0
Fax: +49 (0) 91 26 / 98 66-33

eMail: **e-mail@ferro-waermetechnik.de**
Internet: **www.ferro-waermetechnik.de**

Wasserführende Kamine – Bezeichnungen:

- **Ferro FLAMM FHP 20 für Holzpellets und Scheitholz**

Firetube GmbH

Infos Seite 204

Esslinger Strasse 56
D-73765 Neuhausen
Deutschland

Tel.: +49 (0) 71 58 / 94 61 22
Fax: +49 (0) 71 58 / 94 61 21

eMail: **info@firetube.de**
Internet: **www.firetube.de**

Wasserführende Kamine – Bezeichnungen:

- **Neu: firetube-PS-water**
- **firetube water**

Gast Metallwarenerzeugung GmbH & CoKG

Ennser Straße 42
A-4407 Steyr
Österreich

Tel.: +43 (0) 72 52 / 7 23 01-0
Fax: +43 (0) 72 52 / 7 23 01-24

eMail: **office@gast.co.at**
Internet: **www.gast.co.at**

Infos Seite 208

Wasserführende Kamine – Bezeichnungen:

- **Kamineinsatz KEW/WT**
- **wasserführender Kamin**

Gerco Apparatebau GmbH

Infos Seite 214

Zum Hilgenbrink 50
D-48336 Sassenberg
Deutschland

Tel.: +49 (0) 25 83 / 93 09 - 0
Fax: +49 (0) 25 83 / 93 09 - 99

eMail: **info@gerco.de**
Internet: **www.gerco.de**

Wasserführende Kamine – Bezeichnungen:

- **Pelletkaminofen**
  saphir GS 9
- **wasserführender Kaminofen**
  diamant GD 8
  auch als raumluftunabhängige Version (-RLU), für Passivhäuser geeignet
- **wasserführender Kamin-Heizkessel**
  garant WK 3
- **wasserführender Kachelofen-Heizkessel**
  KOE 3

GPO-TEC Solartechnik GmbH

Am Brücklein 10
D-95659 Arzberg
Deutschland

Tel.: +49 (0) 92 33 / 22 76 Fax: +49 (0) 92 33 / 55 48

eMail: **info@gpo-tec.de**
Internet: **www.gpo-tec.de**

Wasserführende Kamine – Bezeichnungen:

- **GPO-TEC N 21-18**
  Eine Kombination aus Pelletkessel und Kaminofen
- **GPO-TEC B 16-11**

HARK

Kamin- und Kachelofenbau GmbH & Co.KG
Hauptverwaltung
Hochstraße 197-215
D-47228 Duisburg (Hochemmerich)
Deutschland

Tel.: +49 (0) 20 65 / 9 97 0
Fax: +49 (0) 20 65 / 99 71 99

eMail: **info@hark.de**
Internet: **www.hark.de**

Wasserführende Kamine – Bezeichnungen:

- **Kaminofen Hark 17 WW**
- **Kaminofen Sky**

HWAM Heat Design AS

Infos Seite 224

HWAM
intelligent heat

Nydamsvej 53
DK-8362 Hørning
Dänemark

Tel.: +45 86 92 18 33
Fax: +49 86 92 22 18

eMail: **heatdesign@hwam.com**
Internet: **www.hwam.de**

Wasserführende Kamine – Bezeichnungen:

- **HWAM Elements - Pelletofen**
- **HWAM Monet**

Imnest - Kaminheizkessel

Klaus Buchert e.K.
D-66851 Linden
Deutschland

Tel.: +49 (0) 63 07 / 40 18 12
Fax: +49 (0) 63 07 / 40 18 13

eMail: **info@imnest.de**
Internet: **www.imnest.de**

Wasserführende Kamine – Bezeichnungen:

- **oka 35s**

Jolly Mec spa

Via Fontana, 2
24060 Telegate – BG
Italien

Tel.: +39 035.83.02.47
Fax: +39 035.83.33.89

eMail: **export@jolly-mec.it**
Internet: **www.jolly-mec.it**

Wasserführende Kamine – Bezeichnungen:

- **Termojolly**
- **Foghet wasserführend**
- **Caldea**
- **Combi IDRO System wasserführender gas- und holzbetriebener Kamin**

Koppe Keramische Heizgeräte GmbH

Industriegebiet Stegenthumbach 4-6
D-92676 Eschenbach i.d.Opf.
Deutschland

Tel.: +49 (0) 96 45 / 88 100
Fax: +49 (0) 96 45 / 10 48

eMail: **info@ofenkoppe.de**
Internet: **www.ofenkoppe.de**

Wasserführende Kamine – Bezeichnungen:

- **Yara**
- **Yara Kachel**

La Nordica S.p.a

Zentrale:
Via Summano, 66A
36030 Monteccio Precalcino (VI)
Italien

eMail: **info@lanordica.com**
Internet: **www.lanordica.com**

Bereich Kamine:
Via Vegre, 57
36030 Monteccio Precalcino (VI)
Italien

eMail: **caminetti@lanordica.com**

Tel.: +39. 0445. 804000
Fax: +39. 0445. 804040

Wasserführende Kamine – Bezeichnungen:

- **Serie Termocamino 650**
- **Serie Termocamino 800**

LECHMA

Dipl.-Ing. Lech Piasny
60-479 Posen
Ul. Strzeszynska 30
Polen

Tel.: +48 660 675 681 – M. Michalksi

eMail: **okna@lechma.com.pl**
Internet: **www.lechma.com.pl**

Deutscher Vertriebspartner:
Gebäudetechnik H. Krause
Dorfstr. 6
D-17375 Luckow

Tel.: +49 (0) 39 77 5 / 2 68 56
Internet: **www.lechma.de**

Wasserführende Kamine – Bezeichnungen:

- **PL-190**

Leda Werk GmbH & Co.KG Boekhoff & Co.

Postfach 11 60
D-26761 Leer
Deutschland

Tel.: +49 (0) 491 / 60 99 01
Fax: +49 (0) 491 / 60 99 290

eMail: **info@leda.de**
Internet: **www.leda.de**

Wasserführende Kamine – Bezeichnungen:

Kachelofen-Heizeinsätze mit Wassertechnik
- **BRILLANT W**
- **DIAMANT W**

Heiz-Kamineinsatz mit Wassertechnik
- **KARAT W**
- **LAVA W**
- **Kaminofen AGUA**

Lohberger

Heiz- und Kochgeräte Technologie GmbH
Landstraße 19
A-5231 Schalchen
Österreich

Tel.: +43 (0) 77 42 / 52 11 – 0
Fax: +43 (0) 77 42 / 52 11 –109

eMail: **verkauf.haushalt@lohberger.com**
Internet: **www.lohberger.com**

Wasserführende Kamine – Bezeichnungen:

- **Zentralheizungsherde**

MCZ spa

33070 Vigonovo di Fontanafredda (PN)
Italien

Tel.: +39 0434 599 599
Fax: +39 0434 599 598

eMail: **mcz@mcz.it**
Internet: **www.mcz.it**

Wasserführende Kamine – Bezeichnungen:

Pelletöfen Hydro

- **Nova**
- **Polar**

Heizkamine Hydro

- **Hydrosystem F80**

Membro Energietechnik GmbH & Co. KG

Heider Weg 46
D-42799 Leichlingen
Deutschland

Tel.: +49 (0) 21 74 / 890 480
Fax: +49 (0) 21 74 / 890 500

eMail: **info@membro.de**
Internet: **www.membro.de**

Wasserführende Kamine – Bezeichnungen:

- **Kaminheizkessel KHS B14**

Merkury GmbH

Infos Seite 230

Woldegker Chaussee 8
D-17348 Hinrichshegen bei Woldegk
Deutschland

MERKURY GmbH

Tel.: +49 (0) 39 63 / 25 75 90
Fax: +49 (0) 39 63 / 25 75 91

eMail: **kamine@merkury-online.de**
Internet: **www.merkury-online.de**

Wasserführende Kamine – Bezeichnungen:

- **Kamineinsätze:**
  MERKURY 101 W-S, 105/45 W, 102 W, 104 W BIS
  105 W BIS, 101 W BIS
- **Raumheizer: MERKURY 115 W**
- **Kaminheizkessel KHS B14**

MEZ Keramik GmbH

Hauptstrasse 12
D-56307 Dernbach bei Dierdorf
Deutschland

Tel.: +49 (0) 26 89 / 94 11 - 25
Fax: +49 (0) 26 89 / 94 11 - 24

eMail: **info@mez-keramik.de**
Internet: **www.mez-keramik.de**

Wasserführende Kamine – Bezeichnungen:

- **Kaminofen „Ancona Aqua“**
- **Kaminofen „Turin Aqua“**

Nordic Fire b.v.

Fabriekstraat 30
NL-7005 AR Doetinchem
Niederlande

Tel.: +31 (0) 314 / 370456 Fax: +31 (0) 314 / 370447
eMail: **info@nordicfire.nl**
Internet: **www.nordicfire.nl**

Wasserführende Kamine – Bezeichnungen:

- **Genova Pelletofen**
- **Hydra Idro**

normatherm Energiespartechnik GmbH

Ahrensfluchter Deich 9
D-21787 Oberndorf/Oste
Deutschland

Tel.: +49 (0) 47 72 / 86 04 64
eMail: **info@normatherm.com**
Internet: **www.normatherm.com**

Wasserführende Kamine – Bezeichnungen:

- **Koch-Heiz-Herd „SolCourant"**

Olsberg Hermann Everken GmbH

Hüttenstraße 38
D-59939 Olsberg
Deutschland

Tel.: +49 (0) 29 62 / 805-0 Fax: +49 (0) 29 62 / 805-180
eMail: **info@olsberg.com**
Internet: **www.olsberg.com**

Wasserführende Kamine – Bezeichnungen:

- **Tellus Aqua Pelletofen**

Olymp-OEM Werke GmbH

Olympstr. 10
A-6430 Ötztal-Bahnhof
Österreich

Tel.: +43 5266 8910-0 Fax: +43 5266 8910-825

eMail: **office@olymp.at**
Internet: **www.olymp.at**

Wasserführende Kamine – Bezeichnungen:

- **Hobby-Holz-Sparofen**

ORANIER Heiz- und Kochtechnik GmbH

Weidenhäuser Str. 1-7
D-35075 Gladenbach
Deutschland

Tel.: +49 (0) 64 62 / 923-0
Fax: +49 (0) 64 62 / 923-349

eMail: **info@oranier.com**
Internet: **www.oranier.com**

Wasserführende Kamine – Bezeichnungen:

- **POLAR AQUA**

Palazzetti Lelio S.P.A.

Via Roveredo, 103
33080 Porcia (PN)
Italien

Tel.: +39 (0) 434 922922 Fax: +39 (0) 434 922 355
Internet: **www.palazzetti.it**

Wasserführende Kamine – Bezeichnungen:

- **Betty Hydro**
- **Olivia Hydro**

Perhofer GmbH

Infos Seite 238

Alternative Heizsysteme
Waisenegg 115
A-8190 Birkfeld
Österreich

Tel.: +43 (0) 31 74 / 37 05
Fax: +43 (0) 31 74 / 37 05 8

eMail: **office@perhofer.at**
Internet: **www.perhofer.at**

Wasserführende Kamine – Bezeichnungen:

- **Pelletsherd V15 und**
- **Kachelofen V15**
  für den Brennstoff Holzpellets

Gruppo Piazzetta Spa

Via Montello, 22
31010 Casella d'Asolo (Treviso)
Italien

Tel.: +39 (0) 423 5271
Fax: +39 (0) 423 55178

eMail: **infopiazzetta@piazzetta.it**
Internet: **www.piazzetta.it**

Wasserführende Kamine – Bezeichnungen:

- **P960 Thermo**
- **Thermo Monoblocco**

PLEWA-Werke GmbH

Infos Seite 246

Merscheider Weg 1
D-54662 Speicher
Deutschland

Tel.: +49 (0) 65 62 63-0
Fax: +49 (0) 65 62 93 00 53

eMail: **info@plewa.de**
Internet: **www.plewa.de**

PLEWA
SchornsteinTechnik
AbgasSysteme

Wasserführende Kamine – Bezeichnungen:

Schornstein-Ofen-Unit UniTherm

- **- UniTherm *plus***
- **- UniTherm 2**
- **- UniTherm 2+P**

POWALL Brenntechnik

Heribert Posch
Am Rain 38
D-83627 Wall
Deutschland

Ansprechpartner:
Zukunft Sonne GmbH
Holzhauser Feld 9
D-83361 Kienberg
Deutschland

Tel.: +49 (0) 86 28 / 987 97-0 Fax: +49 (0) 86 28 / 987 97-30
eMail: **info@zukunft-sonne.de**
Internet: **www.zukunft-sonne.de**

Wasserführende Kamine – Bezeichnungen:

- **Powall Vario K Holz-Zentralheizungsofen**
- **Powall Kobra W freistehender Zentralheizungs-Kaminofen**
- **Powall E wasserführender Ofeneinsatz**
- **Powall K leistungsstarker Grundofenkessel in modularer Bauweise**

RIKA Metallwarenges. m.b.H. & Co KG Infos Seite 258

Müllerviertel 20
A-4563 Micheldorf/Oberösterreich
Österreich

Tel.: +43 (0) 75 82 /686 - 41
Fax: +43 (0) 75 82 / 686 - 43

eMail: **verkauf@rika.at**
Internet: **www.rika.at**

Wasserführende Kamine – Bezeichnungen:

- **TAVO AQUA - Scheitholzkaminofen**
- **EVO AQUA - Pelletkaminofen**
- **VISIO AQUA - Pelletkaminofen**
- **VARIO AQUA - Scheitholz / Pellets-Kombikamin**

RINK Kachelofen GmbH

Am Klangstein 18
D-35708 Haiger-Sechshelden
Deutschland

Tel.: +49 (0) 27 71 / 300 300
Fax: +49 (0) 27 71 / 300 30 29

eMail: **info@rink-kachelofen.de**
Internet: **www.rink-kachelofen.de**

Wasserführende Kamine – Bezeichnungen:

- **RINK - Kachelthermo**

SBS Heizkessel GmbH

Carl-Benz-Straße 17-21
D-48268 Greven
Deutschland

Tel.: +49 (0) 25 75 / 30 80
Fax: +49 (0) 25 75 / 30 82 9

eMail: **info@sbs-heizkessel.de**
Internet: **www.sbs-heizkessel.de**

Wasserführende Kamine – Bezeichnungen:

- **trigon**
- **verano**
- **mabea**
- **KEW-15**

Schmauß GmbH

Wurmberger Straße 32
D-75446 Wiernsheim
Deutschland

eMail: **info@schmauss-gmbh.de**
Internet: **www.schmauss-gmbh.de**

Tel.: +49 (0) 70 44 / 92 16 - 70
Fax: +49 (0) 70 44 / 92 16 - 79

Wasserführende Kamine – Bezeichnungen:

Pellets-Heizkessel mit Wasser-Wärmeübertrager

- **Robinwood - Wohnraumausführung**

SFT Kappei

Manufaktur und Systemhandel
Am Park 1
D-38274 Elbe
Deutschland

Tel.: +49 (0) 53 45 / 98 00 15
Fax: +49 (0) 53 45 / 98 00 12

eMail: **info@sft.de**
Internet: **www.sft.de**

Wasserführende Kamine – Bezeichnungen:

- **SFT Kaminofenheizkessel**
- **SFT Zentralheizungskamin**
- **SFT Pelletskaminofen**

SHT-Heiztechnik aus Salzburg GmbH Infos Seite 264

Rechtes Salzachufer 40
A-5101 Salzburg-Bergheim
Österreich

Tel.: +43 (0) 662 / 450 444 - 0
Fax: +43 (0) 662 / 450 444 - 9

eMail: **info@sht.at**
Internet: **www.sht.at**

Wasserführende Kamine – Bezeichnungen:

- **visioncomfort EKA**
  EKA-Etagenzentralheizung
  Pellet-Wohnheizzentrale

Sieger Heizsysteme GmbH

Eiserfelder Straße 98
D-57072 Siegen
Deutschland

Tel.: +49 (0) 271 / 23 43-0
Fax: +49 (0) 271 / 23 43-222

eMail: **info@sieger.net**
Internet: **www.sieger.net**

Wasserführende Kamine – Bezeichnungen:

- **Pelletkaminofen CosyLine P**
- **Pelletkaminofen CosyLine PW**
- **Kamin-Heizeinsatz WKE 14**

SOLZAIMA – Equipamentos para

Energias Renoáveis, Lda
Rue dos Outarelos
3750 - 362 Belazaima do Chão
Portugal

Tel.: +351 234 650 650
Fax: +351 234 650 651

eMail: **geral@solzaima.pt**
Internet: **www.solzaima.pt**

Generalvertretung für Deutschland:

Der Ofenfuchs
Im Wiesengrund 19
D-22147 Hamburg
Deutschland

Tel.: +49 (0) 170 / 62 25 37 4

eMail: **schulz@derofenfuchs.de**
Internet: **www.derofenfuchs.de**

Wasserführende Kamine – Bezeichnungen:

- **Eco-Fogo Kamineinsatz**
- **Domos Kamineinsatz**
- **Zaima Kamineinsatz**

SPIRIT OF FIRE ... der echte Kachelofen

Scheibelhofer GmbH & Co. KG
Jahnstraße 5
A-8280 Fürstenfeld
Österreich

Tel.: +43 (0) 33 82 / 50 50-0
Fax: +43 (0) 33 82 / 50 50-82

eMail: **office@scheibelhofer.com**
Internet: **www.spirit-of-fire.com**

Wasserführende Kamine – Bezeichnungen:

- **Plus Kachelofen**

ST-AD GmbH

Oppenheimstraße 2
D-99817 Eisenach
Deutschland

Tel.: +49 (0) 36 91 / 72 10 27
Fax: +49 (0) 36 91 / 78 45 26

eMail: **info@st-ad.de**
Internet: **www.st-ad.de**

Wasserführende Kamine – Bezeichnungen:

- **KOMFORT**
- **FAVORIT**
- **CONCORDE**
- **DIPLOMAT**

Kamineinsätze:

- **SENATOR BS**
- **DIPLOMAT BS**

TEKON

Infos Seite 268

Midlicher Str. 70
D-48720 Rosendahl
Deutschland

Tel.: +49 (0) 25 47 / 311-312
Fax: +49 (0) 25 47 / 314

eMail: **DK@tekon.de**
Internet: **www.tekon.de**

Wasserführende Kamine – Bezeichnungen:

- **TEKON Kaminheizkessel Pyramus**
- **TEKON Heizeinsätze für offene Kamine**
- **TEKON Heizsysteme für Kachelofen-Einsätze**

THERMOROSSI s.p.a.

36011 ARSIERO (VI)
Via Grumolo 4 (Zona Ind.)
Italien

Tel.: +39 0445 / 741310
Fax: +39 0445 / 741657

Internet: **www.thermorossi.com**

Wasserführende Kamine – Bezeichnungen:

Pelletsheizkessel
- **Ecotherm H20 18**
- **Ecotherm H20 34**

Holzherde
- **Bosky 25/30**
- **Bosky F25/F30**

THORMA Vyroba k.s. SK

Šávoľská cesta 1
986 01 Fiľakovo
Slowakische Republik

Tel.: +421 / 474381242
Fax: +421 / 47451137

eMail: **marketing@thorma.sk**
Internet: **www.thorma.sk**

Deutscher eMail-Kontakt Herr Peter Indro:
eMail: **indro@thorma.sk**

Wasserführende Kamine – Bezeichnungen:

- **Isberg K**

VERNER a.s.

Sokolská 321
549 41 Červený Kostelec
Tschechische Republik

Tel.: +420 491 465 024
Fax: +420 491 465 027

eMail: **info@verner.cz**
Internet: **www.verner.cz**

Wasserführende Kamine – Bezeichnungen:

- **Verner 16/11**
- **Verner 12/7**
- **Verner 9/5**
- **Verner 6/3**
- **Verner 13/10**

Wallnöfer H.F. GmbH srl

Infos Seite 272

Gewerbezone 110
39026 Prad am Stj. (BZ)
Italien

Tel.: 0039 9473 616361
Fax: 0039 9473 617141

eMail: **info@wallnoefer.it**
Internet: **www.wallnoefer.it**

Wasserführende Kamine – Bezeichnungen:

- **Walltherm**
  Naturzug-Holzvergaserofen für den Wohnbereich
  Modell „Ortler“ und Modell „Arunda“

Wamsler Haus- und Küchentechnik GmbH

Gutenbergstr. 25
D-85748 Garching
Deutschland

Infos Seite 274

Tel.: +49 (0) 89 / 32 08 4 - 0
Fax: +49 (0) 89 / 32 08 4 - 238

eMail: **info@wamsler-hkt.de**
Internet: **www.wamsler-hkt.de**

Wasserführende Kamine – Bezeichnungen:

- **INGA PrimärofenWalltherm**
  Wasserfürender Pelletkaminofen für die Zentralheizung
- **Zentralheizungsherde**

Wertstein Bauprodukte GmbH

Sonnenring 14 (Everest Gebäude)
D-84032 Altdorf / Landshut
Deutschland

Info-Tel.: +49 (0) 871 / 932 27-12
Zentrale: +49 (0) 871 / 932 27-0
Fax: +49 (0) 871 / 93227-26

eMail: **info@wertstein.de**
Internet: **www.wertstein.de**

Wasserführende Kamine – Bezeichnungen:

Wertstein Einsätze mit Wasserregister
- **Kachelofeneinsatz 311**
- **Modell 840**
- **Herdeinsatz 877**

Verkleidete Öfen mit Wasserregister
- **Aqua Classic**
- **Naturstein Kaminöfen, Granitech A, N, C**

WESTFA Vertriebs- und Verwaltungs GmbH

Feldmühlenstraße 19
D-58099 Hagen
Deutschland

Tel.: +49 (0) 18 01 / 47 11 47
Fax: +49 (0) 18 01 / 48 11 48

eMail: **info@westfa.de**
Internet: **www.westfa.de**

Wasserführende Kamine – Bezeichnungen:

- **Pelletofen PELLIO AQUA**
- **Holzscheitofen LENIO**

Windhager Zentralheizung GmbH

Deutzring 2
D-86405 Meitingen bei Augsburg
Deutschland

Tel.: +49 (0) 82 71 / 80 56-0
Fax: +49 (0) 82 71 / 80 56 - 30

eMail: **info@de.windhager.com**
Internet: **www.windhager.com**

Wasserführende Kamine – Bezeichnungen:

- **Pellets-Kaminofen FireWIN**

wodtke GmbH

Infos Seite 282

wodtke

Rittweg 55-57
D-72070 Tübingen-Hirschau
Deutschland

Tel.: +49 (0) 70 71 / 70 03-0
Fax: +49 (0) 70 71 / 70 03 - 50

eMail: **info@wodtke.de**
Internet: **www.wodtke.de**

Wasserführende Kamine – Bezeichnungen:

- **Kaminofen Modell: Momo - KK 50 RW**
- **Pellet Primärofen Modelle**
  ivo.tec®, CW21®, Smart®, Topline®, PE-Einbaugerät
- **FRANK, RAY**

16. Abbildungsnachweis/-verzeichnis

CALEFFI Armaturen GmbH
Daimlerstr. 3
D-63156 Mühlheim/Main
Deutschland

eMail: **verkauf@caleffi.de**
Internet: **www.caleffi.de**

Tel.: +49 (0) 61 08 / 90 91 - 0
Fax: +49 (0) 61 08 / 90 91 - 70

Abbildung / Seite
Abb. 17 / Seite 47
Abb. 18 / Seite 48
Abb. 19 / Seite 49
Abb. 54 / Seite 125

Grundfos GmbH
Schlüterstraße 33
D-40699 Erkrath
Deutschland

eMail: **infoservice@grundfos.de**
Internet: **www.grundfos.de**

Tel.: +49 (0) 211 / 9 29 69 - 0
Fax: +49 (0) 211 / 9 29 69 - 37 99

Abbildung / Seite
Abb. 10, 11 / Seite 38

Honeywell GmbH
Haustechnik
Hardhofweg
D-74821 Mosbach
Deutschland

Honeywell

eMail: **info.haustechnik@honeywell.com**
Internet: **www.honeywell.com**

Tel.: +49 (0) 18 01 / 46 63 88
Fax: +49 (0) 800 / 0 46 63 88

Abbildung / Seite
Abb. 20 / Seite 50
Abb. 50 / Seite 122

Ofen Mosmann
Brigitte Mosmann
Töpferweg 3
D-55595 Bockenau
Deutschland

eMail: **postmaster@ofenmosmann.de**
Internet: **www.ofenmosmann.de**

Tel.: +49 (0) 67 58 / 80 49 74
Fax: +49 (0) 67 58 / 80 49 75

Abbildung / Seite
Abb. 13, 14 / Seite 45
Abb. 15, 16 / Seite 46

SAMSON AG
MESS- UND REGELTECHNIK

Weismüllerstraße 3
D-60314 Frankfurt am Main
Deutschland

eMail: **info@samson.de**
Internet: **www.samson.de**

Tel.: +49 (0) 69 / 40 09 - 0
Fax: +49 (0) 69 / 40 09 - 15 07

Abbildung / Seite
Abb. 51 / Seite 123

Viessmann Werke GmbH & Co KG VIESSMANN

Viessmannstraße 1
D-35108 Allendorf (Eder)
Deutschland

eMail: **info@viessmann.com**
Internet: **www.viessmann.com**

Tel.: +49 (0) 69 / 40 09 - 0
Fax: +49 (0) 69 / 40 09 - 15 07

Abbildung / Seite
Abb. 40 / Seite 107
Abb. 41, 42, 43 / Seite 108
Abb. 44 / Seite 109

Watts Industries Deutschland GmbH

Godramsteiner Hauptstr. 167
D-76829 Landau
Deutschland

eMail: **info@wattsindustries.com**
Internet: **www.wattsindustries.com**

Tel.: +49 (0) 63 41 / 96 56 - 0
Fax: +49 (0) 63 41 / 96 56 - 56

Abbildung / Seite
Abb. 12 / Seite 39

ZILMET DEUTSCHLAND GMBH

Zum Eichstruck 5
D-57482 Wenden-Gerlingen
Deutschland

eMail: **info@zilmet.de**
Internet: **www.zilmet.de**

Tel.: +49 (0) 27 62 / 9 24 20
Fax: +49 (0) 27 62 / 4 10 13

Abbildung / Seite
Abb. 53 / Seite 124

Institut für Schadenverhütung und Schadenforschung der öffentlichen Versicherer e.V. Kiel
Preetzer Str. 75
D-24143 Kiel
Deutschland

eMail: **mail@ifs-ev.org**
Internet: **www.ifs-kiel.de**

Tel.: +49 (0) 431 / 775 - 780
Fax: +49 (0) 431 / 775 - 78 99

Abbildung / Seite
Abb. 47 / Seite 118
Abb. 48 / Seite 119
Abb. 49 / Seite 120

17. Stichwortverzeichnis

M

O

P

R

S

T

U

V

W

Z